難忘的一九五五

批「胡風」眾生相

葉德浴 著

目次

引言

一九五五年橫掃神州大陸的反胡風運動，是人民共和國的一場大恥辱，是天賦人權和人間正義的一場大劫難。胡風和他的友人，明明是解放前為中國革命文學做出傑出貢獻的文學群體，竟被宣佈為「長期地偽裝革命，潛藏在進步人民內部，幹著反革命勾當」的反革命分子。時間已經過去了半個世紀，加在胡風和他友人身上整系列嚇死人的罪行，都已被中央和有關部門明令推倒，歷史還給胡風和他的友人以一身清白；但是，回想起當年那個大顛倒大瘋狂大荒誕的局面，即使像我這樣沒有被打成「分子」的人，也不免心有餘悸。這場運動之所以令人難忘，不僅因為它帶給人們的心靈創痛是那麼深巨，更是由於它為我們反左防左提供了極為寶貴的歷史教訓。

從當時報章發表的批胡文章看，那輿論動員之廣泛，聲勢之浩大，攻擊之凌厲，堪稱史無前例。最高權威決意如此大張旗鼓，把輿論搞得如此驚天動地，用意甚明，他就是要用這樣的方式向知識群體宣告，他的大一統的思想控制的絕對權威，絕不容許任何人發出他所聽不進去的任何聲音。同時，他也要用這個讓人人寫批胡文章的方式，檢驗治下的人民尤其是知識分子對他的忠誠和馴順。

這裡，從當時知識群體的批胡文章中，也從領導運動的高層人士的批胡文章中，分門別類選出若干篇，略加評點，略窺那場極左運動的荒誕和可怕。

今年是胡風事件五十周年，也是胡風逝世二十周年，姑且把這個小冊子作為紀念受難先驅的一點表示罷。

批胡文章花樣繁多，但基本上可分為十六種類型：

第一類，盲從型，對決策中樞盲目跟從的。入選五人：韋君宜、巴金、樓適夷、戈揚、劉紹棠。

第二類，敷衍型，以敷衍塞責的態度出現的。入選三人：梅蘭芳、洪深、賀綠汀。

第三類，被動型，難以表態而又必須表態的。入選三人：丁玲、許廣平、馮雪峰。

第四類，表白型，以表白自己切入批判的，只有一人，入選只能一人：田間。

第五類，自卑型，批胡不忘批自己的。入選二人：賀麟、俞平伯。

第六類，糊塗型，糊裡糊塗自出洋相的。只有一人，入選只能一人：馮友蘭。

第七類，小丑型，以輕薄姿態出現的。入選二人：朱光潛、唐弢。

第八類，無賴型，把自己的沒出息歸咎於胡風的。入選一人：胡滲。

第九類，惡棍型，充當惡毒打手的。入選九人：劉金、袁水拍、宋雲彬、蘆芒（石鼎）、沙鷗、魏金枝、徐懋庸、李之華、唐弢。

第十類，告密型，向當局積極告發暗藏的「分子」的。入選二人：王子野、劉金。

第十一類，變色型，以變色龍姿態出現的。入選一人：姚文元。

第十二類，乖角型，把胡風一干人送上血腥的權力祭壇的。只有一人，入選只能一人：舒蕪。

第十三類，盡瘁型，克盡忠臣之道的。入選二人：郭沫若、茅盾。

第十四類，布道型，傳布「辯證唯物論」之道的。入選一人：楊獻珍。

第十五類，糾察型，維持內部秩序的。入選三人：張光年、劉白羽、夏衍。

第十六類，總管型，充當最高權威得力助手的。入選三人：周揚、林默涵、何其芳。

在逐類進行掃描之前，為了幫助今天的讀者瞭解入選文章的背景，有必要將見之於報章的當年運動發展的概況，作一介紹。

批胡文章一步步進入白熱化、狂熱化、荒誕化的進程，大約可分這麼四個階段：

——一九五五年初決策中樞把胡風的「三十萬言書」作為反面材料拋出，號召群起而批之，直到五月十二日，這是第一階段。這個階段定胡風為「思想上的敵人」，要求對他的資產階級唯心論、反黨反人民的文藝思想進行徹底的批判。批胡文章開始連篇累牘在報刊湧現。

——五月十三日《人民日報》發表舒蕪〈關於胡風反黨集團的一些材料〉，直到五月二十三日，這是第二階段。胡風的問題從「思想上的敵人」一躍而成為「政治上的敵人」。《人民日報》編者按語定的調子是：「胡風和他所領導的反黨反人民的文藝集團」「老早就敵對、仇視和痛恨中國共產黨和非黨的進步作家」。對胡風和「集團」成員的要求是：「剝去假面，揭露真相，幫助黨徹底弄清胡風及其反黨集團的全部情況，從此做個真正的人，是胡風及胡風派每一個人的出路」。三天後，胡風、梅志和「集團分子」紛紛被逮捕。報刊上的批胡文章，從五月十八日開始，鋪天蓋地。

——五月二十四日，《人民日報》發表〈關於胡風反黨集團的第二批材料〉，直到六月九日，這是第三階

段。第二批材料「揭」的是解放後的情況。編者按語的態度更為嚴厲：「在這些信裡，胡風惡毒地污衊黨、污衊黨的文藝方針、污衊黨的負責同志、咒罵文藝界的黨員作家和黨外作家。在這些信裡，胡風指揮他的反動集團的人們進行反黨、反人民的罪惡活動，秘密地有計劃地組織他們向黨和黨所領導的文藝戰線猖狂進攻」等等。次日，中國文聯主席團和中國作協主席團召開聯席擴大會議，通過決議，開除胡風會籍。會上就有人發出嚴懲胡風的呼聲。

六月十日，《人民日報》發表〈關於胡風反革命集團的第三批材料〉。「揭露」出胡風等人解放前重大的「政治歷史問題」。編者按語聲稱：「胡風和胡風集團中的許多骨幹分子很早以來就是蔣介石國民黨的忠實走狗，他們和帝國主義國民黨特務機關有密切聯繫，長期地偽裝革命，潛伏在進步人民內部，幹著反革命勾當。」編者按語最後指出：「他們的反革命罪行必須受到應有的懲處！」解放前為中國革命文學事業做出傑出貢獻的胡風和他的友人，竟然在如此荒唐的羅織裡成為罪大惡極的反革命黑幫。無產階級專政異化到如此荒謬的程度，這是一切認識清楚的人做夢也想不到的。報刊上的批胡文章更是鋪天蓋地，狂熱程度與荒誕程度達到驚人極致。

這就是有關背景的情況。現在，可以進入對入選文章的評點了。

盲從型

此類批胡文章的作者，無論文化水平高下，無論參加革命經歷長短，他們都有個共同的特點：對最高權威無條件信任，無條件崇拜。最高權威的指示句句是真理，絕對而又絕對的正確。這類人數量最多。他們的批胡文章有以個人名義發表的，有的則以集體名義發表。後者有的還舉出幾個人名來，如「北京電影演員劇團吳天、田方等一百四十七人」；有的則報一個人數，如「北京市第三醫院員工四百五十人」、「上海『文學講座』全體聽講者一千四百零六人」。更有的乾脆以「全體」二字顯示高度的同仇敵愾，如「中國人民解放軍總政治部文藝工作團全體工作人員」、「北京大學中文系和哲學系全體教師」。真是達到了「千人一腔」的極致。所有這些只見共性不見個性的「集體創作」，這裡一律不選。只選個人之作。

韋君宜

韋君宜，建國初擔任共青團中央宣傳部副部長，兼《中國青年》總編輯。曾一度調任北京市文委副書記。一九五三年調入中國作家協會，擔任《文藝學習》主編。一九五五年批胡高潮中，她在刊物上發表了〈青年們

可以從胡風反革命集團的破獲學得什麼？〉（《文藝學習》一九五五年第七期），這是為教導青年們參加運動而寫的。文章頭兩段：

胡風反革命集團破獲了。讀了報上披露的三批材料，再學習了《人民日報》的編者按語，我們完全明確：曾經一度使人眼花繚亂的胡風集團，其本質原就是渾身血污的劊子手、特務、反革命陰謀家！

他們從一開始活動就這樣。二十年來一貫就是這樣。他們欺騙了我們二十年！打著各式各樣的進步招牌來掩護自己的反革命真面目，這就是胡風反革命集團的主要特點。他們打過馬克思主義的招牌、抗日的招牌、反蔣的招牌、反美的招牌、反封建的招牌，以至於文學藝術上的現實主義的招牌、反「公式化概念化」的招牌……不一而足。但是所有這些，都正是專為掩護反革命真面目而設的招牌，並不是別的。實際上，他們那自稱在反蔣的，倒正是與蔣家特務一脈相通的人。自稱是反美的，倒正是中美合作所裡訓練出來的特務。自稱是抗日的，就在日本幹過不可告人的勾當。這實在是世界上心口不一表裡不一的兩面派的標本。當然，用兩面派手法隱蔽自己的真面目，總不能十分徹底；人們也看得出：許多年來他們事實上反對的鋒芒所向並不是蔣、美、日、封建主義……。但是，他們打著的招牌還是起過騙人的作用。過去我們有不少同志警惕性低，所以會受騙，所以二十年來沒有發現這個反革命集團的最後一張底牌，也就是還不很懂得胡風集團的主要特點，上了他那些進步招牌的當的緣故。今天真相已經明白，如果還有人對胡風過去的所謂「進步」發生什麼迷惑，那即使不是胡風的追隨者，也是

政治上極端的落後。揭穿了胡風假面具之後，回頭再去看胡風集團的全部活動歷史，那本質是十分清楚的了。

於《人民日報》編者按語曰「學習」，意味著她是心悅誠服地接受偉大催眠師的催眠了。於是，在催眠師的魔杖下，她感到受了胡風二十年的大欺騙了，不得不驚呼「他們那自稱在反蔣的，倒正是與蔣家特務一脈相通的人。自稱是反美的，倒正是中美合作所裡訓練出來的特務。自稱是抗日的，就在日本幹過不可告人的勾當」了。不得不驚呼「這實在是世界上心口不一表裡不一的兩面派的標本」了。在催眠師的魔杖下，她痛感過去覺悟太低，而現在覺悟空前提高了。在催眠師的魔杖下，她喜不自勝覺得把胡風的反革命本質終於看得十分清楚了。

在如此是非完全顛倒的基礎上，韋君宜煞有介事向青年們提出的四點教訓，只能是笑料一樁。不妨把四點提綱抄下來看看：

——「這次鬥爭可以教育我們，一定要提高革命警惕性，一定要反對麻痹思想。」

——「這次鬥爭告訴我們，一定要分清敵我，站穩立場。」

——「這次鬥爭告訴我們，一定要加強自己的政治品質鍛煉，一定要克服自己身上存在的自由主義、個人主義、不健康情緒，資產階級和小資產階級思想。」

——「這次鬥爭也告訴我們，必須武裝自己的頭腦，必須好好學習馬克思主義。」

「提高革命警惕」，已經「警惕」出一個「胡風集團」，再「提高」下去，民不堪命矣。
「分清敵我」，再「分」下去，敵人要漫山遍野了。
「加強」「政治品質鍛煉」，只能「鍛煉」出一個個乳臭未乾的狂熱分子！
「好好學習馬克思主義」，馬克思地下有知，將再一次聲明他不是馬克思主義者了。
當歷史終於把胡風和他友人的真實風貌還給胡風他們，韋君宜才從盲信的渾渾噩噩中清醒過來，才知道自己不是被胡風矇騙了，而是被她最崇拜的權威矇騙了，利用了。她在晚年寫的《思痛錄》中，表示了沉痛的憤慨：

周揚將這些信（葉按：指舒蕪〈關於胡風反黨集團的一些材料〉）交上去了。不料立即有毛主席親筆批示下來，宣佈胡風們完全是擁護蔣介石的，是一個反革命集團，其信中內容與國民黨報紙上的社會新聞毫無二致。

當時我們全都震駭到了極點。「反革命」！這可不同於俞平伯等人的思想批判，這是政治上的定性。當時我想，中央再怎麼也不會在這樣的大問題上冤枉人。那麼，胡風反革命集團真的是反革命了！至於他們在解放前確實做過進步的工作，胡風的《密雲期風習小紀》和他編的《七月》確曾影響過我，我就沒有腦筋去想這個了。我只覺得這些人怎麼壞得這樣出奇，怎麼能隱藏得這樣深！

見黨中央公佈材料，說胡風集團就是與蔣介石有勾結的反革命集團，大家誰也不懷疑，在這個前提

下，人們全被蒙蔽了。我記得當胡風集團罪狀公佈之後，嚴文井同志曾和我議論說：「真想不到嚴望竟會是一個反革命坐探！我以為他只不過是個打打電話發發文件的辦事員，可真是有眼不識泰山了。」對於好些「胡風分子」，大家的議論都類似，都是「想不到」。一點蛛絲馬跡也沒有！大家都埋怨自己眼光太鈍，識別力太差。誰能想到所謂建國以來第一個反革命集團大案竟是這樣的一場局面！這倒真正是一個「想不到」了。（《思痛錄》，北京十月文藝出版社一九九八年版，第三二、三七頁）

「中央再怎麼也不會在這樣的大問題上冤枉人」，「誰能想到所謂建國以來第一個反革命集團大案竟是這樣的一場局面」！這是痛定思痛的痛烈控訴。飽受欺矇的受騙者，是不能不把憤怒指向欺騙者的。韋君宜不但控訴了最高權威，還對平反工作遠沒有做到在哪個範圍打倒就在哪個範圍平反的要求，提出尖銳批評：

整個胡風冤案，對於我們每個人說來，都是完全想不到的，因為全部案情都是子虛烏有。這些都是在我一直到一九八九年看了別人記載胡風的事情，看了綠原的自述，才知道的。甚至公安部已經查明渣滓洞輪訓班（葉按：應該是「中美合作所」）確係錯案之後，綠原還不能公開平反！當年把這樣的胡說八道當做中央文件，大字刊載在全國報紙上，公佈於全國。而現在，像我們這些文藝系統的人，只能從雜誌上看到當時的一點點真相。（《思痛錄》，第三七頁）

「還不能公開平反」的遠不止綠原一個，韋君宜特別提出綠原，這是因為事情觸動了她。需要從所謂「中美合作所」的錯案說起。

〈關於胡風反革命集團的第三批材料〉，揭露了幾個主要人物的重大「政治歷史問題」。綠原的「問題」就是其中之一。作為罪證，材料拋出綠原一九四四年五月十三日給胡風的信：

我已被調至中美合作所，地點在磁器口，十五號到差；航委會不去了。

……這邊美國人極多，生活或者有點改變。

我彷彿真的開始做人了，處世確是不易，正如您說的：赤膊上陣不是我們底戰術。以後，我覺得應該學習一點「陰暗的聰明」（？），我所畏懼的只是我自己。

編者加了這樣的按語：

從以上兩封信（葉按：還有一封信這裡不引）裡可以看到胡風骨幹分子綠原的真面目，胡風集團就是由這樣一批人組成的。綠原在一九四四年五月「被調至」「中美合作所」去「工作」。「中美合作所」就是「中美特種技術合作所」的簡稱，這是美帝國主義和蔣介石國民黨合辦的由美國人替美國自己也替蔣介石訓練和派遣特務並直接進行恐怖活動的陰森黑暗的特務機關，以殘酷拷打和屠殺共產黨員和進步分

子而著名的。誰能夠把綠原「調至」這個特務機關去呢？特務機關能夠「調」誰去「工作」呢？這是不言而喻的了。

說得頭頭是道，儼然千真萬確。萬分遺憾的是：綠原根本沒有於「十五號到差」，根本沒有去中美合作所工作！

一九四四年初，國民黨政府教育部向各大學發出徵召令，要求高年級的大學生去為來華參戰的美軍當翻譯。綠原在當時遷到重慶的復旦大學外文系讀書，應徵進了設在復旦校內的譯員訓練班。經過短期培訓，被分配到航空委員會。到那邊報到，卻改調他到外事局。到了外事局，負責人楊萱城對綠原和其他幾個同命運的人說：「中央團部來人說你們幾個都有思想問題，我不相信，青年人發點牢騷沒什麼。不過我這太擠，也留不下你們。昨天我碰到戴先生，他那兒有多少要多少。你們有問題，可以讓他洗刷。」綠原知道事情不妙，當天下午就給胡風寫信，向胡風求教。第三批材料公佈的，就是這封信。信中的「處世確實不易」、「赤膊上陣不是我們底戰術」、「應該學習一點『陰暗的聰明』」等等，都是為自己命途多舛而發的感慨。胡風當時也不瞭解中美合作所是什麼機關，但他知道楊萱城是特務，並認為綠原因「思想問題」而改調，顯然凶多吉少，立即給綠原寫了回信，告訴他萬萬不能去中美合作所報到。綠原在接到回信之前就跑到胡風住處向他當面討教了。綠原在胡風和何劍熏的幫助下，逃離復旦，隱姓埋名到川北岳池的一所中學教英文。國民黨當局見綠原沒去報到，下了通緝令。整個過程就是這樣。「按語」的作者問：「誰能夠把綠原『調至』這個特務機關去呢？特務

機關能夠『調』誰去『工作』呢？這是不言而喻的了。」——然而，「不言而喻」的未必就「不言而喻」，偏偏被下令調至「這個特務機關」的綠原不是「不言而喻」的特務，偏偏綠原接到調令後沒有「不言而喻」地去報到！鐵鑄的事實使「不言而喻」不成其為「不言而喻」，這委實是不勝遺憾之至的。

老實說，曾經在解放前讀過綠原一系列傑出的政治抒情詩的廣大讀者，對於按語的這個結論，是根本不予置信的。廣大讀者不會忘記，在抗戰後期和解放戰爭時期政治環境極為險惡的國統區，綠原向他們獻出了多麼傑出的詩篇，鬥爭鋒芒直指國民黨反動派的傑出的詩篇。〈給天真的樂觀主義者們〉、〈伽裡略在真理面前〉、〈你是誰〉等，以緊扣時代的深邃的思想，深沉激越的情感，鮮明活躍的意象，強勁有力的節奏，奏響一支支震撼人心的戰歌。在當年反對美蔣的群眾運動中，這些詩篇曾被廣泛朗誦，成為直接鼓舞群眾鬥志的號角。當年的讀者，憑著對綠原這些詩篇的深切感受，他們不能不認為，綠原這個名字是無論如何同美蔣特務聯繫不上的。綠原的這些膾炙人口的反對美蔣的政治抒情詩篇，都是一九四四年以後，也就是被按語作者宣佈為當了美蔣特務之後的作品。一個對中國人民、中國共產黨充滿刻骨仇恨、死心塌地為美蔣效勞的特務，可以在日常生活中把自己打扮成革命者的樣子，可以滿口馬列，可以寫出唬人於一時的革命理論文章，這樣的「紅旗特務」並非罕見；可是，這種「紅旗特務」絕對不可能寫出綠原那樣的深摯熱烈的反對美蔣的政治抒情詩。讀過綠原的政治抒情詩的廣大讀者所以對按語的結論不信，原因就在這裡。自然，當時不相信綠原是特務的讀者並不認為公佈的綠原的那封信是偽造的，但是，他們總覺得，在這封信的後面，一定還有一些未曾弄清的問題，按語的結論下得過急了。事實證明，讀者的推測是正確的。沒有想到的只是，信件的摘編者連最起碼的調

查工作也不肯做，就不顧一切把這封信拋出來，以坐實綠原是美蔣特務。這樣可怕的致人於死地的手段，千千萬萬天真善良的讀者實在是無法推測到的。

綠原的這個問題在他被捕後不久就搞清楚，但由於他是「胡風反革命集團」的「骨幹分子」，一直關了七年才被宣佈免於刑事起訴，戴「胡風集團骨幹分子」帽子，予以釋放。出獄後，被安排在人民文學出版社編譯所。人民文學出版社當時的社長是韋君宜，安排綠原到編譯所的部門並沒有告訴韋君宜他的「特務問題」已經搞清楚，因此韋君宜一直認為他曾是「美蔣特務」。文革期間，在一次學習會上，韋君宜對他說：「別談什麼文藝思想，把你的中美合作所問題談談吧。」綠原哭笑不得。一九八九年，綠原在《新文學史料》發表了長文〈胡風和我〉，其中談到當年被誣為「美蔣特務」的經過，也捎帶談了韋君宜對他的誤解。這才讓韋君宜認識到當年的糊塗。而這時已經是綠原獲得平反的九年之後了。無怪韋君宜要為綠原還不能公開平反特別不平了。

「當年把這樣的胡說八道當做中央文件，大字刊載在全國報紙上，公佈於全國。而現在，像我們這些文藝系統的人，只能從雜誌上看到當時的一點點真相。」糾正極左路線下的冤假錯案，本是一件表示撥亂反正偉大魄力的大好事，為什麼要搞得如此遮遮蓋蓋的呢？——難以理解。

巴金

巴金，一九五五年在各方的約稿下寫了不止一篇批胡文章。第一篇〈必須徹底打垮胡風反黨集團〉（《人民日報》五月二十六日），是分兩次寫成。前一部分，寫於舒蕪〈關於胡風反黨集團的一些材料〉發表之後；後一部分，寫於第二批材料發表之後。在這篇文章裡，巴金顯然沒有把胡風當作敵人看的。這裡分別從前後兩部分各選一兩個片段，略加掃描。

> 胡風所謂「非常強大的」「敵人」就是黨內和黨外的進步文藝工作者。他們那個集團就是為了對付這些「敵人」而戰鬥的。所以在解放以後，在中華人民共和國成立以後，他還調兵遣將，「開闢工作」，建立據點，發展他們的文運。

這是就舒蕪的〈材料〉所做的表態。舒蕪在他的〈材料〉裡說得明明白白：「多年來胡風在文藝界所進行的活動，是從個人野心出發的宗派主義小集團的活動，是反對和抵制黨對於文藝運動的共產主義思想的領導、反對和抵制中國共產黨所領導的革命文學隊伍、為他的反馬克思主義的文藝思想和反黨文藝小集團爭奪領導地位的活動。」胡風的罪行是反黨。巴金卻說胡風的問題在於反對黨內和黨外的進步文藝工作者，說胡風他們在新中國成立後的活動是為「發展他們的文運」。這與決策中樞定的調子相距何止萬里。

他的整個精神是「自我擴張」，吹捧自己，咒罵別人。他吹自己的詩「驚住了一切人」。罵別人為「蒼蠅蚊子」，「無恥」，「畜生」。除把毛主席〈在延安文藝座談會上的講話〉污衊為「被當作了『圖騰』的小冊子」，或者吹兩三句他在文聯和作協主席團聯席擴大會議上發言外，很少見他談理論談學術，連他談理論引用的材料，也要新文藝出版社編輯給他幫忙。可見他除了散佈仇恨、欺詐、虛偽的毒氣（毒害別人也毒害自己）外，並沒有什麼淵博的學問和高深的理論。然而他那些集團分子卻和他狼狽為奸，把他捧上領袖的地位，用他頂上的假的圓光來欺騙青年，擴大影響，加強實力，企圖建立他們的「獨立王國」。

把〈在延安文藝座談會上的講話〉說成是「被當作了『圖騰』的小冊子」，是被當局認作重大罪狀的，巴金卻把它作為次要問題一筆帶過，重點批判胡風「很少見他談理論談學術」，批判胡風「並沒有什麼淵博的學問和高深的理論」，批判那些集團分子「把他捧上領袖的地位，用他頂上的假的圓光來欺騙青年，擴大影響，加強實力，企圖建立他們的『獨立王國』」。完全文不對題，根本沒有把胡風問題當作反革命事件看待。

再看文章的結尾：

我們要完全揭穿他們的假面目，剝去他們的偽裝，使這個集團的每一分子都從陰暗的角落裡站出來，放下「橡皮包著鋼絲的」鞭子和其他秘密武器，老老實實誠誠懇懇向黨和人民投降，從此改過自新，重新做人。這是他們唯一的向人民贖罪的路。

「剝去假面，揭露真相，幫助黨徹底弄清胡風及其反黨集團的全部情況，從此做個真正的人，是胡風及胡風派每一個人的唯一出路。」這是毛澤東為第一批材料寫的編者按語中提出的要求。而在第二批材料的按語中則指出：「他們是把希望寄託在反革命政權的復辟和人民政權的倒臺的。」「必須……把他們從我們的各個戰線上清洗出去」。巴金在看到第二批材料的按語之後還按照第一批材料按語的調子說話，這不是頗耐人尋思嗎？

上述這些「失誤」，是由於巴金沒有學好編者按語嗎？有關這一篇文章寫出的過程，他在晚年的〈懷念胡風〉中有敘述：「運動開始，人們勸說我寫表態的批判文章。我不想寫，也不會寫，實在寫不出來。有人來催稿，態度不很客氣，我說我慢慢寫篇文章談路翎的《窪地戰役》吧。可是過了幾天，《人民日報》記者從北京來組稿，我正在作協分會開會，討論的就是批判胡風的問題。到了應當表態的時候，我推脫不得，就寫了一篇大概叫做〈他們的罪行應當得到懲處〉（葉按：巴金把題目記錯了）之類的短文，說的都是別人說過的話。表了態，這一關算是過去了。」（《隨想錄》，三聯書店一九八七年版，第八八二至八八三頁）「表了態，這一關算是過去了。」這是道出了當年的心態的。他就是要有心的讀者從「失誤」中窺見他表態的被動與無奈。

寫於第三批材料發表之後的〈他們的罪行必須受到嚴厲的處分〉（《文藝月報》一九五五年六月號），態度截然不同了。這裡且看文章前兩段：

讀完〈關於胡風反革命集團的第三批材料〉，我很憤怒，也很吃驚，同時我忍不住責備自己：為什麼以前沒有想到這些事情？為什麼這些年來沒有認真地跟這個集團作過鬥爭，就讓他們長期用偽裝、用

欺騙手段去引誘青年，俘虜青年，到處加強實力，擴大影響？我酣睡在豺狼旁邊，聽不見一聲狼嗥，現在夢醒，雖然慶幸自己沒有受到損害，卻忘了多少青年跟著他們走上迷路，有的甚至墮入深淵，做出危害人民革命事業的罪行。

現在胡風的反革命的罪行終於完全暴露了。他們那個反革命集團的陰謀活動也完全弄清楚了。許多追問過胡風集團的政治背景的人也得到確定的答覆了。一個「他」字說明了一切。這個「他」不是別人，就是中國人民的公敵蔣介石。蔣介石一九四六年破壞政協決議發動內戰的時候，胡風的親密戰友阿壠寫信給胡風說：「這裡一切都充滿了樂觀。……他底自信也使大家更為鼓舞。」他們這個集團把一切希望都寄託在人民公敵蔣介石的身上。所以阿壠參加過蔣介石召集的「獨立營以上的會」，當過國民黨陸軍大學的戰術教官，胡風會跟國民黨特務頭子陳焯發生關係，緣原會到「中美合作所工作」。單是這幾件事實已經可以說明胡風反革命集團的本質，單憑「第三批材料」已經可以把這一夥反革命分子定罪了。

可以看出，巴金完全被第三批材料嚇住而且蒙住了。韋君宜說：「當時我想，中央再怎麼也不會在這樣的大問題上冤枉人。那麼，胡風反革命集團真的是反革命了！至於他們在解放前確實做過進步的工作，胡風的《密雲期風習小紀》和他編的《七月》確曾影響過我，我就沒有腦筋去想這個了。我只覺得這些人怎麼壞得這樣出奇，怎麼能隱藏得這樣深！」巴金的心態基本上應該也是這樣。是的，堂堂黨中央的機關報發表的文件，而且是最高權威親自加了按語的文件，怎麼能不讓巴金嚇住而且蒙住呢？他怎麼能不覺得多虧最高權威的指點

才得以「夢醒」呢？巴金，像當時絕大多數的知識分子一樣，怎麼會想到登在《人民日報》上的材料通篇全是胡說八道呢？他怎麼會想到阿壠是我方的地下軍事情報人員，他寫給胡風的信是向黨傳遞蔣介石積極準備發動內戰的軍事部署，而「這裡一切充滿了樂觀」、「他底自信也使大家更為鼓舞」之類的話是為躲過反動派檢查而故意為之的反語呢？他怎麼會想到胡風根本不認識特務頭子陳焯，是為了救出被國民黨特務逮捕去的賈植芳情急之下才讓阿壠去找門路的呢？他更怎麼會想到，綠原根本沒有到「中美合作所工作」，不是什麼特務，而是被特務追索的受害者呢？巴金沒有讀過阿壠的作品，沒有讀過綠原的作品，也沒有好好讀過胡風的文章。如果他認真讀過，他肯定不會相信第三批材料的所謂「揭發」的。綠原、阿壠的政治抒情詩，首首都是針對國民黨反動派的震撼人心的詩篇，不要說特務寫不出，就是當時詩壇上的一般詩人，也絕對寫不出。而胡風的深刻的文藝論文，同樣是絕非一般的革命文藝理論家能夠寫得出的。只有通過對作品和文章的深層次瞭解，才能達到對作家心靈的深層次瞭解，巴金缺乏對他們心靈的深層次瞭解，只能跟著最高權威的魔術棒轉了。

正是在這樣的錯誤認識指導下，巴金在隨後寫出的〈關於胡風的兩件事情〉（《文藝月報》一九五五年七月號）中，對胡風作出十分離譜的揭露，就沒有什麼奇怪了。且摘錄兩段在這裡：

（前略）解放前不多久，我讀到《泥土》一類刊物的時候，曾經和朋友談起，我們懷疑過，胡風派究竟有什麼用心？他們真正的敵人是誰，他們真正的朋友是誰。但是我們始終沒有想到蔣介石特務上面。今天仔細回想起來，我才記起早在二十幾年前就有人講過「胡風是特務」的話。大約在一九三四年

九、十月中間我去日本之前，有一回在南京飯店和幾位當時常常在《文學》雜誌上寫稿的作家聚餐，魯迅先生也在座，他講起有人說胡風是特務。理由是：那個人被捕的時候，特務問起許多左翼作家的名字，單單沒有提到胡風。魯迅先生認為理由不充足，所以他不相信。一九三六年上半年有一個時期聽說魯迅先生心境不大愉快，後來一個常去魯迅先生家的朋友（他譯過幾本法國小說），對我談起魯迅先生的近況，他抱怨說，胡風常常在魯迅先生面前講些使魯迅先生生氣的事情，而且在外面亂打魯迅先生的招牌，給這個老人引起許多麻煩，把事情愈弄愈複雜。當時我們並沒有想到「挑撥離間」上面，我們只是在暗中批評胡風器量狹小，重視個人恩怨，不顧大局，也不愛護魯迅先生。過幾個月魯迅先生逝世，在萬國殯儀館開弔的時期中，我每天看到胡風那種哀痛的表情。後來在魯迅先生紀念會上我也幾次聽見胡風的慷慨激昂或沉痛哀悼的演說。我總覺得在胡風身上有一種不自然、不真實的東西，但也沒法詳細地說出來。

現在把以上這些回憶拿來跟〈材料〉一對，我恍然大悟了。胡風早在二十幾年前就露出了馬腳。當時的揭發是對的，只是揭發人沒有提出充分的證據，也就讓他「滑過去了」。所以他有機會繼續幹他那套「挑撥離間」的勾當。等到魯迅先生一死，他就把先生當作「死人」，故意用哀痛的表情來掩飾他內心的醜惡。他在紀念會上發表慷慨激昂、沉痛哀悼的演說的時候，他心裡卻在說：「災難」，「無聊之至」。魯迅先生的照妖鏡一樣的深透的眼光像鞭子似地在抽著他的良心。他即使虛偽透頂，也難免要露出不真實、不自然的「尷尬神氣」。只是我們的鬥爭性太不強，不大膽懷疑，不多加注意，就讓他「滑

過去了」，豈但讓他「滑過去」，我們還讓他繼續打著「魯迅繼承人」的空招牌欺騙青年，一直到今天原形畢現為止。

他把顛倒是非、混淆黑白的〈材料〉當作檢驗胡風一言一行的參照系，只能使自己陷入大迷誤中。「他即使虛偽透頂，也難免要露出不真實、不自然的『尷尬神氣』。只是我們的鬥爭性太不強，不大膽懷疑，不多加注意，就讓他『滑過去了』」：今天讀來，真有讀今版《列子》「亡鈇者」故事之感了。

關於這一篇文章的寫作情況，巴金晚年有極沉痛的反思：

第二篇就是〈關於胡風的兩件事情〉（葉按：這是巴金的第四篇批胡文章。）在上海《文藝月報》上發表，也是短文。我寫的兩件事都是真的。魯迅先生明明說他不相信胡風是特務，我卻解釋說先生受了騙。一九五五年二月我在北京聽周總理報告，遇見胡風，他對我說：「我這次犯了嚴重的錯誤，請給我多提意見。」我卻批評說他「做賊心虛」。我拿不出一點證據，為了第二次過關，我只好推行這種歪理。（〈懷念胡風〉，《隨想錄》，第八八三頁）

「只好推行這種歪理」，這是巴金晚年的認識。當年，巴金跟著魔術棒轉，還以為是「夢醒」後見到的真理。他怎麼會想到最高權威在如此重大的問題上，竟會如此戲弄權威。

巴金在寫批判胡風的文章之前，還寫過一篇批判路翎〈窪地上的「戰役」〉的文章，後來發表在《人民文學》當年八月號上。關於這篇文章，有一番奇特經歷，巴金在〈懷念胡風〉中有記述：

寫第三篇文章，我本來以為可以聰明地給自己找個出路，結果卻是弄巧成拙，反而背上一個沉重的精神包袱。事情的經過我大概不會記錯吧。我第二次從朝鮮回來，在北京住了一些日子，路翎的短篇〈初雪〉剛剛在《人民文學》上發表，荃麟同志向我稱讚它，我讀過也覺得好，還對人講過。後來〈窪地戰役〉刊出，反應不錯，我也還喜歡。我知道在志願軍戰士同朝鮮姑娘之間是絕對不允許戀愛的，不過路翎寫的是個人理想，是不能實現的願望。有什麼問題呢？在批判胡風集團的時候，我被迫參加鬥爭，實在寫不出成篇的文章，就挑選了〈窪地戰役〉作為槍靶，批評的根據便是那條志願軍和當地居民不許戀愛的禁令。稿子寫成寄給《人民文學》，我自己感到一點輕鬆。形勢在變化，運動在發展，我的文章在刊物上發表了，似乎面目全非，我看到一些自己也沒有想到的政治術語，更不知道自己哪裡來的權利隨意給人戴上「反革命」帽子？看得出有些句子是臨時匆匆忙忙地加上去的。總之，讀頭一遍我很不滿意，可是過了一晚，一個朋友來找我，談起這篇文章，我就心平氣和無話可說了。我寫的是思想批判的文章，現在卻是聲討「反革命集團」的時候，倘使不加增改就把文章照原樣發表，我便會成為批判的對象，說是有意為「反革命分子」開脫。《人民文學》編者對我文章的增改倒是給我幫了大忙，否則我會遇到不小的麻煩。（《隨想錄》第八八三至八八四頁）

如果不是看了巴金這段回憶，人們哪會想到發表在《人民文學》的稿子竟會有那樣奇異的遭遇。「看得出有些句子是臨時匆匆忙忙地加上去的」，確實如此。如，巴金的文章裡有這樣幾句：

作者自己說，班長「也說不明白為什麼單單命令王應洪留下來」，這就是說這個「威望極高的班長和代理排長」在戰場上會發出連他自己「也說不明白為什麼」的命令（朝鮮戰場上居然有這樣的偵察班長！居然有這樣的一等功臣！）。作者卻替他想出三個理由①（葉按：這是一個註腳標誌），其中有一個是他「想到了那件使他不安的愛情，金聖姬那個姑娘的眼淚」。

註腳是：

頭兩條理由是：「想要鍛煉一下這心愛的戰士……想要叫這年輕人看一看、學一學他這個老偵察員怎樣戰鬥。」這兩個理由也是同樣不能成立的。他當時應該考慮的是：怎樣安排對戰鬥最有利。

極明顯，括弧裡的文字和註腳的文字，都是編者匆匆忙忙加上去的。如果給路翎戴上反革命的帽子是當時形勢的需要，那我們實在看不出，添加這些文字，而且採取如此不正常的補補丁的形式添加這些文字，必要性何在。《人民文學》的編輯未免太狂妄了。

當人為的歷史迷霧消散，胡風和他的友人恢復了他們原有的風貌，晚年的巴金回顧一九五五年自己的行動，痛苦萬分。向著胡風和路翎，也是向著歷史，他作出沉痛的懺悔：

五十年代我常說做一個中國作家是我的驕傲。可是想到那些「鬥爭」，那些「運動」，我對自己的表演（即使是不得已而為之吧），也感到噁心，感到羞恥。今天翻看三十年前寫的那些話，我還不能原諒自己，也不想要求後人原諒我。我想，胡風作為一個文藝工作者要是沒有受到冤屈，受到迫害，要是沒有長期坐牢，無罪判刑，他不僅會活到今天，而且一定有不小的成績。但是現在什麼也沒有了。我還有什麼話可說呢？（《隨想錄》第八八六頁）

我還要在這裡向路翎同志道歉。我不認識他，只是在首次文代會上見過幾面。他當時年輕，是一位有才華的作家，可惜不曾給他機會讓他的筆發出更多的光彩。我當初評〈窪地戰役〉並無傷害作者的心思，可是運動一升級，我的文章也升了級。我不知道他的近況，只聽說他喪失了精力和健康。關於他的不幸的遭遇，他的冤案，他的病，我怎樣向後人交代？難道我們那時的文藝工作就沒有失誤？雖然不見有人出來承認對什麼「錯誤應當負責」，但我向著井口投擲石塊就沒有自己的一份責任？歷史不能讓人隨意編造，沈默妨礙不了真話的流傳，潑到他身上的不公平的污水也起不了什麼作用，只是為了那些「違心之論」我絕不能寬恕自己。（《隨想錄》第八八六至八八七頁）

巴金一鞭一抽搐、一鞭一血痕的自我靈魂拷問，震人心魄地照出了那個邪惡年代對於良知未泯的知識分子精神迫害的罪惡。這是對於製造了無數冤案的極左路線的血淚交迸的控訴。真正製造了人間慘劇的人和他的幫兇們，是永遠不會出來「承認對什麼『錯誤應當負責』」的。他們永遠是正確的。

樓適夷

絕大多數的盲目緊跟者，都是對胡風根本不瞭解，或瞭解不多瞭解不深的，他們對最高權威的無條件崇拜無條件信任，必然使他們成為盲從者。但也有對胡風有相當深入的瞭解的，也不免成為運動的盲從者。突出的例子便是樓適夷。

一九三二年十二月初，樓適夷奉地下黨之命從上海到日本與日共商談召開遠東反戰會議的準備工作，領導告訴他到東京找張光人（胡風的原名）就能找到日共。他到日本東京後就是經由張光人的介紹而與日共取得聯繫，完成了工作任務的。一九三八年他和胡風同在武漢從事全國文藝界抗敵協會的工作，往還較多，「一起商量工作，討論問題，什麼都談，有時也吵嘴」（〈記胡風〉，曉風編《我與胡風》，增補本，寧夏人民出版社二〇〇三年版，第二頁），關係不一般。抗戰勝利後在上海，他在《時代日報》社工作，擔任副刊編輯，稿件大部分都是由胡風介紹過來的。與胡風有著這樣友誼關係的樓適夷，在一九五五年也終於矇頭轉向，成了盲從

派的一員。在胡風被宣佈為「反革命集團」頭目之後，他寫了兩篇批胡文章和兩首批胡詩，用語都極狠。這裡只就後一篇文章〈刻骨銘心的教訓〉（《文藝報》一九五五年第十二號），作若干掃描。看最後兩段：

對於胡風和胡風分子們，這個最兇惡、最狠毒的反革命集團的揭露，是我們黨和人民事業中的一個不可估計的勝利。這個勝利證明了：任何反革命分子，即使它像胡風集團那樣，偽裝得這麼巧，暗藏得這麼深，最後還是隱蔽不住，而必然地要落進人民的手掌裡的。

從這個勝利中，我們所得到的教訓，也是深刻的。這是一個用怎樣的代價所換來的勝利！不是一個短時期，而是二十多年，這個革命的叛徒，美蔣匪幫最忠實的狗，死硬的階級敵人，潛藏在我們的隊伍裡，日日夜夜地進行其從內部來破壞革命的陰謀。他們把中美合作所訓練出來的特務送到我們黨裡來了，我們接受了；他們把蔣介石的信徒、胡宗南的走狗送到我們文化工作的崗位上來了，我們接受了；他們把惡霸地主還鄉團員、對人民有血債的分子送進我們國家的文化機關裡來了，我們也接受了；他們拉走了我們隊伍中的一些蛻化變節分子，讓他們在我們的組織內替他們當坐探，我們不知道；他們在到處散佈對黨對人民的瘋狂的仇恨，我們不知道。我們把最可怕的階級敵人當做自己的朋友，和他握手，對他微笑，團結他，爭取他，認為他們只是思想上有問題，善意地幫助他們，耐心地等待他們，以為最後他們一定也會被黨和人民的力量改造過來。——這是怎樣的一種「天真」和「麻痹」！

如果樓適夷的頭腦能夠冷靜一點，就會想想，如果胡風果真是革命的叛徒、美蔣匪幫最忠實的狗、死硬的階級敵人，長期潛藏在我們的隊伍裡，那麼，一九三三年在上海舉行的遠東反戰會議就會遭到徹底破壞，參加會議的成員都要被國民黨反動派一網打盡。像胡風這樣一位已經以行動證明自己的絕對可靠的同志，怎麼可能成為「長期地偽裝革命，潛藏在進步人民內部，幹著反革命勾當」的「反革命集團」的頭目呢？一九五五年當時，只要是解放前認真讀過胡風和路翎、阿壠、綠原等整系列七月派作家的文章與作品，而且有深刻感受的讀者，沒有一個相信三批材料的「揭發」的。原因很簡單，胡風和友人們的那些針對國民黨反動派的革命傾向異常強烈的文章和作品，決不是一個蔣介石的忠實走狗能夠寫出的。不要說蔣介石的忠實走狗寫不出，就是一個對革命缺乏深摯感情的作者，也不可能寫出。不然，什麼「做革命文必須做革命人」之類的箴言，都該送進廢紙堆裡去了。樓適夷，由於缺乏這樣的認真閱讀、深入感受的基礎，他不能不在三批材料前成為俘虜，被材料的絕對權威性徹底懵住了。中央再怎麼也不會在如此重大的問題上冤枉人的，於是，在對最高權威的無條件信任的情況下，很自然就跟著魔術師的魔棒轉了。他說胡風「偽裝得這麼巧，暗藏得這麼深」，與韋君宜的「我只覺得這些人怎麼壞得這樣出奇，怎麼能隱藏得這樣深」，同出一轍，令人哭笑不得。樓適夷說，「最後還是隱蔽不住，而必然地要落進人民的手掌裡的」，跟著魔術師的魔棒轉，只能轉出如此是非顛倒的結論。

樓適夷在一九八七年的〈記胡風〉的文章中，這樣談到他成為盲從派的經過：

> 卻說到了一九五五年我離開工作約四五個月之久，又回到北京。才知道胡風出了大事了，就是上了

那個「三十萬言」書。這是大家都知道的，從文學流派的所謂「小宗派」，一下子變成「明火執仗的反革命集團」，這還得了！當然得積極回應。《列子》中有一條寓言，某翁丟失了一把斧子，懷疑是鄰人某某所偷，暗中窺察，越看越覺得某某很像是偷斧子的人。不管什麼老朋友，大義滅親，我就是這樣，以為胡風真是偷了斧子了。應該感謝後來那場所謂「文化大革命」，使好多人懂得了一種道理，大轟大嗡，是容易把人的頭腦搞昏的。

經過一個世紀的四分之一，在北京醫院裡見到胡風時，想到胡風落井，眾人投石，其中有一塊是我的，心裡隱隱作痛，實無面目重見老友。（曉風編《我與胡風》，增補本，第二頁）

連樓適夷這樣與胡風關係不一般的人也不免落入盲信盲從之中，第三批材料的魔力確實太可怕了。樓適夷說，使他發現自己盲信盲從的錯誤的，是那場所謂「文化大革命」。這個盲信盲從的錯誤，倒是真正成為他終身的「刻骨銘心的教訓」了。

戈揚

戈揚，這位來自新四軍的文藝戰士，當時是《新觀察》的主編。一九五四年，刊物用了很大篇幅發表了綠原的五百行長詩〈向第五個十月致敬〉。詩篇得到廣大讀者熱烈歡迎。一九五五年風雲突變，綠原被第三批〈材料〉宣佈為「美蔣特務」。這一下，刊物編輯部統統被嚇住。這年六月出版的刊物第十三期上，主編戈揚寫了五千餘言的文章〈從其詩看其人〉，肅清「流毒」。文章談了她和編輯部的同事怎樣在第三批材料發表之後才把詩讀懂的。

胡風反革命集團骨幹分子之一的綠原，是以「革命幹部」、「詩人」的偽裝出現的。他在《新觀察》上發表過一首詩，題目是〈向第五個十月致敬〉，用炫人眼目的字眼盡極「歌頌」之能事。當時，這首詩還迷惑了一部分人。我們是讀過這首詩的，從原稿到校樣還不止讀過一遍，當時只感到個別字句和段落不妥，基本上還是肯定的。讀了揭露胡風反革命集團的三批材料和按語後，這才恍然大悟，原來以前並沒有讀懂它。

讀了《人民日報》的按語，再看反革命分子寫的詩和文章，我們懂得了一個看他們文章的方法，那就是他們是站在反革命的立場上，讀他們寫的東西必須從反面去理解。

戈揚用反面讀的方法對詩篇進行了重點破譯。這裡舉兩個例子。

例一：

親愛的祖國，年輕的共和國，

……

你的人民勞動著，戰鬥著，
你的兄弟關懷著，幫助著，
你的敵人暗算著，破壞著。

戈揚的破譯：

這裡他所說的「人民」，不是勞動人民，是指的他們那一小撮反革命分子。路翎在文聯大會向文藝報進攻的發言中，就曾一再強調他是「勞動者」。他們「勞動著，戰鬥著」不是為了建設祖國，是為了蔣介石王朝的復辟。他所說的「兄弟」，不是指蘇聯和人民民主國家，是指的帝國主義的英美；而他所說的「敵人」，倒正是指的一切革命者。

完全跟著第三批材料編者按語的作者轉，只能轉出如此荒唐透頂、令人啼笑皆非的解釋來。

例二：

祖國呵，……
你在我們心裡，你在我們心裡！
我們的心呀，它日夜地撫摸著
共和國的每一寸土地。

戈揚的破譯：

他所說的「我們」，是指反革命分子。為了達到顛覆中華人民共和國的陰謀，這夥人的心確是「日夜撫摸著共和國的每一寸土地」。夢想「每一寸土地」重回到劊子手手裡去。

牽強附會到匪夷所思的地步！

僅此二例，就可以看出，由於對最高權威無條件的盲信，戈揚陷入怎樣可怕的認識誤區了。

戈揚也不好好想想，反革命分子寫反動詩，是向公眾發洩他對新中國的仇恨的，是希望讀到他的詩的人

接受他的反動思想的。而第三批材料發表之前，沒有一個人讀出其中的反動思想來，連戈揚和她編輯部的同事們，「從原稿到校樣還不止讀過一遍」，也沒有讀出一點異味來，這樣的反動詩能起什麼反革命的作用呢？除非這首詩是一個密碼信件，用它來向境外敵人傳遞我方的國家機密的。然而戈揚並不如此認為。事實上，戈揚即使把它作為密碼信件看待，也是無法破譯的。世界上最天才的密碼破譯家也無法破譯。原因極簡單，因為它根本不是什麼密碼信件。它是一首不折不扣的歌頌人民共和國的詩篇——一首好詩。

我在評說巴金時說，讀他回顧當年對胡風的誤解，有讀今版「亡鈇者」的故事之感。使人更有讀今版《列子》之感的，應該是戈揚的這篇文章。

劉紹棠

不少盲從者在真相大白之後，都有上當受騙之感，對自己當年的批胡有所反思；但也有一些人物始終行若無事，自我感覺始終異常良好。突出的人物是劉紹棠。

劉紹棠，一九四九年十三歲就發表作品，被視為「神童」。一九五五年才十九歲，已經是譽滿全國的青年作家了。他在看到舒蕪的〈關於胡風反黨集團的一些材料〉之後，奮筆寫下的〈徹底揭露胡風反黨反人民活動的真相〉（《文藝報》一九五五年第九、十號合刊），便是一篇很明顯的盲從之作。只要看看最末一段就可以了：

我們青年初學寫作者，是黨從小哺育培養長大的，我們是黨的兒女；黨的理論和黨的路線，是我們思想上、創作上唯一的指標。在對胡風的鬥爭中，我們學習到很多東西，提高了我們的思想認識和政治警覺。我們深深認識到，胡風的文藝思想不但會把我們引向創作的失敗的道路，而且會引向反黨的道路。我們向黨宣誓：我們忠實於黨，在黨的教養下，為黨和人民的事業奮鬥到底，對黨和人民的敵人，堅決鬥爭，決不妥協。胡風想用托洛茨基匪徒曾經用過的卑鄙的阿諛手段來拉攏和欺騙我們青年人，那只是他的可恥的妄想，他決不會在我們中間招收到追隨他的嘍羅，相反，他將受到我們無情的反擊！

立場堅定，鬥志高昂，不愧為「黨的兒女」。然而，他的慷慨激昂的「忠實於黨」的誓言，卻露出他的「小」來。他自己說，他「是黨從小哺育培養長大的」；沒有「黨從小哺育培養」，他就不可能成為名揚全國的青年作家。原來，他之所以忠實於黨，主要在於黨把他培養成為作家。把忠實於黨同個人得利結合起來，這是典型的翻身小農的思想。劉紹棠是以「黨的兒女」的姿態在發言的，而他本人也已經是共產黨員；這種翻身小農的思想，實在同「黨的兒女」的身分不相稱，不免給人以滑稽之感。

愚忠，就已顯得頗為可憐而又可笑，建立在個人得利基礎上的愚忠，顯得加倍的可憐而又可笑了。

一九五七年，在「引蛇出洞」的「陽謀」下，他被作為右派分子遭到了痛烈打擊。按說，經過這一殘酷的教訓，他對於極左路線的本質應該有所認識了；可是他在平反之後，卻發表了這麼一通高論：「娘打兒子打錯了，趕出了家門，但又把兒子找了回來，摟在懷裡，承認了錯誤，難道還能啐母親的臉，逼著母親下跪？」

（轉引自欒保俊〈石韞玉而山輝〉，《文藝理論與批評》一九九七年第一期）。把極左路線當作親娘，把撥亂反正後的正確路線給他平反，視為極左路線給他平反。對於極左路線這位親娘如此死心塌地孝順，人們還能指望這位孝子會對他在反胡風鬥爭中的盲從進行任何反思嗎？

一九九五年新春，劉紹棠在這年第二期《文藝理論與批評》發表的〈寸忱〉中，沾沾自喜地對自己光榮的一生作了一番總結：「我參加革命四十七年，從事文學創作四十六年，加入中國共產黨四十三年，黨給我的鑑定是：『幾十年來對黨忠誠，擁護黨的改革開放政策，與黨中央在政治上保持完全一致。』我沒有害過人，整過人，罵過人，……」他也未免過於健忘了，他一九五五年的批胡文章就是一篇害人、整人、罵人之作。劉紹棠肯定認為，那是他響應黨的號召，是「對黨忠誠」，是「與黨中央在政治上保持完全一致」，根本不是什麼害人、整人、罵人的行動。必須指出，即使是隨大流之作，也是幫助極左路線在害人、整人、罵人。何況，其中還有這樣一段超越舒蕪的〈材料〉的話：

> 今天，舒蕪所揭發的材料，（中略）不是完全說明了他對黨是抱著怎樣的深仇大恨，要「再接再厲」、「準備迎戰」、「多花一點力氣」、「從事開闢工作」、「沈著一點」、「變換方法」、「要在戰略上加強防禦」、「非大大地加強實力不可」、「非抱著與陣地共存亡的決心不可」嗎？如果不寫明這是胡風嘴裡說出的話，難道我們不會認為這是蔣介石發動內戰時的叫囂嗎？

把胡風的話給以掐頭去尾的處理從而同蔣介石的叫囂扯為一談，這已經不是隨大流之作，而是極富創造性地害人、整人、罵人了。「我沒有害過人，整過人，罵過人」：虧他說得出口！左毒危害之可怕，莫此為甚。

綜評

對於最高權威的無條件崇拜，必然落入喪失自我的死胡同：外在權威內在化，以權威的是非為是非，以權威的善惡為善惡。如果權威的是非善惡與歷史的方向同步，盲目緊跟的會走向是與善；如果權威的是非善惡與歷史的方向背道而馳，則他們的緊跟便不可避免地走向非與惡，成為拖歷史倒退的力量。一九五五年的場合，盲目參加運動的人，就屬於後一種情況。

但，同樣是盲從卻有所不同：一種是奴隸式的盲從，一種是奴才式的盲從。

奴隸式的盲從，盲從者在最後認清真相之後，會悔悟，要控訴。從他們痛烈的自譴自責中，從他們痛烈的指向欺蒙者的控訴中，我們聽到了「人應該是人」的痛烈的呼喚。

奴才式的盲從，則是永遠不覺得自己有錯誤的盲從者。他們對當年積極參加批胡運動心安理，無所愧怍。緊跟偉大戰略部署，何錯之有？天王永遠聖明。這是病入膏肓無可救藥的一群。

五四時期喊出的「個性解放」的口號，到了世紀末還得作為新的口號重新提出，這是歷史莫大的嘲弄，也

是歷史莫大的懲罰。

但是，也有極少數盲從者是在真相還未大白的情況下就從盲信中覺醒過來的。這是很了不起的。當年是清華大學一年級學生的黨治國，就是最先覺醒的少數人中的一個。這是他的記述：

一九五五年夏季，我們這些大學一年級的學生都參加了對「胡風反革命集團」的聲討。當時我們以為，除了《人民日報》公佈的胡風和他的朋友之間的私人通信，他們一定有以推翻現政權為目的的組織、計劃、綱領，並和臺灣的國民黨勢力至少是潛伏的國民黨特務有聯繫，被政府掌握了確鑿的證據，要不他們如何顛覆政權呢？但直到一九五七年夏季「胡風反革命集團」案尚未開庭審判，傳言是沒有搜集到他們反革命的證據。這使我有一種上當受騙的感覺，我當年對胡風們的義憤聲討豈不是充當了一隻任人唆使的狗！（黨治國：〈科學的良心〉，章立凡編《記憶往事未付紅塵》，陝西師範大學出版社二〇〇四年版，第三二〇頁）

敷衍型

這是一個對批胡運動不感興趣的知識群體。他們只是由於大勢所趨，不得不出來做一些低調的表態。人數不少，有文藝工作者，還有教育工作者、醫務工作者，自然科學工作者，甚至民主黨派頭面人物。這裡只選文藝界的三人。

梅蘭芳

把梅蘭芳推上批胡第一線，這對於梅蘭芳來說，是趕鴨子上架，強人所難。他並非對胡風有什麼好感，他對批這個批那個的政治運動根本不感興趣。他出來表態了兩次。第一次，在舒蕪〈關於胡風反黨集團的一些材料〉發表之後；文章題為〈偽善的假面具和惡毒的真面目〉，發表在《文藝報》一九五五年第九、十號合刊。第二次，在第二批材料發表後次日，五月二十五日，中國文聯主席團和中國作協主席團聯合召開的處理胡風的擴大會議上。當時，梅蘭芳是被指定發言的一個。發言稿發表於《人民日報》一九五五年五月三十一日。據媒體透露，他一九五九年入黨前的入黨申請書，還是由別人代寫的，則這兩次批胡的稿子由別人代寫的可能性就更大了。

先考察第一篇批胡文章。全文如下：

胡風的文章很難讀，最初我看了許多批評他的論著，還以為只是文藝思想的問題；聽完了楊獻珍、孫定國諸同志的報告，我才清楚地瞭解到他的反黨思想的本質。讀了舒蕪所揭露的那些信件，我更感到以前的想法，是太天真了。胡風不但在思想上反黨反人民，而且進行著長期的組織活動，是有計劃的反黨反人民，破壞黨的事業；他對黨抱著敵對的情緒，對黨作瘋狂的進攻。

胡風的文章難讀，但在信裡的話卻很容易懂，這正如楊獻珍同志的報告中所說，心口如一的時候就容易明白，披著外衣，掩藏罪惡面孔，心口不一致，他的表面的話也必然不容易懂。這些信揭露了胡風的反黨反人民的真面目。《人民日報》同時發表了他的信是有必要的，這可以看到偽善的假面具和惡毒的真面目，是怎樣的截然相反，警惕性不高，是非常危險的。這對我們有很大的教育意義。今後我們必須加強學習，澄清我們的麻痹思想，樹立起正確的共產主義世界觀。

一上來就檢討自己「以前的想法，是太天真了」，哪像是來參加對敵鬥爭的。提到了胡風「對黨抱著敵對的情緒，對黨作瘋狂的進攻」，理應緊接著進行批判，可是沒有。從「《人民日報》同時發表了他的信是有必要的」，直到最後一句，完全是客觀主義的敘述，哪有半點聲討敵人的架勢。但是，我們不能不說，這篇文章寫得不錯。原因是，它如實地反映了梅蘭芳當時的心態：他對批判胡風這樣的運動，壓根兒不感興趣。這篇文

章，可謂相當典型的敷衍之作。

第二次表態，是在第二批材料發表之後。胡風的「問題」顯得更嚴重了，顯然，再保持第一次那種客觀主義態度，就不太明智了。第二次的發言稿確實氣勢不同，對敵鬥爭的那種劍拔弩張的架勢出來了。但是只消同第一次的文章相對照，骨子裡的客觀主義態度立顯。發言稿是在第一次的文章基礎上稍稍加工而成，保存了不少原有的文字，這就露出了破綻。這裡，把發言稿原文照錄。第一次的文章中已經有過的文字（包括用字不盡相同但意思完全相同的）用楷體印，發言稿添加的文字用黑體字印。

胡風的文章，我看不懂。當我最初看了許多批評胡風的論著時，還以為只是文藝思想的問題；聽過了楊獻珍、孫定國同志的報告，才清楚地瞭解到他的反黨思想的本質。讀了《人民日報》發表的舒蕪所揭露的〈關於胡風反黨集團的一些材料〉，我更感到以前的想法，是太天真了。胡風不但在思想上反黨反人民，並且長期地進行著組織活動，是有計劃的反黨反人民，破壞黨的事業；他對黨抱著敵對的情緒，對黨作瘋狂進攻。這決不只是資產階級主觀唯心論的文藝思想問題，而是一個政治問題。

五月二十四日我又看到了《人民日報》發表的〈關於胡風反黨集團的第二批材料〉，更說明胡風對黨和黨的領導、對革命文藝界的污衊和攻擊；擴大反動集團的組織，建立活動據點，派遣他的心腹打進黨內，偷竊文件，探聽情況；加緊對黨和黨所領導的文藝戰線猖狂進攻，並於進攻失敗後佈置退卻，掩護自己，以待時機。這一切行動，都是胡風多少年以來直到全國解放五年多的今天所作所為的。

胡風的文章難讀，但在這兩批材料一共一百多封信中的話都很容易懂。這正像楊獻珍同志的報告中所說，心口如一的時候就容易明白，披著外衣，掩藏罪惡面孔，心口不一致，他的表面的話也必然不容易懂。這些信揭露了胡風的反黨反人民的真面目。我們只要把這些信和胡風的《自我批判》對照一下，就可以看出偽善的假面具和惡毒的真面目，是怎樣地截然相反。胡風的檢討，乃是一個自欺欺人的假檢討，這還有可以狡賴的地方嗎？

在這一事件的經驗教訓中，對我們的教育意義是很大的。今後我們必須要加強學習，提高警惕，澄清我們的麻痺思想，樹立起正確的共產主義世界觀，隨時隨地對敵人以及偽裝進步實際反動的敵人進行堅決的鬥爭。

如果我們沒有讀過他的第一篇文章，是會感到梅蘭芳是一個批胡積極性相當高的人。然而，在第一篇文章的對照之下，我們看到的只是梅蘭芳的無奈。發言稿只有第二段是新寫的，那是第一篇文章不可能有的，必須新寫。其餘三段文字，僅僅添加了一些文字，使發言人的真實態度不致流露得那麼明顯而已。發言稿的態度改變了，梅蘭芳對批胡運動不感興趣的態度未變。如果他對批胡運動的態度果真改變了，他是決不會讓秘書以如此應付差事的方式草擬發言稿的。

洪深

洪深，戲劇家，中國話劇的開拓者。在五月二十五日中國文聯主席團和中國作協主席團聯合召開的處理胡風的擴大會議上，他也作了發言。當時，《人民日報》已經發表了關於胡風反黨集團的兩批材料。他的發言全文如下：

很多年以來，每次讀到胡風的文章，除了一般的感覺到難懂以外，總覺得有許多怪話。但是由於自己的水平不夠，多年來竟被胡風瞞過，誤認為這只是思想問題，很強的個人英雄主義，「老子天下第一」，決沒有想到這是反黨反人民的陰謀，這是惡毒的狡猾的向無產階級進攻的階級鬥爭。他的陰謀開始得這麼早，堅持得這麼久，進行得這麼狡猾，使得人以為他還是一個可以爭取、團結的對象。假使沒有人民日報的揭露，我們中間可能還有人被他騙過。危害性、危險性就在這裡。我同意大家的建議撤銷胡風的一切職務！把胡風清除出去！徹底清查胡風反動集團的罪行！同時我也建議報刊更進一步揭露胡風的「文藝理論」如何為他的政治陰謀服務，肅清他多年來的在某些人中間散佈的毒素。（《人民日報》一九五五年五月二十七日）

發言的主要內容放在談論對胡風的認識過程上，並沒有展開對胡風反黨反人民的罪行的批判與揭露；接著便是對於撤銷胡風一切職務的表態。而最後的建議反映了他對於材料精神的缺乏理解。第二批材料的編者按

語已經明白指出，鬥爭的任務在於揭露胡風集團的反革命罪行，而洪深卻建議「更進一步揭露胡風的『文藝理論』如何為他的政治陰謀服務」，嚴重落後於形勢。五月二十五日大會上的發言人，除了呂熒之外，都是事先佈置的。不能說洪深沒有好好準備；應該說，這個發言就是他認真準備的結果。

在嚇懵了大多數人的第三批材料發表之前，不少頭腦清醒的人是壓根不相信胡風是反革命的。曾經長期接受西方民主教育薰陶的洪深，自然不會輕易相信一、二兩批材料加給胡風的罪名。這，應該是他對發言採取了敷衍態度的根本原因。

此外，也同他身患絕症的心情有關。

一九五四年末，洪深的健康狀況急驟惡化，經蘇聯專家檢查，確診為肺癌，且已擴散。但他始終不讓友人知道他的病情，仍然以驚人的意志克服病痛參加社會活動。洪深患了癌症，他的友人不知道，但是，決策中樞是應該知道的。然而，決策中樞竟然把身患絕症來日無多的洪深也安排到大會上去發言。決策中樞為了拉名人給批胡大會壯聲勢，做得太絕了。對此，洪深自然會有看法。對發言採取敷衍態度，應該也是這種逆反心理的一種表現。洪深在五月二十五日的大會上做了這個發言之後，七月上旬，病情就顯著惡化，臥床不起。八月二十九日，在病魔折磨的痛苦中，與世長逝。

洪深，是一位是非分明、愛憎強烈的藝術家，一身熱血和正氣。三十年代在上海大光明電影院，當場打斷上映的辱華影片羅克的《不怕死》，跳上坐椅發出抗議之聲的，是洪深。四十年代在重慶復旦大學校園裡同迫害進步學生的特務正面交鋒的，是洪深。這樣一位鐵骨錚錚的知識分子，卻在生命最後的日子不得不在大會做

違心的發言，內心痛苦可以想見。

人們知道要爭取言論的自由權，人們更應知道要爭取沈默的自由權。

賀綠汀

賀綠汀，當時是上海音樂學院院長，中國音樂協會副主席。他在第二批材料發表後寫了一篇批胡文章，題目為〈文藝工作者應該忠誠老實〉，發表時編者改為〈徹底揭發暗害分子胡風〉（《文藝月報》一九五五年六月號）。全文如下：

斯大林（台譯：史達林）稱文藝工作者是人類靈魂工程師，可以想見，如果一個文藝工作者，自己的思想與道德品質不能為人民的模範的話，就不可能成為人民最好的靈魂工程師，相反的就會毒害人民的思想。但是，不幸得很，文藝工作者中竟有些人在這方面往往就成問題。像胡風這樣的人，在文藝界混跡二十餘年，道貌岸然，滿嘴馬克思列寧主義，也不知道迷惑了多少人，但當西洋鏡一旦被拆穿，卻原來是一個最卑鄙的個人野心家。他為了自己個人的地盤，招兵買馬，扶植個人勢力，甚至發展到仇恨黨仇恨革命，而瘋狂地向黨進攻。

為了保衛我們的社會主義建設事業，對胡風等暗害分子的徹底揭發，並給以應有的制裁是必要的。胡風事件給我們文藝界敲起了警鐘，我們不但要時常警惕暗害分子，並且每個人自己也要時常提高自己的政治警覺，檢查自己的道德品質。個人主義、驕傲自滿、權威思想等等的產生，往往在於不知不覺之中。任何的文藝工作者，一旦有了這種思想，就必然會離開唯物主義走向唯心主義的思想，最後必然發展到墮落腐化，或成為陰險的野心家，背叛革命背叛人民。寫到這裡，不由得使人懷念魯迅先生，他是一個最忠心於革命的人，同時也是一個堅強的戰士，他熱愛自己的祖國與勞動人民，一生為他們而戰鬥。「橫眉冷對千夫指，俯首甘為孺子牛」就是他的人生觀。

胡風這個反動的蟲豸，怎麼能夠攀得上魯迅呢！胡風只是以魯迅為招牌，便於出售他的反動貨色罷了。我們應該大聲疾呼：每一個文藝工作者都應該憎恨像胡風這樣的人，每一個人都應該加強自己馬克思列寧主義的修養來加強我們明辨是非的能力。每一個人都應該忠誠老實，應該時刻以共產主義最高的道德標準來衡量自己，來檢查自己日常一切思想行為，這是成為「人類靈魂工程師」最起碼的條件。

這篇文章暴露了，賀綠汀根本沒有比較認真地閱讀關於胡風反黨集團的第一、二批材料，沒有把批胡當一回事。首先，第一、二批材料的編者按語說得明明白白，胡風不是什麼文藝工作者，而是長期混在革命文藝隊伍中的反黨反人民的人物。賀綠汀卻把他同作為「人類靈魂工程師」的文藝工作者對比，認為他是「自己的思想與道德品質不能為人民的模範」的墮落者。這與《人民日報》編者按語定的調子哪有一點相同之處！

其次，批判胡風，是對敵鬥爭；賀綠汀卻大談「檢查自己的道德品質」的重要，大談「個人主義、驕傲自滿、權威思想」對自身的危害，大談「一旦有了這種思想，就必然會離開唯物主義走向唯心主義的思想，最後必然發展到墮落腐化，或成為陰險的野心家，背叛革命背叛人民」。姑無論有了個人主義、驕傲自滿等等思想最後是否「必然」發展到墮落腐化，或成為陰險的野心家，背叛革命背叛人民。即使是正確的，也不應該在批判胡風的場合拿出來談論，它與鬥爭毫無關聯。最後一句，「每一個人都應該忠誠老實，應該時刻以共產主義最高的道德標準來衡量自己，來檢查自己日常一切思想行為，這是成為『人類靈魂工程師』最起碼的條件」，更是背離主題不知若干萬里。賀綠汀似乎忘記他這篇文章是為什麼而寫的了。

賀綠汀的這篇文章發表後，遭到不少讀者的批評。從賀綠汀後來的公開檢討中，我們才知道他的這篇文章的題目原為〈文藝工作者應該忠誠老實〉，發表時的題目〈徹底揭發暗害分子胡風〉是編輯部代改的。但只改題目未改文章，仍然掩蓋不住賀綠汀根本沒有認真學習第一、二批材料、根本沒把批胡當一回事的應付差事的態度。

其實，應付差使的最佳途徑莫如讓秘書代筆。秘書肯定能替他寫出一篇漂亮的批判文章來。當時報紙上許多與文藝毫不搭界的名人的批胡文章，一看就知道是秘書代筆的。那些文章很難挑出大毛病來，然而那才是真正的敷衍文章。賀綠汀太老實，沒有讓秘書代他完成批胡文章的寫作任務。他沒有想到，當時讀者中有不少「積極分子」，他們都在瞪大眼睛找名家文章的毛病。賀綠汀這篇文章的出現，給了他們千載難逢的良機，於是意見書一窩蜂擁將上來。據《文藝月報》九月號編輯部公佈，文章發表兩個月，意見書已有十五件之多。對於這些來件，未始不可給以冷處理，保護這位音樂界重量級人物過關。很可能市委一級某位領導發話，認為對

於黨員幹部不能等閒視之，這才使賀綠汀不得不作出公開檢討，表示自己要在運動中「清算右傾麻痹」、接受「不問政治的深刻的教訓」。編輯部也只好陪著公開檢討。

巴金認為，賀綠汀的文章發表的時候，胡風集團的性質升級了，因而文章落後於形勢了。這是不確的。這篇文章即使在第三批材料還未發表時刊登，也是嚴重落後於形勢的。

餘論

《文藝月報》九月號發表了一封有代表性的讀者來信，對賀綠汀的文章進行了尖銳批評。同期，發表了賀綠汀的檢討文章。檢討還是比較深刻的。事情到此顯然已經可以告一段落；不料宋雲彬卻跑了出來，在十月號該刊發表〈略論「恨不起來」〉一文，儼然一副馬列主義傳教師的架勢，把賀綠汀訓了一通。他指出，賀綠汀的主要問題在於對敵人「恨不起來」：

為什麼對胡風反革命集團和胡風分子會恨不起來呢？那要關涉到階級立場問題了。恨不起來跟「在階級本能上衷心同情他們」固然有所不同，但嚴格講起來，怕也只是程度上的不同而已。

葉按：這不是存心要把賀綠汀打成「胡風同情分子」嗎？如此肆意上綱，太可怕了。

只有在這樣的情況下才會對敵人恨不起來，那就是自己的階級立場沒有站穩。階級立場站不穩，敵我界線就劃不清，敵我界線劃不清，愛憎就不會分明。（中略）賀綠汀同志就是因為心裡恨不起來，所以對這次肅清一切暗藏的反革命分子的鬥爭看得稀酥鬆脆，輕描淡寫地說什麼「為了保衛我們的社會主義建設事業，對胡風等暗害分子的徹底揭發並給以應得的制裁是必要的」，沒有一點憎恨的氣息。他寫的那篇文章只是「應景」，並不是從憎恨敵人出發的。

葉按：賀綠汀的文章只是「應景」，讀者中的「積極分子」在賀綠汀檢討之前已經指出了。在賀綠汀已經做了檢討之後，宋雲彬依舊扭住不放，難道還要賀綠汀再做一次公開檢討嗎？什麼「階級立場站不穩，敵我界線就劃不清，敵我界線劃不清，愛憎就不會分明」，這種八股腔十足的訓詞暴露出宋雲彬只是個加引號的「馬列主義」教師爺。

賀綠汀同志因為對胡風這樣的反革命分子恨不起來，所以對胡風的看法也跟我們有點兒不一樣。例如他說「像胡風這樣的人，在文藝界混跡了二十餘年，道貌岸然滿嘴馬克思主義，也不知道迷惑了多少人……」。把過去的胡風看作是一個「道貌岸然」的人就有點兒對不上頭了。胡風那副嘴臉安得上「道貌」這個詞兒嗎？我們只要看看胡風在他的「蛇窟」裡的時候和胡風隨北京土改工作團到西南區參加土改的時候的那幾副嘴臉多麼醜惡。這種醜惡的陰險的嘴臉說得上「道貌」嗎？固然，「道貌岸然」這個

形容語是含有「貶」意的，用現在吳語區域的話來翻譯就是「一本正經」或者「像煞有介事」。但是，這個形容語通常總是用來譏笑那些假道學、偽君子的，對胡風那樣的反革命分子、人民的敵人就不恰當了。把胡風說成是一個「道貌岸然」的偽君子，客觀上是替胡風減輕了罪惡。因此，賀綠汀同志把胡風只看作是一個「個人主義野心家」，也是很自然的了。

葉按：在「道貌岸然」這個詞語上做的文章純屬無理取鬧。「道貌岸然」，一般用來形容故作正經、表裡不一的偽君子；但是，取「表裡不一」的含義擴而用之，也未嘗不可。認為只能用來形容「偽君子」，不是故意挑剔，就是無知。

當〈關於胡風反革命集團的材料〉分批發表的時候，許多人都說「大吃一驚」（我也這樣說過）。但是，運動發展到現在，我們從〈材料〉和材料的序言及按語中，從實際行動中，已經學得了一些東西，激發了革命熱情，聽到哪一個單位裡清查出胡風分子和其他暗藏的反革命分子，我們不是「大吃一驚」而是極度的憎恨。「大吃一驚」的階段已經過去了，賀綠汀同志卻還是停留在「大吃一驚」的階段裡，那倒是應該「大吃一驚」的。固然，賀綠汀同志的「大吃一驚」跟我們從前的「大吃一驚」不一樣，他是在他的文章發表以後「許多同志來信把問題提出來，然後自己才感覺到大吃一驚的」，然而這證明了他過去「對反革命分子毫無警覺」，也就是說對敵人沒有耿耿在心的「恨」，所以才會在「許多同志來

信把問題提出來」之後，才「大吃一驚」。因此警惕性也就「高」不起來了。

葉按：賀綠汀在檢討文章開頭一段中說：「……我所寫的那篇嚴重錯誤的文章，客觀所起的影響是很壞的，許多讀者同志來信把問題提出來，然後自己才感覺到大吃一驚。」這是真實反映了自己的思想情況的。宋雲彬居然在「大吃一驚」四個字上大做文章，說什麼運動初期「大吃一驚」可以，運動到現階段「大吃一驚」就不可以。最高權威只要求「輿論一律」，並沒要求「大吃一驚」的時間也必須「一律」；宋雲彬管得太寬了。

宋雲彬為什麼如此積極，從他的日記中可以探得若干消息：

——一九五五年五月三日：「下午二時半浙江省辯證唯物主義學習委員會推劉亦夫在人民大會堂作報告，題為〈什麼是唯物論，什麼是唯心論〉。聽眾一千餘人。此次報告由余主席，因為學習委員會副主任也。」（《紅塵冷眼》，山西人民出版社二〇〇二年版，第三七三頁）

——一九五五年五月十一日：「下午二時半赴省委宣傳部，聽黃源傳達黨中央宣傳部關於批判胡風及其小集團之指示。傳達完畢，留十餘人商討批判胡風小集團中方然、冀汸思想。十餘人中僅余一人非黨員也。」（《紅塵冷眼》，第三七五頁）

——一九五五年五月二十二日：「上午八時，省文聯假杭州紗廠禮堂召開在杭會員擴大會議，余任主席。發言甚踴躍，一致斥責胡風反黨反人民罪行，並向有關方面建議撤銷胡風全國代表大會代表資格及文聯作協方面所任各種職務。下午，民盟召開一部分盟員座談胡風問題，余作主席，……」（《紅塵冷

眼》，第三七六至三七七頁）

——六月五日：「黃源以臨時有要事，爽約不來。下午二時，由余作報告。報告內容為傳達劉奕夫五月三日所作之〈什麼是唯物論，什麼是唯心論〉之報告，並結合胡風問題，歷三小時。」（《紅塵冷眼》，第三七九頁）

他，一個黨外人士，在批胡運動中竟受到當局如此重用，自然需要表現得格外積極格外賣力。賀綠汀於是乎不得安寧了。

綜評

這些知識群體對於反胡風運動的看法不盡相同。有的確是認為挖出了一個隱藏得很深的反革命集團的，但覺得與己無關，在批判的時候採取了敷衍的態度。有的則對《人民日報》發表的材料持懷疑態度，以為不過是周揚一夥對胡風的宗派打擊而已，因而對待批判採取敷衍態度。他們最大的優勢是，他們與胡風沒有任何瓜葛，株連的網張得再大，也罩不到他們頭上。當局對梅蘭芳的批胡文章和洪深的大會發言，肯定不會滿意，但出於製造聲勢的需要，這些文章和發言稿還是值得發表的。很可能有群眾寫信給有關部門提出意見，然而梅、洪是黨外人士，統戰對象，當局對外來的意見只會給以冷處理，不予答理。賀綠汀則不同，他是黨員幹部，外面氣勢洶洶地來了這麼多意見，自然拿他開刀了。

被動型

這類批胡者，都是未被當局定為「胡風分子」的胡風的友人。他們都無法認同決策中樞對胡風的定性。他們參加批胡完全是被迫無奈。一九五五年，除了「胡風分子」和他們的家屬之外，這些人是最受心靈煎熬的群體。

丁玲

丁玲對胡風有深切的瞭解。一九三三年六、七月間，被軟禁在南京的丁玲利用國民黨特務疏於防範之機逃離南京。到上海後把她接到旅館並給以照顧的，是胡風。抗戰初期，把她的作品發表在《七月》上的，是胡風。一九四二年，為丁玲編了小說集《我在霞村的時候》的，是胡風。丁玲，也給胡風以最大的信任和關切。一九三九年，在延安的丁玲把毛澤東寫給她的手跡寄到在重慶的胡風，讓他代為保管。一九四一年十二月，太平洋戰爭爆發，日寇侵佔香港，在港作家下落不明，關於胡風的謠言很多。一九四二年一月二十八日，丁玲在她主編的《解放日報》副刊《文藝》發表了胡風一九四一年十月十六日寫於香港的〈作為思想家的魯迅〉。還

加了前言，表示對胡風「深切懷念」。有著這樣的友誼基礎，丁玲是壓根不相信《人民日報》發表的材料的。那時丁玲在無錫埋頭寫《在嚴寒的日子裡》，邵荃麟讓她到上海去看已發表的材料，要她寫文章參與鬥爭。這在丁玲是個大難題。經過一番躊躇，湊出一篇文章，這就是發表在一九五五年五月二十三日《人民日報》的〈敵人在哪裡〉。全文如下：

讀了十三日的《人民日報》上舒蕪所揭發的材料、胡風給他的一部分信件，我是怎樣也無法繼續我的日常工作了，真是令人毛骨悚然！敵人在哪裡？敵人就在自己的眼面前，就在自己的隊伍中，就在左右，就在身邊，明槍容易躲，暗箭最難防！胡風原來是一個披著馬克思主義外衣，裝著革命的小資產階級知識分子，混在我們裡面，口稱「朋友」，實際包藏著那末陰暗的、那末仇恨我們的、卑視我們的、恨不能把我們一腳踩死的惡毒的心情，進行著組織活動的陰謀野心家。

二十年來，胡風始終成為我們文藝工作者中的一個不容易團結，也不容易說服的人物。二十年來，黨是幫助他的，黨不斷向他進行過批評，談話。上自黨的負責同志，下至普通的文藝工作者，不管你是多麼誠懇，希望他老老實實，坦坦白白，推心置腹的談談，不管是婉婉的啟發，或直率的指出他的基本問題（他的思想同黨是對立的這樣的話老早就同他談過）都沒有效果。我們黨耐心又耐心的期待著他，一年又一年，為什麼世界上有這樣難交的「朋友」？我們在什麼地方看見過這樣頑固的「革命的小資產階級的」知識分子？為什麼有這樣難談、永遠糾纏不清的人？簡直比不通語言的人還困難？到底他要

的是什麼？他希望我們些什麼？……現在，我們恍然大悟了。原來我們所有的話，什麼為人民服務啦，什麼知識分子改造啦，什麼團結啦，立場啦，馬克思主義啦，……這些都不是他喜歡聽的，都是他反對的，都是他不要的，他只要一點，就是一切權力屬於胡風。他仇恨著黨，他自然要仇恨的，因為共產黨，共產主義反對個人主義，反對個人野心。他恨黨員作家，特別是擔任負責工作的，他恨批評過他的人，恨一切進步人士，連為民主運動而犧牲在美蔣特務血手下的聞一多也不放過，因為這些人是黨員，是黨的擁護者和追隨者。現在我們弄清楚了，胡風的「私房話」始終見不得人，不肯拿出來談的「私房話」就是這樣的！

胡風決不只是思想問題。有人認為胡風還是跟著革命走的，只是思想有問題，只要談思想；那末現在應該明白了：思想是要見諸行動的！胡風是一個極端的個人野心陰謀家，他是有「理論」，有綱領，有戰略策略，有組織的。他的鬥爭的對象是什麼，是共產黨。他所施放的煙幕也可以搞清楚了：不是我們黨的文藝工作者對他有什麼宗派主義，而是胡風從骨子裡反對所有的共產黨員和進步作家。誰擔任負責工作了，他罵誰，誰批評他了，他恨誰，誰有了成績，對人民有點貢獻了，他看不起誰。事情也不像胡風所表示的，他是擁護黨的，黨的負責人是好的，就是幾個黨的文藝工作領導人搞壞了。完全不是這樣，他對任何一個黨的負責者都咒罵為「權貴」，「官方」。都是「只就左右人士底說話中取平均數」的昏庸腐朽分子，他同樣從心底深處反對我們黨的負責同志的。這難道只是思想問題嗎？

胡風的諷刺，不懷好意，「用微笑包著侮蔑」的「握手言歡」，我們都是領教過的，可是我們怎麼

也沒有想到他時刻都捉摸要用橡皮包著鋼絲打囚徒的鞭子來打同他握手的人。這樣血淋淋的心，這樣兇狠毒辣地對待我們，只有階級敵人才做得出來。胡風的卑劣，我們也不是完全無視的，可是在反人民的報紙上建立據點來對付我們，真太無恥了！他只要達到個人野心家的目的，什麼壞事都可以幹得出來的！

我們的敵人在哪裡？在喀什米爾公主號飛機上，特務在那兒放了定時炸彈。在美國空投特務罪證展覽會上，我們看到過藏在手套背面的手槍。現在，在我們的文藝隊伍中也發現了。我們常常因為我們的勝利，我們祖國的前進而忽略了埋伏在我們左右的敵人。敵人是陰險毒辣無孔不入的，我們要倍加警惕，把這些人拉到群眾面前來，讓他們無處可逃，無地容身！

胡風的反黨集團是有過多年經營的。他用了各式各樣的欺騙，拉攏，吹噓，培植，結成這樣一個小集團，裡面有他的忠實信徒，有追隨者和同情者；他們有活動的地盤，刊物和出版社；他們在各地有情報網和「坐探」。胡風就利用這些來進行造謠誣衊，挑撥離間的反黨活動的。現在是這個小集團裡面的人脫身站出來的時候了。是追隨胡風反黨到底呢？還是站在人民的立場上來，改正錯誤，從新做人呢？十三日《人民日報》的編者按語指出一條明路：「剝去假面，揭露真相，幫助黨徹底弄清胡風及其反黨集團的全部情況，從此做個真正的人，是胡風及胡風派每一個人的唯一出路。」除了這條路是無路可走的呀！（〈敵人在哪裡〉，一九五五年五月二十三日《人民日報》）

這篇檄文，洋洋數千言，聲色俱厲。但是，只要仔細推敲，就不難看出與一般批胡文章不同之處。全篇

都是順著材料和按語做文章，沒有真正把自己擺進去。把自己擺進去，就應該揭露出一些別人揭露不出的東西來。她應該是一個大知情者，應該掌握不少可以上綱上線的言論。如，一九五四年一月胡風曾被丁玲請到文學講習所講魯迅雜文，胡風在講課時提到「生活在你的腳下」，當時就有某些學員認為是違背〈講話〉精神，向丁玲反映。丁玲無奈，親自給學員補了一堂〈講話〉課。丁玲完全可以在批胡的文章中提出此事，指斥胡風猖狂「放毒」。這樣做，可以更有效地矇騙當局，但她卻在這些可以做文章的地方未做一個字的文章。——她堅守了最後一道的道德底線。

直到晚年，她還為寫了這篇東西深感有愧於胡風。胡風逝世後，她要秘書把她當年發表在《人民日報》上的文章找出來，準備為文公開檢討。沒料到她拿到文章後不幾天就因病重住進了醫院，從此沒有出來。檢討文章未能如願寫出，成為她終身一大遺憾。

許廣平

胡風在魯迅生前與魯迅的關係非同一般。針對周揚的「國防文學」口號提出「民族革命戰爭的大眾文學」口號的與有力者，是胡風。而作為口號正式提出的那篇〈人民大眾向文學要求什麼？〉的執筆者，又是胡風。而在答徐懋庸的萬言書中揭出周揚污衊胡風為「內奸」的，是魯迅。作為魯迅夫人的許廣平在一九五五年的運

動中寫文章批判胡風，而且要按照決策中樞定的調子批判，實在是太為難她了。許廣平的第一篇批胡文章，是在決策中樞拋出「三十萬言書」還是把胡風作為「思想上的敵人」這個階段寫的。她因患病，文章交得偏晚，那就是發表在《文藝報》一九五五年第九、十號合刊上的〈與胡風劃清界限〉。

這篇文章有三大可議之筆。

一可議，題目低調。

她是來參加鬥爭批判胡風的，在題目上就應該擺出鬥爭的氣勢來。可是她卻來了這麼一個題目：「與胡風劃清界限」。「劃清界限」，表示原先與胡風界限不清，現在需要補上這一課。這實在不像一篇批判文章的題目，而是一篇自我檢討的文章題目。

二可議，交底多餘。

文章開頭部分，她鄭重其事地談了自己對胡風反黨反人民的資產階級唯心主義思想從不認識到認識的過程：「中國文學藝術界聯合會主辦的『辯證唯物主義與歷史唯物主義』講座，幫助我們分清了真偽，辨明了是非，從根本上批判了胡風思想的謬誤。」這是說，她是經過有關機構的培訓，才得到劃清界限的認識的。這個「辯證唯物主義與歷史唯物主義」講座，是決策中樞為提高有關人士對胡風反動思想的認識而辦的，講師有楊獻珍等。從《文藝報》一九五五年第八號發表的楊獻珍的講稿的一小部分，就可以知道，講授辯證唯物主義與歷史唯物主義並非主要目的，歸旨在於批判胡風，在於告訴聽講者胡風思想的反動所在。按說，許廣平完全沒有必要在批判文章中作這樣的交底，她偏要這樣交底，我們細細琢磨，便知內中奧秘。事實上她是在向讀者透

露，她的這些批判，都不是來自她本人的感悟，而是來自「講座」的灌輸，她只是重複了「講座」灌輸給她的東西而已。正是這個看似毫無必要的交底，向讀者透露出這樣的訊息：她是被迫參加戰鬥的。

三可議，離題作文。

許廣平在批判胡風「不要民族遺產」的罪狀時，竟然節外生枝，離題作文，寫了這麼一大段與批判胡風毫無關係的文章：

在這裡，我想順便談談這樣一個問題：中國的京劇，經過長期研究，逐步深入，音調動作有嚴格的規律，達到高度藝術水平，博得無數觀眾擁護，在藝術上評價很高，這一點，魯迅是不會不曉得的。但為什麼他對京劇也有意見呢？有的讀者就是這樣來問我的。在這裡只能把我不成熟的體會提出，作為我的答覆吧！在反動統治時代，凡是藝術，如不被統治階級利用，就不能存在；而一些幫閒們也隨聲附和，加以玩弄，哪裡會給予培養呢？演員們成年累月輾轉在摧殘壓迫之下，痛苦無比，這是許多人都深深瞭解的。魯迅提到梅蘭芳先生之所以受歡迎是怎麼說的呢？大意說：女人喜歡他，因為他是男人扮；男人喜歡他，因為他扮女人。僅僅這兩句話，說明了反動封建時代的眼光是怎樣對待一個藝人的！反動封建時代許多非人的待遇，不正常的看法，像天羅地網一樣包圍著演員，順我者存、逆我者亡的氣焰，層層封鎖著他們，不但權貴可以叫演員做堂會，市井流氓也很容易向演員施毒手；至於做女角的演員呢，即便是男人，也無例外地到處受到像對婦女一般的鄙視、欺凌，不當作有平等地位的人看待。我們知道，

魯迅是愛替被壓迫者叫喊的，他用簡單的幾句話鞭笞了當時那些無聊、可鄙的「捧角」的人物。在反動統治時代，藝術備受摧殘，是不可能如現在一樣得到「百花齊放，推陳出新」的。

許廣平的這篇文章是為批判胡風而寫，理所當然地應該扣住靶子做文章，這是基本常識。許廣平在這裡卻忘乎所以，大談其魯迅對梅蘭芳的看法，大談其旦角演員在舊社會的命運，洋洋五百言，離題千萬里。我們在歷次的運動中見到各種各樣的批判文章可謂多矣，誰又曾看到一篇批判文章出現如此離題的贅筆的？難道許廣平不知道批判文章不是散文隨筆，可以由著性子任意揮灑，必須集中筆力向靶子開火嗎？而她卻跑野馬一下子跑了五百多字。此中奧妙，難道不值得推敲嗎？

許廣平正是以上述三大可議之處，向讀者透露了她寫此文的被動無奈。

許廣平的第二篇批胡文章，是在見到報紙發表了第一批和第二批〈材料〉之後寫的。文章發表在《人民日報》六月十三日第三版，題目為〈認清胡風的真面目〉。全文不長，全錄如下：

當我二月間從國外回京，在病中讀到了中國文聯印發的一些有關胡風思想批判的文件，感到無比的憤怒，曾經寫過短文斥責胡風歪曲魯迅及反黨反人民反革命的過錯。那是在四月以前執筆，因此發表在《文藝報》第九、十號上的僅僅是從思想上劃清界限，是很不夠的。五月十日以後，又因我離京到湖南、湖北等省鄉間視察，輾轉看到五月十三日以後關於胡風反黨集團的兩批材料，才明白胡風集團的活

動不僅是思想問題，而是有組織、有綱領、有指揮、有行動的反革命集團！我們太忠厚了，一想到二十年的敵人在打埋伏，在我面前也曾看到過「用微笑包著侮蔑」和我「握手言歡」，就感到噁心想吐。他那「跳加官」式的偽善面孔，那無時無刻不設法運用的挑撥手段，那「萬物皆備於我」而無視一切的自大狂的神氣，那一撮反革命集團的活動，通過材料所顯現出胡風陰森森的醜惡嘴臉，我切齒痛恨。現在，我以人民代表的身分，請求對胡風反革命集團的罪惡活動給以追究，依法懲辦，使敵人陰謀不能得逞，使社會主義建設得以順利完成。

文章前一部分，是解釋第一篇文章發表較晚的原因。但也透露出她寫那篇文章不僅是在「講座」的指導下，而且是在「中國文聯印發的一些有關胡風思想批判的文件」指導下寫出的。

文章後一部分是對胡風「反黨集團」的批判。然而，我們不能不承認，這個批判避重就輕的跡象太明顯了。對胡風反黨行為的揭露事實上只有這麼一句：「在我面前也曾看到過『用微笑包著侮蔑』和我『握手言歡』，就感到噁心想吐。」——看似揭發，其實並無揭發。空！

「他那『跳加官』式的偽善面孔，那無時無刻不設法運用的挑撥手段，那『萬物皆備於』而無視一切的自大狂的神氣，那一撮反革命集團的活動」，都不是許廣平的揭發，而是「通過材料所顯現出」的，亦即通過舒蕪的「揭發」而看到的，不是她親自看到的。

最後一句要求政府依法懲辦胡風，更是五月二十五日處理胡風的大會上郭沫若帶頭喊出「嚴厲鎮壓胡風反

革命集團」之後幾乎所有的聲討文章中不可或缺的一筆。許廣平在時間上已經落後一大步了。

統觀整篇文章，逃不出一個「空」字。

她，完全可以把文章寫得不那麼「空」的。她可以在胡風在魯迅面前的某些「可疑」現象，做些「揭露」文章。這方面，馮雪峰在五月二十五日中國文聯主席團和中國作協主席團聯席擴大會議上的發言，給她提供了很現成的線索與啟發。有關文章如下：

魯迅先生在逝世前也是曾經對胡風有過懷疑的，許廣平先生後來曾經對別人說過，也對我說過，魯迅先生曾經以懷疑的態度對她談了胡風，說，「真摸不透胡風究竟是怎樣一個人。他到這裡來，總是說這個不好，那個不好……」說到我個人，據後來許廣平先生告訴我，胡風也曾經在魯迅先生面前誹謗過我；（下略）（《人民日報》一九五五年五月二十七日）

許廣平那時還在農村視察，不可能親自聽到馮雪峰的發言，但刊登發言的《人民日報》是可能看到的。她只要在自己的文章裡添上一筆，與馮雪峰的「揭發」呼應一下，就可以避免批判文章給人以「空」的感覺了。即使她看不到馮雪峰的發言，她也理應知道，以她的身分，批胡的文章有必要在胡風與魯迅的關係上做些文章。她在第一篇文章已經在劃清思想界限上做了有關文章，現在不是就該進一步在劃清敵我界限上做些文章嗎？然而她不做。這，難道是她忙於視察匆促為文而產生的疏忽嗎？這應該正是她在文章裡做的又一「文章」。

許廣平是被迫參加批胡鬥爭的。她以自己特有的機智應付了被迫參加的鬥爭。向決策中樞，她是遵命寫了批胡文章的：向歷史和後代，她以自己別具一格的文章透露了她不得已而為之的苦心。如此高妙的戰術，只有深得魯迅戰鬥藝術三昧的許廣平，才能想出，才能做出。

馮雪峰

一九五五年反胡風運動中，被動型的人物中，日子最不好過的，莫過於馮雪峰。他無比清醒地地意識到，在他頭上懸掛著兩把達摩克利斯之劍。一把，握在周揚手裡。一九三六年，他和魯迅、胡風一起提出「民族革命戰爭的大眾文學」的口號，與周揚的「國防文學」對立。周揚這次會放過他？難說。另一把劍握在最高權威手裡。一九五四年，他作為《文藝報》的主編，在轉載權威交下來的兩個小人物的稿子時，不知天高地厚地加上那麼一條編者按語，由此掀起了一個全國性的批判《文藝報》實為批判馮雪峰的運動。現在他的檢討雖已經做出，但是否能取得權威的諒解，更在不可知之數。在這樣兩大實際威脅之下，他的心態的緊張複雜，是他人無法領會的。特別是，這次反胡鬥爭，幾乎所有的文藝界知名人士都寫了文章表態，獨有他寫不出像樣的表態文章來，因為他的文藝思想和胡風的文藝思想在許多方面太難劃清界限了。一九五五年五月二十五日，《人民日報》發表了〈關於胡風反黨集團第二批材料〉之後的第二天，中國文聯主席團和中國作協主席團聯席擴大會

更議召開，馮雪峰在大會上第一次公開亮相，作了發言。從這個發言，我們不僅看出他的極度的被動和無奈，更看出他的極度的狼狽。這裡把主要的內容引錄如下：

這是一件震動全國的事件。凡是站在人民方面的人，沒有一個不憤怒，不痛恨，並且都要毛骨悚然的。二十多年來，我們竟受騙了，我個人也許受騙得還要更多些，特別是在解放以前。胡風混進革命陣營裡面來，是在一九三三年左右，那時他參加了「左聯」（左翼作家聯盟）的活動，我也在上海，但我並沒有看出他的虛偽來。後來我離開了上海，於一九三六年夏初回上海工作。現在回想起來，那時胡風顯然已經在從事革命文藝內部的分裂活動了。主要的是，當時的上海是在白色恐怖之下，魯迅先生同群眾和地下共產黨員的接觸是十分困難的，胡風利用了這種困難條件和我們工作上的一些缺點，在魯迅先生面前進行了挑撥離間活動。他首先是想破壞魯迅先生和茅盾先生之間的團結與合作，其次是挑撥魯迅先生和黨員作家——如當時在上海的周揚同志和夏衍同志等之間的關係，企圖把魯迅先生從同我們黨的親密關係中拉開，成為他的實現個人野心的資本。當然，胡風的企圖沒有能夠如願以償，因為魯迅先生和我們黨之間的鞏固關係，是任何反動分子的挑撥離間都破壞不了的；但胡風的惡劣行為也起了一些作用，引起了當時文藝界的一些糾紛，帶來了工作上的一些損失，而且使當時在病中的魯迅先生的心情曾經有一度不愉快。當我到上海時，正是魯迅先生心情很不愉快是時候，我當時覺得他的不愉快是和革命文藝界內部的一些糾紛有關的。但最使魯迅不快的，是一九三六年六月間，反革命漢奸托派分子寫信和

寄刊物給魯迅先生，魯迅先生當即猛烈地給托派以公開的打擊了。可是在這之間，魯迅先生告訴過我，說革命文藝界中曾經因為他沒有加入「文藝家協會」（「左聯」自動解散後在一九三六年初在上海新成立的進步作家團體），就企圖污衊他是托派，而這是胡風告訴他的。魯迅先生當時心中不快，顯然也和這種事情有關係；但我當時只把這種情況和托派陰謀污辱魯迅先生的事實向黨作了匯報，卻沒有去追究魯迅先生所聽到的話究竟是怎麼一回事，當然更不會懷疑到胡風把這種事情告訴魯迅先生有什麼用意。但今天回想起來，我實在不能不懷疑這種惡毒的謠言究竟從什麼地方來的。看現在所揭露出來的胡風的陰謀的伎倆，至少可以斷定，胡風是在進行挑撥離間。這種手段既傷害魯迅先生的心情，同時又顯然是政治性的破壞行為。回想起來，我是覺得毛骨悚然的。

（前略）實際上，魯迅先生在逝世前也是曾經對胡風有過懷疑的，許廣平先生後來曾經對別人說過，也對我說過，魯迅先生曾經以懷疑的態度對她談到了胡風，說：「真摸不透胡風是怎樣一個人。他到這裡來，總是說這個不好，那個不好……」說到我個人，據後來許廣平先生告訴我，胡風也曾經在魯迅先生面前誹謗過我；可見胡風不僅要離間魯迅先生和周揚、夏衍等同志之間的關係，也想離間魯迅先生和我之間的關係，因為我們這些人都是黨員，我們和魯迅先生的接近，首先是建築在黨和魯迅先生的關係的基礎之上的。但我在當時並沒有懷疑和警覺，完全被騙了。後來在抗戰後期的重慶，以及抗戰勝利後在上海，都並沒有警覺到他竟是一個戴著假面的反黨反人民的陰謀分子。當然，我也一天比一天的感覺到他的狂妄和極端個人主義的種種表現，有時覺得他簡直像一個惡霸；同時我也感覺到他的思想感

情中有極陰暗的一面，好像革命日益臨近全國的勝利對他反而不利似的。但我只以為這是他個人主義思想的表現和沒落階級的意識在他那裡的反映罷了，始終認為他在政治上總是跟著我們走的，而錯誤的思想和意識以及文藝理論上的錯誤觀點，在政治的前提和同志們的批評之下將會得到改正。但我完全想錯了，這說明我的政治警覺性很差，鬥爭性非常不強，簡直是麻痹了；現在完全清楚：胡風堅持他的反馬克思主義的文藝理論是以他的反黨反人民的政治立場為前提的，他有時流露出來的沒落階級的心理（如他後來在《時間開始了》那醜惡的作品中所表現的那樣），也和他心中的不可告人的黑暗思想相一致的。（《人民日報》一九五五年五月二十七日）

馮雪峰以「我個人也許受騙得還要多些」撇清自己。看來文章也只有這樣做。但他全部發言的主調卻不太正常：卑躬屈膝，儘量向周揚、夏衍曲意逢迎。

——「挑撥魯迅先生和黨員作家——如當時在上海的周揚同志和夏衍同志等之間的關係，企圖把魯迅先生從同我們黨的親密關係中拉開」。說胡風挑撥魯迅和黨員作家之間的關係，特別提出周揚、夏衍，討好味已經十足；下一分句「企圖把魯迅先生從同我們黨的親密關係中拉開」，更令人難以卒讀了。這是把周揚、夏衍作為黨的化身來肯定，而且肯定魯迅同周揚、夏衍的關係是始終親密無間的，胡風的挑撥離間並沒有能把這種「鞏固關係」破壞。這在周揚、夏衍自然是極願意聽的，而且是極願意從馮雪峰嘴裡聽到的。馮雪峰一反往日鯁直不阿的性格，如此卑躬屈膝向周揚、夏衍討好，顛倒了整個歷

史是非，這是令人震悚的。在馮雪峰，自有他說不出的苦衷。他知道，僅僅靠他的「受騙」之說，是無法取得周揚、夏衍的認可的。馮雪峰不會忘記，一九三六年兩個口號的論爭，是他和胡風兩個人挑起的。周揚、夏衍這次能不能輕易把他放過，很難預料。為了自己能夠過關，爭取得到周揚、夏衍的諒解，他不惜如此違心地向周揚、夏衍曲意逢迎了。

——「最使魯迅不快的，是一九三六年六月間，反革命漢奸托派分子寫信和寄刊物給魯迅先生」。事實上，「最使魯迅不快」的，是徐懋庸的打上門來。馮雪峰故意避開這個對周揚來說是最要命的問題，把有人污衊魯迅是托派的問題提到最重要的位子上來，替周揚解除了一大思想包袱。馮雪峰說，「今天回想起來，我實在不能不懷疑這種惡毒的謠言究竟從什麼地方來的」。其實他完全知道，這個謠言是周揚一夥造的。現在馮雪峰故意說不知道，而且進一步說：「看現在所揭露出來的胡風的陰謀的伎倆，至少可以斷定，胡風是在進行挑撥離間。」更向周揚遞過信息：謠言之事我們從來沒有懷疑過是你，問題出在胡風身上。這自然是周揚極願意聽到的，然而卻又是以傷害胡風為代價的。——馮雪峰始終回避了一個至關重要的問題：挑起兩個口號論爭的問題。這個問題的文章實在不好做，只好回避，一切聽天由命了。

——「說到我個人，據後來許廣平先生告訴我，胡風也曾經在魯迅先生面前誹謗過我；可見胡風不僅離間魯迅先生和周揚、夏衍等同志之間的關係，也想離間魯迅先生和我之間的關係，因為我們這些人都是黨員，我們和魯迅先生的接近，首先是建築在黨和魯迅先生的關係的基礎之上的。」馮雪峰和周揚、

夏衍從來沒有因為「都是黨員」而存在什麼共同的「基礎」，現在居然以「我們這些人都是黨員」而向周揚、夏衍乞憐，把原則立場統統棄而不顧，卑躬屈膝、曲意逢迎到了如此不堪的地步！

馮雪峰在發言中還向茅盾討好：「他首先是想破壞魯迅先生和茅盾先生之間的團結與合作」。完全不是事實。「破壞魯迅先生和茅盾先生之間的團結與合作」的，不是別人，就是茅盾本人。同胡風毫無關係。第一件事：一九三五年秋，茅盾參與了對《譯文》主編黃源的打擊，這使魯迅十分惱火，二人的關係一度緊張。第二件事：一九三六年六月初，周揚等人積極籌辦的「中國文藝家協會」正式成立。這個「文藝家協會」是魯迅堅決拒絕參加的。茅盾不但是協會的發起人之一，而且是協會常務理事會的主持人。這使他與魯迅之間「團結與合作」的局面瀕於破裂。是馮雪峰做了工作才使茅盾的態度有所改變的。馮雪峰完全知道這些情況，卻把帳算到胡風身上，是很不應該的。其實，他是完全沒有必要向茅盾討好的。馮雪峰當時在狼狽的處境中確實是急不擇言了。

馮雪峰，本是個剛直不阿、疾惡如仇的人，這次發言卻一反常態，表現得如此窩囊，是令人痛苦的。可以說，馮雪峰這個發言是他一生中最大的敗筆。但是，如果我們考慮到他頭上兩把達摩克利斯之劍的威脅，我們與其責怪馮雪峰不該如此低首下心委屈求存，不如說當年那場荒唐的政治運動對於人性的虐殺太殘酷了。

馮雪峰在一九五五年沒有被打成「胡風分子」，並不是他對周揚、夏衍的討好起了作用，周揚、夏衍是絕對不會輕易放過兩個口號的問題而寬恕馮雪峰的。馮雪峰沒有被打成「分子」，那是最高權威另有總體考慮的緣故。一九五七年，在反右鬥爭中，一九三六年的問題作為特大重點問題由夏衍公開提出，終於被周揚一夥扣上「勾結胡風，蒙蔽魯迅，打擊周揚、夏衍，分裂左翼文藝界」的罪名，打成「右派骨幹分子」。

綜評

在反胡風運動中，最尷尬的莫過於那些對問題有清醒認識而又良知未泯的胡風的友人，沒有被打成「胡風分子」而與胡風關係不一般的友人。他們不出來批胡是絕對不允許的；不然，批鬥的鋒芒可能立刻朝你而來。想方設法用一些違心之言對付過去，成為他們唯一出路。正因為他們對問題有清醒認識而又良知未泯，所以不能不陷入萬般無奈的痛苦之中。在當年五月二十五日處理胡風問題的大會上，呂熒發出「胡風不是反革命」的呼聲，是大智大勇者悲壯激烈之舉，可歌可泣。但我們不能也不忍要求每一個良知未泯的知識精英都這樣做。中國的知識精英太少了，太寶貴了，我們不能讓他們都投入貪而無饜的虎口。「保存自己」，為中國保存有生的健康力量，是歷史的需要。我們應該對那些為保存有生的健康力量而「保存自己」的人有所理解，對他們在批判時說了一些過頭話持有歷史的態度。一九五五年批胡狂潮中被迫參加批胡的胡風的友人，特別是馮雪峰，他們的心態是不能用常人尺度衡量的。惟有這樣，才不致作出厚誣前人之言，使自己陷入「左」的誤區。

飄零歲月一沙地女孩

表白型

表白自己，批判胡風；只有一人，就是田間。

田間

田間，這位曾經同胡風的名字緊密聯繫在一起的詩人，早在解放初就同胡風失去共同語言，並積極參加了「權力派」發動的對阿壠的圍攻。一九五三年第二次文代會期間，他在詩歌小組會上帶頭攻擊阿壠，聲稱阿壠的詩論集《詩與現實》是有毒素的。胡風當場給以嚴厲責問：「有什麼毒素？」關於此事，胡風在九月二十九日的日記中有記載：「下午，小組會，與田間對爭。」（《胡風全集》，湖北人民出版社一九九九年版，第十卷，第四四二頁）顯然，田間是以此舉向決策中樞表示自己同胡風徹底決裂的。一九五五年一月，他在圍攻「三十萬言書」的高潮中拋出萬言長文〈箭頭指向哪裡？〉（《文藝報》一九五五年第三期）。文章的副標題是「評胡風的一種資產階級論調」，可是批到中途卻情不自禁地把阿壠也拉了進來，把胡風與阿壠捆在一起打。他說：「胡風在最近的一次發言裡（見一九五四年第二十二期《文藝報》），他反對了許多人，他推崇了

一個人。這個人就是阿壠。他為什麼要推崇阿壠、為阿壠申辯呢？因為阿壠在一本詩論裡，鼓吹了胡風所謂『主觀戰鬥精神』。」又說：「阿壠是胡風理論的實踐家和宣傳家，和胡風是一種調子。」等等。這，極其明顯地是在報一九五三年二次文代會小組會上的一箭之仇。當年，我批阿壠，你當場訓斥我，限制我批阿壠的自由；現在，我有了絕對的發言權了，我不但可以盡興地批阿壠，而且可以盡興地把你同阿壠捆在一起批！一九五五年五月，舒蕪〈關於胡風反黨集團的一些材料〉發表之後，他更寫出檄文〈胡風——陰謀家〉（《人民日報》一九五五年五月二十一日）加以討伐。全文如下：

> 在舒蕪的〈關於胡風反黨集團的一些材料〉發表以前，人們多少感覺到，胡風和他的集團是野心勃勃地把腳踏在人民的頭上、和人民為敵，向黨進攻。但是，胡風的反黨活動已經是這麼久，是這麼堅決，像一條惡狼似的，混在革命陣營裡，直到最近，他的面目才徹底暴露了。
>
> 這是多麼危險的事！
>
> 這使我回憶到，二十年前在上海的時候，由於自己的幼稚無知，和一條惡狼交了朋友，把他的「鼓勵」當作是好意，而不知道這是別有用心。這幾年來，他在幾次會議上對我所下的攻擊令，就可以說明。由於我沒有把他的「鼓勵」當成一個枷鎖，永遠套在身上，並且反對了他，因而引起他的憤怒。現在看來如果不是我較早地參加了黨，在黨的領導下工作，我就有可能被這條惡狼拉走的。
>
> 陰謀家的手法之一，就是把自己對別人的「鼓勵」當作進行陰謀活動的資本和一種特殊的手段。

現在，我必須說明，在胡風評論我的早期創作以前，我已經得到其他同志很多的鼓勵，我已經參加了「左聯」。真正引導我走上革命文學的道路的，始終是我們的黨，共產黨。

在一個很長的時間以內，我是把胡風當做朋友看待的。抗日戰爭中，由於他在大後方，我在敵後，這一個時期，他在後方的活動，我知道得很少，總以為他是做了一些進步的工作；因此，在全國解放以後，我才幾次地勸告他，希望他靠近黨，能為人民服務。一九四九年，我在張家口的時候，給他寫了一封信，勸告他注意加強文藝戰友之間的團結，去掉那些在文藝論爭中歷史的隔膜。當時他給我來信說，這個「歷史的隔膜」「恐怕要永遠背下去的」。

在北京的這幾年中，我知道，還有許多同志，都曾經耐心地勸告過他，說服過他，但是這一些，在他的內心看來，完全是對他的壓力，始終抱著敵對的態度。在表面上，他總是揚言沒有什麼人理他。難道是採用他的主張，來改造我們，來改造黨，才算是理了他？

有一個時期，他假裝沈默，實際上，是在積極準備大舉向人民文藝運動進攻，向黨進攻。有的人也以為他真的是在沈默，現在，這個陰謀家的假面具是被揭穿了。

我們曾經把他當朋友看，當人看，然而他倒是以微笑包著侮蔑，來對付我們。我們是被侮蔑了，我們是被污辱了。

從此我們知道，什麼勸告，對於陰謀家是無用的。對於使用「集束手榴彈」的人是無用的。我們當心吧，在手榴彈的前面，還有煙幕彈；在煙幕彈的後面，陰謀家的手上，還握著武器。

現在是陰謀家及其集團放下武器的時候了，我們一定要他們放下武器！

田間在二次文代會上公開表示了同胡風的決裂，可是批胡運動進一步發展的嚇人聲勢不能不把他嚇住。為了撇清自己，只好發出一些顯著的違心之言了。「由於自己的幼稚無知，和一條惡狼交了朋友，把他的『鼓勵』當作是好意，而不知道這是別有用心。」——在當時的局勢下，文章也只好這麼做。

「這幾年來，他在幾次會議上對我所下的攻擊令」。——卻是很不應該說的了，純屬無中生有的栽誣。不爭的事實是，在一些會議上是「權力派」對胡風下攻擊令。而在二次文代會詩歌小組的會上，則是田間以批阿壠的《詩與現實》為藉口帶頭向胡風挑釁。胡風忍無可忍，才起而批駁的。

所謂胡風對田間的「鼓勵」是「當作進行陰謀活動的資本和一種特殊手段」：這也說得太過頭了。即使出於保全自己的考慮，也是說得太過頭了。一九四三年十二月，胡風在為田間的詩集《給戰鬥者》寫的〈後記〉中，對出版這個詩集的經過有這樣敘述：「回憶起來，作者陸續寄來的詩稿實在不少，常常在我的案頭堆成一堆，依他自己的希望，十個集子當也出來了，但因為我的忙亂，也因為沒有印刷的能力，到去年春天，才決計把全部重通讀，選成了一本。不幸卻中途失掉了。這次，從舊刊物上抄，從重慶寄來的殘稿裡選，才集成了這個樣子，和去年的那一本相比，不但分量不同，恐怕內容也很有差異罷。」（《胡風全集》第三卷第一六二頁）為了編輯和出版《給戰鬥者》，胡風付出心力的巨大，是一般人無法想像的。孫犁當年給田間的信裡就談到《給戰鬥者》乃至胡風給他的印象：「胡風七月詩叢出兄《給戰鬥者》詩集一，計收武漢所寫及敵後所寫，

小敘事詩、街頭詩，各為一部分在內。胡有後記，像按兄深入鬥爭的進展反映在詩作下結論。後方批評，已有轉變」。「（《給戰鬥者》）重慶版（葉按：應是桂林版）我見過，厚厚一冊，按體裁分類，並在胡所編刊物《希望》上，幾次有人談到你，皆好評。」（〈一九四四年孫犁在延安寄給晉察冀田間信〉，《新文學史料》二○○○年第二期）胡風圖個什麼？難道不是為了推進現實主義詩歌創作的發展嗎？有什麼陰謀可言？

田間，到解放區不久不僅把自己的詩風亦即美學追求整個地改變了，也在政治上成為主流意識的奴從者。解放初他發現胡風處境不妙，幾次規勸不起作用，為了免得連累自己，於一九五三年二次文代會上向著保有清醒的獨立意識的胡風徹底決裂，實為歷史的必然。但是，他做得太絕了，沒有必要採取那種暴烈的方式同胡風決裂。那是越出為人道德的底線的。在一九五五年批胡的文章中為了保全自己說了諸如「他在幾次會議上對我所下的攻擊令」這種完全不應該說的話，諸如「把自己對別人的『鼓勵』當作進行陰謀活動的資本和一種特殊的手段」這種完全可以不說的話，同樣是越出為人道德的底線的。

其實，田間給胡風的傷害，不僅表現在二次文代會和一九五五年反胡風運動中，更表現在解放初期對他自己過去作品的修改上。我在《七月派：新文學的驕傲》中，曾經從〈自由，向我們來了〉和〈給戰鬥者〉兩首詩中舉出例子說明田間的那種化神奇為腐朽的修改反映了詩人審美傾向驚人的逆轉。我當時遺漏了一個更嚴重的例子，對《她也要殺人》的修改。那首長詩的主要部分更是被改得面目全非，連題目也改了，本來是具有強烈鬥爭氣息的題目一改而為莫名其妙的《她的歌》。在現代文學史上，還沒有一個作家如此不懂得珍愛自己的創作成果的。田間對於過去詩篇的修改，表示了對過去創作道路的徹底否定，也表示了同胡風的現實主義道路

的徹底決裂。這，應該是給胡風更嚴重的傷害。一九八四年初，復出的胡風為《胡風評論集》寫的後記中，對田間的背離有所表態。很有必要全文照錄：

其中，最尖銳地反映了在詩學的美感性質上的鬥爭的，是田間。田間是來自農村的，在大學學習的青年。但他一開口就歌頌了剛剛在最先進的地區出現的民族戰爭。他歌頌了遼闊的鄉村，他歌頌了山村和小河，他歌頌了硝煙和戰馬，他歌頌了農民的戰鬥氣魄。他把這叫做「中國牧歌」，他寶愛他「年青的筆」。抗戰起來後，他寫了戰爭抒情詩，向沉滯的舊社會挑戰。後來進延安，轉到華北戰地，他歌頌的生活更擴大了。適應內容的需要，他的詩形式不斷地發展。他寫出了長詩《她也要殺人》，歌頌了在戰鬥中成長為英雄的農村婦女。這樣的反映了戰爭旋律的長詩，是能夠譜成雄壯的交響樂的。他創造了「小敘事詩」，歌頌了具體的戰鬥和具體的英雄經歷。在封建時代，產生了杜甫的「三吏」「三別」和白居易的《新封折臂翁》、《賣炭翁》等，通過片斷的歷史反映了當時的階級壓迫和下層人民的苦難。在帝國主義戰爭和革命的年代，就出現了田間的「小敘事詩」，它們反映了中國民族戰爭（農民戰爭）的具體形式和氣魄。田間還寫了短小的政治鼓動詩（牆頭詩和傳單詩）。在封建時代，在農民中間產生了四句體較多的歌謠，在知識分子中間產生了五言絕句和七言絕句的短詩，這些都是表現了感情要求的凝聚點，一時的喜怒愛憎的。在帝國主義戰爭和革命時代的中國抗戰時期，就產生了田間式的，可以叫做政治鼓動詩的小詩。歌謠或絕句和田間式的小詩產生的時代基礎完全不同，但它們產生的規律是相同

的。田間的經歷怎樣呢？初產生的時候，不被人注意，到它們發表了而且出書的時候，就不斷地受到了某些詩人或批評家的反對和嘲笑。田間自己是堅定的，默默地走自己的路，深入到華北去了，還創造了小敘事詩和政治鼓動小詩等形式。可是，在長年的冷遇和「批評」之下，田間終於向五言體屈服了。他費了大力用五言句寫成了一個長篇敘事詩《親愛的土地》，油印成了厚厚的一本。他要用這歌頌解放了的土地和做了主人的人民，但他無力運用（誰也無力運用）的這個五言句把他的感情束縛得失去生機了。抗戰結束時，他從華北輾轉寄給了我一本。我馬上讀它，但讀了多次，都讀不下去。挑看了中間和結尾後，我只好絕望了，決定不能出版。當時有一位香港的同志知道了有這部稿子，來信向我要，我馬上寄去了。我憑自己的看法決定不出版，但我不反對別的同志出版它。我沒有權利要別人（連田間自己在內）同意我的看法，作品本身也有權利取得廣大讀者的審閱。後來，那位同志也沒有出版。解放後在北京和田間見面了，他又在寫一部五言押韻的長詩《趕車傳》，一心一意歌頌黨，歌頌人民，歌頌領袖。零碎發表時我也翻看過，但依然很難看下去。至少，由我看來，他寫在僵化文字上的這片誠意，和現實生活裡面的人民的躍動的感情是並非同一性質的。由我看來，歌唱了祖國黎明的詩人田間，勇敢地打破了形式主義束縛的田間，由於不能完全由他自己負責的原因，終於被形式主義打悶了。關於他，我只寫過三篇短文：一篇序，一篇回答讀者的疑問，一篇後記。再就是發表了他的詩，出版了他的詩集。我因此受到了不斷的責難和攻擊，抗戰後期還收到過聯名的恐嚇信。（《胡風全集》第三卷第六〇一至六〇三頁）

正是針對著田間對他自己過去的全盤否定，胡風全面地深刻地對田間前期的詩篇進行了鞭辟入裡的分析，從與杜甫、白居易的對比中，給了田間的創作以極高的評價。並對田間後期的迷誤作了客觀的分析。最後，如實地說明了他對田間的扶掖曾經遭到怎樣的責難和攻擊。這段敘述表明，胡風並沒有對田間的攻擊耿耿於懷，胡風深感惋惜與痛苦的是，田間對他自己過去創作成就的全面否定。在胡風看來，田間的否定之所以嚴重，在於，他不僅是否定了自己的完全應該肯定的過去，而是否定了新詩的現實主義道路。這是促使胡風不能已於言的最主要也是最重要的原因。

一九四〇年，胡風在《關於詩和田間的詩》中，談到了他對田間的創作進行分析，目的在於「為新詩求前進」。接著還說了這麼一句話：「即使田間本人失敗地停滯，甚至潰敗了，但我們還是要從他冒險跨上的路道取得教訓的。」（《胡風全集》第二卷第六〇二頁）胡風的這句話，無非是強調了對田間的詩進行分析是「為新詩求前進」所必要這層意思。不料竟成讖語，田間本人果然失敗地停滯，甚至潰敗了。這是胡風始料所未及的。

在《胡風評論集・後記》最後，胡風更這樣表示：

我介紹了他，還寫了三篇短文，但我決不後悔。相反，我感到遺憾的是，我當時並沒有把我對他的認識盡我能有的寫出來給讀者看，使他自己理性地看待自己的勞動，堅持自信。我寫出來的頂多不過原有看法的十分之一二而已。如果他有力氣堅持走過來，至少，他所創造的或長或短的政治抒情詩、政治鼓動詩（牆頭詩、傳單詩）、小敘事詩這幾種新的詩體，不但不會被消滅，而且一定會得到生氣蓬勃的發

展。詩苑當會出現更使人為之神往的氣象罷。對黨的文學事業，對他自己，我都感到慚愧。（《胡風全集》第三卷第六二四至六二五頁）

胡風，在遭到田間那樣的傷害之後，還把田間後來的沒有能夠堅持原先的正確創作道路，歸咎於他自己：「對黨的文學事業，對他自己，我都感到慚愧。」田間早就對胡風避之如避蛇蠍，早就對胡風視為瑰寶的前期作品動了大手術，改得全無當年特色了，胡風還為沒有能夠幫助田間堅持當年的道路深自愧疚。這是怎樣豁達而崇高的胸襟，這又是怎樣堅定而悲壯的執著於詩歌現實主義道路九死無悔的心懷！

這一對比，更顯出田間的「小」來。

一九八四年，田間開始在《新文學史料》上連續發表《田間自述》，其中有幾處提到胡風給他的幫助，頗有意思，不妨作一些掃描。

第一次提到胡風的幫助是第九章〈花與刺（記上海師友）〉（《新文學史料》一九八四年第三期）：

自我參加左聯以後，給我引路的人很多。這裡，我要特別記述一位同志，是那時常來與我見面的聶紺弩。他不但到過光華大學，暑假期間，我住在上海市內，一個小小的亭子間，他也不斷來看。見面時，非常隨便，毫無架子，他甚至躺在我的小鋪上，翻翻我看的書。有一本刊物，刊了我的幾首詩，他朗誦著，隨即就讚美了，總是找著優點講。那麼，我心裡明白，他讚揚的是這個，有的他不讚美的地

方，無意之中，也像是有點指責了。

（中略）

紺弩對我的讚譽，是出自肺腑的，是對一個青年人的鼓勵，這我心裡明白。《新詩歌叢書》，大概也是紺弩代為向魯迅先生約請，寫一篇總序的。魯迅先生已經答應，後來因故作罷。我的第二本詩集《中國牧歌》，是叢書的一種，已經拿到校樣了。總序既然作罷，又是紺弩把校樣交到胡風處，由胡風寫了序。胡風的這篇序，在熱情的鼓勵之中，提了一點問題，這我也很滿意。這算什麼，不是有句諺語嗎：「欲得蜜，當忍刺。」何況那不是刺，是希望呵。後來，不知怎麼，又交到《春光》雜誌，我的幾首詩和序文一同發表了。

這段文章，聶紺弩是主角，胡風只是附帶提到的配角，但對胡風的態度已經同一九五五年有了根本的不同。

去年冬天，向思賡同志來，偶爾談起往事，說周穎曾講過：「田間把他們忘了。」我說，我總是把他們一個個刻在心上的，忘不了呵。對於過去幾十年的往事，師友之間，難免在同一道路上有一點分歧的看法。按照辯證法，花和刺像是矛盾的，其實正是對立的統一。何況是老戰友呢。我不會忘記，我也不能忘記他們的。

回憶抗戰初期，應臧雲遠之約，紺弩、蕭軍、蕭紅、艾青等和我不是攜手前往山西臨汾民族革命大

學，作輔導去的嗎！在武漢期間，胡風辦《七月》，不是給我很大的幫助嗎！還為我受了一些委屈，這我又怎能忘記呢！

有幾句俗話，是我難忘的——

吃了果子別忘樹！

垂下的樹枝，常常結滿果子！

真理和玫瑰，兩旁都有刺。

這段文字，顯然主要是寫給胡風看的。肯定了胡風曾經給他「很大的幫助」，強調了「我又怎能忘記」，向胡風表達了不忘舊恩的感激之情。在一九八四年的情況下，做到這一步已經很可貴了。

下面一段文字是寫在題為「引路人」的第十四章裡的。既然集中談「引路人」，無疑應該首先提到胡風，然而文章卻不是這樣：

在我的一生中，引路者是黨。但在這中間，作為我的引路人是不少的。茅盾同志，應當說是其中重要的一人。

當我在上海時，年紀還輕，常到圖書館借閱一些舊雜誌看。一個偶然的機會，在一本舊雜誌上，讀到一些譯詩，那是以沈雁冰的名字翻譯的；這些詩被看作是弱小民族的詩，內容記不很清了，似乎是

寫礦工生活的。詩的調子，簡明而深沉，易讀易記，當時給我的印象很深。我是愛好民歌的，可是當時我能見到的民歌，似嫌陳舊了一些，而那近似歌謠的詩，我就有了印象。而後，一九三六年，我的長詩《中國農村的故事》出版不久，正遭受國民黨反動派的壓抑，便讀到他在《文學》上寫的一篇評論〈敘事詩的前途〉，這是與其他幾部長詩對比來談的，各有其短長，應取長補短。並提到我在另一短詩集《中國牧歌》中的看法，他鼓勵說：「他的完全擺脫新詩已有的形式的束縛（民謠的造句簡單，可是字數卻頗整齊），這又是很可貴的。」（《文學》八卷二期，一九三七年二月）

茅盾同志是著名的小說家，卻對詩也是很關心的，那時他對新詩的看法，以及此後他多次對我的詩的觀點，我以為是比較切合時宜的，在他和我的多次通信中，其觀點，雖不像魯迅先生以幾句話把新詩的道路概括出來，而他的觀點，也大致相似。

一九三七年，當我的《給戰鬥者》發表以後，他又寫信告知我，他除贊成這首詩外，同時以為《中國的春天在號召著全人類》也可注意的。（下略）

有關這些，這裡不多說了。茅盾同志和胡風同志在這些方面，差不多都是贊助的。這對我當然也是給了一些勇氣。尤其是在一些重要關頭，他們總是願意為我說幾句話的。（《新文學史料》一九八四年第三期）

只要對田間的情況略有所知的人，對這段敘述都不免詫異。田間在詩歌創作上的引路人，分明是胡風，而

不是任何別的人。田間說茅盾翻譯的弱小民族的詩給了他很大影響，則給他影響的不是茅盾，而應該是那些弱小民族的詩人。把受影響的主要功勞放歸之於翻譯者，實在太牽強了。田間還說茅盾在《敘事詩的前途》給了他極大鼓勵。但茅盾的文章是一九三七年二月才發表的，而胡風早在一九三六年八月出版的《現實文學》上，就發表了為田間的詩集《中國牧歌》寫的序言〈田間的詩〉。而且，如果把胡風的文章同茅盾的文章加以比較，更可以看出何者深刻了。抗戰開始後，胡風創辦了《七月》。田間在《七月》先後發表了十八首長長短短的詩。田間在抗戰時期最優秀的作品，都是在《七月》和《七月詩叢》發表的。而在茅盾主編的《文藝陣地》上，田間只發表了兩首短詩。一九四〇年，胡風發表了〈關於詩和田間的詩〉，針對一些論客譏刺「胡風以一個批評家的資格過分偏愛田間」的謬論，進行了必要的批駁，並對田間詩創作的成就和不足作了鞭辟入裡的全面分析。而且，更重要的，田間是把自己那時寫的詩都寄給胡風，讓胡風處理，並以能夠得到胡風的批評意見為榮幸的。《新文學史料》一九九五年第三期發表了一束田間當年給胡風的信，我們從那些信中就可以看到這一點。

一九三八年二月十八日信：「〈晚會〉和〈林的演奏〉兩首詩交適夷兄，因為到現在我也沒有寄一篇文章給他。當然，如果星期文藝能用就先用好了！盼兄修改。」

一九三八年四月八日信：「詩集草草編好。因為時間的關係，不能仔細選擇，也不能仔細改造，只有煩你替我肅清了。」「關於我的詩，還有具體的批評、意見，請決不要以為我聽到難受而不想告訴我，我希望在你看到我所編的這一詩集之後，給我來信，告訴我應該走的路。」

一九三八年五月四日信：「我願從你來信，有關於對我的詩的意見，這是非常重要的；過去和你在一起，還有機會在談話中得到，現在不可能了，其實好久不能了。」

一九三八年六月二十日信：「《她也要殺人》望你給我批評的意見。」

一九三八年十一月十七日信：「服務團的書出了好幾冊了，我的詩也印出來了，因不便寄就沒有寄給你們，以後再說吧。請原諒我！假使你能看到的話，望能有批評轉給我。已經有幾個人寫了些介紹和批評，但說好多於說壞。我覺得好壞不管，總之，能有新的意見給我，這對於我就很好。」

一九三九年十一月六日信：「如果能看到我的稿子，望你和朋友們，嚴格批評，不要放棄我，不要使我變壞了。」

一九四九年五月六日信：「讀來示，看樣子你是不願久住北方的，但我深望你能較久的住下去，和黨的領導機關相距近些，可以免去不必要的隔膜（世界上有的隔膜是由廣義上的隔膜造成的）。這對於我的民族的理論家，我的引路人——風兄來說，我是有此希望和要求。」

究竟誰是田間創作的引路人，還不夠清楚嗎！田間在〈引路人〉這一章中，只突然提到胡風一句：「茅盾同志和胡風同志在這些方面，差不多都是贊助的。這對我當然也是給了一點勇氣。尤其是在一些重要關頭，他們總是願意為我說幾句話的。」以相當奇特的方式，表示了胡風也是「引路人」的那點意思。

田間難道真的否認他在創作上的主要引路人是胡風嗎？顯然不是。我認為，田間專門闢出一章談「引路人」，而且劈頭就說「在我的一生中，引路者是黨。但在這中間，作為我的引路人是不少的」，是另有深意的。

一九五五年，緊接著反胡風運動而展開的審幹運動中，劉白羽抓住田間在一九四九年給胡風的信裡稱胡風為「引路人」一事大做文章，公開指斥他否定黨是他的「引路人」。當時他沒有公開辯解的可能；現在，他就要利用寫回憶錄的機會，來一個反擊了。然而，這時候胡風雖然一九八〇年七月在政治上已經得到平反，但還有所謂「歷史問題」和所謂「宗派」問題、文藝思想等問題，都未得到澄清，那是直到一九八五年六月和一九八八年六月才先後得以徹底推翻的，這對於田間來說，自然是不能不深有顧慮的，只好違心地把胡風放到次要的位置了。這樣做固然不太符合事實，可是終究明白無誤地肯定了胡風也是他的「引路人」。這對於劉白羽之流，就是有力的回擊。事實上，他在〈花與刺（記上海師友）〉一章，開頭第一句「自我參加左聯以後，給我引路的人很多」，就已經是不馴的回擊了。

儘管田間在二次文代會上和批胡運動中都表示了與胡風徹底決裂的立場，但在不久展開的審幹運動中，卻遭遇重大打擊。當年是作協五人小組成員的張僖，在接受記者的訪問時，有這樣的敘述：

> 五人小組的主要任務，就是肅清反革命分子，同時也就要審查作協機關和所屬單位所有幹部的歷史。延安時期曾經有過審幹運動，上級說那次是局部的，而這一次卻是全國性的幹部檔案核對。於是就每天開會，由幹部根據自己寫的自傳，說出自己的「來龍去脈」。從學生時代說起，不但要說出那段時

候做了什麼，擔任什麼職務，還要說證明人。審查辦公室要根據每個人的自傳到全國調查取證，一個人一個人地過關。與此同時還有對胡風反革命集團的追查。尤其是和他接觸多的，在他主編刊物上發表作品的都要仔細詢問，自己主動交代。那時候，劉白羽和郭小川每天一早就到公安部去上班，整理胡風的第三批材料。我們在家裡的每天都在學習上級文件，開批判會，互相揭發。那時候，負責中國作協的就是公安部的六局——宣傳文化保衛局。

作協也同樣如此，風聲鶴唳，草木皆兵。作協每天晚上都要開會檢查。一個人來念自己的詳細履歷，由審幹辦公室「審聽」。搞得一些人很緊張。當時著名詩人田間還曾經想自殺。

有一天晚上，當時講習所的副主任田間交代他和胡風的關係，我記得主要是他給胡風所編刊物投稿的問題。第二天，田間沒有來上班。大約下午一點多鐘，公安部六局（宣教局）的局長田中，他原來是東北公安部的辦公室主任。我當時在東北文化部也擔任辦公室主任，因為工作關係，因此和我比較熟悉，給我來了電話。他說：你們作家協會出事了。田間在家門口跳海自殺，被人救上來了，你們趕快派人來看。田間住在什剎海西河沿的一個小院裡，田中說田間跳海說的就是什剎海。

當時作家協會的大多數領導已經在公安部辦公，都在專門整理胡風的專案，大約是第三批材料。（中略）家裡只剩下我和嚴文井兩個人。我急忙趕到田間的家。

田間住的小院有五間北房，兩間西房，東邊是廚房和大門。田間坐在正房裡，已經換了衣服，木然地坐在那裡。他的旁邊站著一個中年男人，估計是當地街道的。看見單位來人了，他就走了。田間的愛人叫葛文，也是中國作家協會的，現在正在張家口體驗生活。

我對田間說：你怎麼搞的？有些事情，有就是有，沒有就算了，你怎麼這樣想不開。葛文也不在家。我馬上給講習所的副秘書長邢野打電話叫他們來人。

不一會兒，一個叫張風祥的小青年跑了進來。我對張風祥說：你不要離開這兒，一直陪著他等我們回來。我萬萬沒想到，我剛走到院子裡，田間已經從另外一個房門跑出來。因為他幾間北房的裡面都是有門相通的。他手裡拿著手槍對著自己的腦袋大聲喊著：我不活了。

我急忙跑上去，右手把他拿槍的左手托起來，左手頂著他的下巴，好歹把槍奪了過來。情況這樣緊張，我讓小青年在這裡給田間看家。讓田間和我一起坐車回到作協。嚴文井告訴我：陳中剛才還電話問田間的事情。我把田間交給了嚴文井。交代了一下，就經直去了公安部六局找陳中。我對陳中說：田間是根據地長大的，不是在白區參加的地下黨。他就是把作品投到胡風辦的刊物上去，就是作者和刊物的關係！根據地許多人都在那裡發表過作品。陳中問：那他為什麼跳海？我說：他的神經可能受了刺激，一時激動。不是反革命行為。陳中說：那我們就不管了。你們作協自己處理吧……

我回到作協，向周揚作了匯報，周揚說：你做得對。並要我把田間的愛人叫回來照顧他，不要把投稿當成問題。（〈與張僖談周揚〉，徐慶全《知情者眼中的周揚》，經濟日報出版社二〇〇三年版，第一六四至一

六六頁）

顯然，審幹人員和「積極分子」在會上逼問的，已經不是什麼投稿的問題，而是要他交代同胡風反革命組織聯繫的問題。田間同胡風劃清界限，可以說是十分主動十分積極的，可到審幹階段還是被當作暗藏的反革命挨鬥，實在是他絕對沒有料到的。深感冤屈的田間，由於「想不開」而釀成精神大裂變的悲劇。這對田間的教育該是刻骨銘心的。應該正是這點痛苦的感悟，使他晚年在回憶錄中表示了不忘胡風舊恩的感念之情。

自卑型

這類人都是背著沉重的思想包袱的。他們都是建國後學術領域中重點批判的對象，他們還來不及從挨批的自卑中走出，要他們參加批判別人的鬥爭，不免窘態百出了。

賀麟

賀麟，北大哲學系教授。一九五一年知識分子思想改造運動中，他的唯心主義哲學思想受到強烈衝擊。一九五四年批判胡適的運動中，他的自卑感有很突出的表現。他在批了胡適的反動思想之後，還專門批判自己解放前的思想。他的這種自卑感，在他的批判胡風的文章中也表現出來。《人民日報》發表了舒蕪的〈關於胡風反黨集團的一些材料〉後，賀麟寫了一篇文章，題目是〈剝去偽裝〉（《文藝報》一九五五年第九、十號合刊）。文章前半部還像個樣子，提出了他從〈材料〉和胡風〈我的自我批判〉中得到的兩大教訓：一、胡風的反黨、反人民的立場表現得更清楚了。二、胡風一貫以主觀唯心論為主導思想，堅決痛恨辯證唯物論的世界觀，在這些信件裡也突出地表現出來了。文章最後，按照《人民日報》編者按語的精神，向胡風和「集團分

子」提出要求。文章到此，可以畫上一個最後的句號了，可是偏不，還在後面加了一大段批判自己的文章：

最後還想結合著我們自己的思想情況來說幾句話：在改造中的知識分子裡，雖絕少像胡風那樣堅決反黨、反人民、反革命、反馬克思主義世界觀的人，但是資產階級個人主義及唯心論世界觀，在一般未經徹底改造的知識分子中間是或多或少地存在著的。就我個人來說，在解放初期，我也曾經誤認思想進步很得快而其思想轉變過程又為我所不瞭解的人為「投機」。在有一段期間，我也曾錯認黨中負責同志為「有權有勢」的人，而不願靠攏他們，以避免「趨炎附勢」，當然更不願響應黨的號召寫「千篇一律」的「應酬」文字了。當時我經常以脫離政治、關閉在自己狹隘的小天地裡為滿足，對有政治意義的集會或紀念會缺乏熱烈參加的興趣。有時甚至以自由主義空氣較濃、集體生活的紀律性組織性不嚴、批評與自我批評尚未展開的落後地方為比較「安適」，比較「不緊張」。所以不要說解放以前，只消在三四年以前，胡風這些資產階級個人主義的思想至少在我這裡可以得到同情的默契。現在想來，有過這些阻礙我進步、使得我工作受損害的錯誤思想，實不勝愧悔。因此我感到我們一定要提高警惕，堅決和胡風思想劃清界限，老老實實、勤勤懇懇學習馬克思列寧主義，愉快地接受思想上的社會主義改造，堅決和資產階級唯心主義、個人主義作鬥爭。

這一段幾近一千字的自我檢討放在批胡文章最後，可謂不倫不類。尤其是最後一句：「老老實實、勤勤懇懇學習馬克思列寧主義，愉快地接受思想上的社會主義改造，堅決和資產階級唯心主義、個人主義作鬥爭。」

念念不忘思想改造，一副誠惶誠恐的可憐樣子。我們實在看不出這個自我檢討與批胡鬥爭存在什麼必然的聯繫。這樣的自我檢討，是應該拿到日常的小組生活會上去談的，現在竟拿到批胡的文章裡來談，這裡正反映了一個沉重的問題。對賀麟來說，他的社會角色一直是挨批的人物；現在，要他以批判別人的社會角色登場，與平日批判他的積極分子平起平坐，不能不感到很有點僭越了。為了使自己同那些平日批判他的積極分子有所區別，那最後一段自我檢討也就極自然地冒出來了。可憐！

他的這篇文章，同他在五個月前參加批判胡適時寫的那篇〈兩點批判，一點反省〉（《人民日報》一九五五年一月十九日）相較，已經是大有進步了。那篇文章，用了近八千字的篇幅批判了胡適的思想之後，又獨辟專節，以「自己照一下鏡子」為小標題，用了兩千多字的篇幅，批判自己的思想。這段自我批判的文章，對於理解賀麟乃至其他自卑型的人物的心態，頗有意義，節錄如下：

> 據我瞭解，向敵對思想作鬥爭同時就是對自己思想的一種改造；批評別人同時也是自己照一下鏡子。我揭露並批判了胡適反動思想的醜惡面貌，順便還牽涉到和我們一起住在北京的梁漱溟先生舊日的唯心論思想和民粹派思想，好像很有一點不妥協、不容忍的樣子，但是我又敢不敢正視自己在解放以前的反動思想，照一照自己那時醜惡面目的原形呢？
>
> 我若沒有自我反省，自我批評的決心，那一定會「姑息矛盾」（列寧語），提不起勇氣來批判從前曾經從不同方面，在不同方式下影響過我的思想的胡適和梁漱溟先生了。換言之，批判別人的反動唯心

論思想，也就是自己要和自己過去的反動唯心論思想劃清界限的一個表現方式。

誠然，在解放前在學術思想方面我和胡適曾有過唯心論內部派系間的矛盾，但反人民革命、反共產主義的目的，我和他卻始終一致。他販運杜威的實用主義，我販運反動的神秘化黑格爾哲學的新黑格爾主義，和他相對立，也只是分途去達到反對馬克思主義哲學的同一目的。他把杜威實用主義的方法與清代漢學家的治學方法相結合，我把從西方資產階級那裡販來的神秘化直覺化的黑格爾唯心辯證法與伯格森的直覺主義和宋儒的直覺內省方法相結合，以與他相對立，其實也只是共同反對唯物論辯證法的不同途徑。他不願承認他是唯心論者，他還提出「自然主義的人生觀」以作掩飾，我公開放肆地刊行反動的《近代唯心論簡釋》的論文集（一九三九），宣揚精神主義的人生觀以和胡適相對立，以便更有效地打擊唯物論。我曾作過演講公開批評過胡適對哲學的看法：他說：「哲學要關門」，我反駁道：「哲學永遠不會關門，胡適倒會被關在哲學的大門之外。」他說：「哲學是壞的科學」，我反駁道：「哲學是哲學，科學是科學，各有其範圍和標準；只有胡適的哲學是壞的哲學。胡適的科學是壞的科學。」我之所以同他辯爭，本意不過是替唯心論哲學爭地盤，覺得只有唯心論哲學才足以克服唯物論哲學。所以，最終目的我和胡適並無不同。不唯反馬克思主義哲學的目的相同，而且一方面依靠西洋資本主義社會某一派的唯心論，一方面希圖復活中國封建社會某一派唯心論，兩相調和附會，來一個「中西合璧」，以適應半封建半殖民地的中國統治階級的需要——這種方式或手法也完全相同。

（他和梁漱溟的對比，略）

簡言之，我曾經宣揚神秘化的直覺和直覺化的唯心辯證法以對抗唯物辯證法，我曾經要求把儒家思想更宗教化，更其與西方資產階級唯心論相結合，以便更好為蔣介石所御用的舊三民主義作「哲學」基礎，以抵制馬克思主義哲學。此外，我因為要想推尊陸王派的主觀唯心論以抵制新哲學，於是在一本《當代中國哲學》的反動小冊子裡，我把近五十年來中國哲學的發展，都看成陸王哲學的復興史。我把康有為、譚嗣同、梁啟超、歐陽竟無、熊十力、馬一浮均裝扮成陸王學派的思想家，並把孫中山的知難行易說及蔣介石的法西斯思想，所謂「力行哲學」解釋成陸王學派之發為事功的具體表現。尤其反動的是因為蔣介石也喜歡一種神秘唯心的辯證法，我還很無恥地迎合他的意旨，企圖用唯心辯證法正反合的公式來闡述舊三民主義以反抗共產主義。

總之，我自己檢查一下（雖然還揭露得很不夠），我宣揚唯心論比胡適更公開、更放肆。我提倡直覺比梁漱溟先生更極端、更神秘。我用唯心論和唯心論辯證法直接去為舊三民主義辯護，直接為蔣匪的法西斯統治服務，也到了公開無恥、褻瀆哲學和辯證法的程度。

自己一照鏡子，過去思想的真實面貌，既然如此醜惡反動，解放後，人民對我寬大，黨耐心團結我、教育我，青年同志和進步的朋友們大力挽救我，使我得安靜地學習、研究、作光榮的人民教師。現在我並不是妄想拋頭露面，擺起進步的樣子，去鬥爭那日暮途窮的死老虎胡適的思想，還要東拉西扯地向梁漱溟先生提意見。反之，我乃是以充滿了欣幸和感激的心情，以一定要解放臺灣，反對美帝國主義的政治積極性來參加這一場嚴重的思想鬥爭。（下略）

批判胡適反動思想，竟歸結到對自己思想的批判，而且把自己貶得如此不堪，把自己說成比胡適還反動的人物，甚至說出「人民對我寬大」之類只有服罪的反革命分子才說的話。如此自我侮辱、自我貶損，反映了像賀麟這樣的知識分子的靈魂被扭曲到怎樣可怕的地步。難怪他在批胡風的時候表現得那麼誠惶誠恐了。

俞平伯

俞平伯是因《紅樓夢》研究出問題被最高權威親點為批判對象的人物。挨批的時間是一九五四年。直到一九五五年初，還忙於寫檢討文章。幾個月後，居然要他以批判者的身分寫批胡文章，頗有一則以喜一則以懼之感了。他的這種對於角色轉換如此突然的難以適應，在他寫的〈提高警惕，加強馬克思主義的學習〉中有明顯的表露。全文如下：

《人民日報》陸續公佈了胡風反革命集團的三批材料後，胡風他們的反黨、反人民、反革命的真相已大白於天下了。這已不止是文藝思想的問題，而是一個政治問題。我們在「口誅筆伐」以外還要請求政府徹底追究，依法嚴懲，把這些暗藏的反革命分子清除出去。

胡風反革命集團一，披著馬克思列寧主義的外衣，二，敢於向黨猖狂地進攻，三，進行有組織、有

計劃、有步驟的反革命活動。他隱蔽得這樣巧妙，潛伏得這樣長遠，這樣的毒辣，又這樣的陰險。它有嚴重的煙幕，不容易一眼看穿。我們起初誤認胡風為「進步作家」，後來才認明他的反動文藝理論的本質，最後才知道他跟蔣匪幫久有勾連，是個地地道道的反革命分子。逐步地澄清，才得到徹底的認識。這個經過足以說明我們的麻痺。但這個集團的原形終於被揭露出來了，這是黨和人民最近的一大勝利。

胡風集團在這重重的煙幕裡，通過資產階級主觀唯心主義的文藝理論來推進它的反革命活動。我認為這一點最值得我們文藝界的同志注意，像我這樣，尤其應該十分警惕才對。我對於主觀唯心主義的文藝理論，過去雖認識它的錯誤，但對它怎樣危害到人民的利益，估計得卻非常不夠，現在從胡風集團的反革命事件才使我警覺起來。今且試想，我們的文藝界、教育界若沒有資產階級唯心主義在氾濫著，胡風將無處建立他的陣地，這些反革命集團分子，「為鬼為蜮」也將無所施其伎。他們要「爭取」，爭取誰？要迷惑，又迷惑誰？反過來說，假如反動的文藝思想還繼續在文教界氾濫著，那末胡風反革命分子縱已肅清，而類似胡風的反革命分子依然有他們活動的餘地。

當前的問題是怎樣加強馬克思列寧主義的學習，使人人都能掌握這個武器，資產階級唯心主義的影響就能得到肅清，這才是正本清源的辦法。我們知識分子要進行思想改造，對於像胡風這樣的反革命分子，當然要十分警惕；我們更應該從胡風事件裡吸取更多更深的經驗和教訓，我們必須跟一切反革命分子作殊死的鬥爭。

這篇文章發表於一九五五年六月二十九日《光明日報》，時在《人民日報》第三批材料發表十九天之後。文章的寫出大概不會早於六月二十日，批判的特大高潮已經過去。俞平伯的遲遲動筆，反映了他的為難心態。半年前還是一個同反動人物胡適捆在一起在全國範圍內挨批的重點人物，已經批得夠臭的了，現在要提筆批判別人，轉變得太快了一點，無法適應。文章如果寫得早一點，則第一段文章可謂頗有氣派，現在寫出來，只能是隨大溜的文字了。但怎麼說還是批判文章，可取。第二段就不行。歸納出反革命集團三大特點，理應繼之以批判，但他卻去談對胡風的認識過程，檢討自己的「麻痹」。顯然走題。反映了他在階級敵人面前挺不起腰杆來。最後兩段更令人氣短，那哪裡是在批判敵人，而是在進行自我思想檢查了。而且這個檢查也沒有檢查到點子上，不符合三批材料編者按語的精神。三批材料的編者按語無比明確地指出，胡風是以反革命兩面派的手法進行他的反革命活動的；俞平伯卻在那裡強調，胡風是「通過資產階級主觀唯心主義的文藝理論來推進它的反革命活動」的，由此，反反覆覆在主觀唯心主義的文藝思想的危害性上做文章。這表明，他根本沒有讀懂三批材料的編者按語，倉促上陣，搞得不倫不類了。按照俞平伯的正常理解力，三批材料的編者按語是決不至於讀不懂的，無如他已經被劈頭蓋腦的批判批得暈頭轉向，驚魂未定，哪有心思仔細閱讀與他無關的編者按語，出乖露醜，在所不免了。他還向當局表示了「我們知識分子要進行思想改造」的決心，誠惶誠恐之態，更令人感到不是滋味。幸而最後把文章結在「必須跟一切反革命分子作殊死的鬥爭」上，這才找回一點批判敵人的感覺。

與賀麟相較，自卑感沒有那麼嚴重，這大概同挨了批判之後政府給他長了一級工資有關。

建國後很長一個時期，決策中樞總是深為不滿地表示，知識分子的改造收效甚微。其實，哪裡是收效甚微，而是收效甚大，甚至收效奇大。謂予不信，請看賀、俞二位的批胡文章。胡風，是最高權威親自定了性的反革命集團頭目，罪大惡極的階級敵人；然而，賀、俞二位奉命參加批判的時候，竟然念念不忘於檢查自己的思想，念念不忘於自我改造的問題，彷彿他們同胡風是一丘之貉似的。把知識分子改造成了在階級敵人面前都挺不起腰桿來的謹小慎微的人物，還要說收效甚微，則知識分子只好一個個主動請求充軍到北極去，才算收效甚偉了。

賀、俞二位在批判被最高權威定為階級敵人胡風的時候，還念念不忘於檢查自己思想落後，表白要加強自我改造，從另一角度看，也是一種不得已而為之的尋求苟活之道。他們不會不意識到，如此大張旗鼓搞批判胡風的運動，也含有殺雞戒猴的用意。你不老實，胡風的今天，就是你的明天！感受到這一無言的威脅，他們在臨筆之時，自然不免畏畏葸葸，戰戰兢兢，如臨深淵，如履薄冰，用自我檢查甚至自我貶抑來表達自己的絕對馴順了。

附帶說，即使不惜如此自我貶抑來表達自己的絕對馴順，在一九五八年的所謂「拔白旗」的運動中，賀麟也未能逃過再一次成為重點批判對象的厄運。一九五八年五月四日，北大六十周年校慶，在慶祝大會上，特來參加大會的中共中央宣傳部副部長、毛澤東政治秘書陳伯達，在發言中突然離開校慶主題，向知識分子開火。

他明確指出，像賀麟這樣「在解放前已經有系統地形成一套資產階級哲學觀點的一些教授」，「不經過深刻的批判」，「就不可能設想他們能夠獲得無產階級的意識」。並進一步引申，「舊知識分子要最後拋棄資產階級的意識，並不是一件容易的事，這需要經過一個長期的深刻的批判」。一場歡歡喜喜的紀念校慶的大會，變成了一場殺氣騰騰的整知識分子的「拔白旗」動員大會。賀麟成了北大的大白旗。羅平漢在〈一九五八年知識界的「拔白旗運動」〉中介紹了有關情況，錄之如下：

賀麟的帽子更是嚇人：「痛恨哲學的黨性原則，露骨地為唯心主義招魂。」

「痛恨」和「招魂」的表現何在？依據是：

賀麟曾「叫喊」唯心主義不能一棍子打死，要為提高唯心主義地位而鬥爭，必須集中力量反對教條主義，而他反對的教條主義正是馬克思主義。學生還揭發說，賀麟站在資產階級黨性原則的立場上，「痛恨」馬克思主義哲學的黨性原則。

更為嚴重的是，賀麟還宣稱：「唯物主義和唯心主義不就是革命與反革命的關係，是青出於藍而勝於藍，而不是紅與白的關係。」為此，學生們毫不客氣地批判說；「這是充滿了混亂和詭辯，難道師生朋友關係能夠排斥或掩飾革命與反革命的關係麼？黑格爾是普魯士王國的辯護士，馬克思則是偉大的無產階級革命家。馬克思與黑格爾，革命與反革命、紅與白，賀先生真一點看不出麼？」

學生們還對賀麟和「其他資產階級學者」下了最後通牒：徹底拋棄資產階級立場，徹底清算自己的

反動觀點，拔掉白旗，樹立紅旗。（《當代歷史問題札記》，廣西師範大學出版社二〇〇三年版，第一三〇至一三一頁）

學生的意見，不用說，反映了領導這場運動的決策中樞的意見。奧威爾在《一九八四》中通過一個人物的口說：「正統的意思是不想——不需要想。正統即沒有意識。」賀麟不懂得這個，他永遠躲脫不掉當靶子的厄運。

糊塗型

以極認真的態度完成任務，卻不知鬧出謬以千里的笑話。糊塗人寫糊塗文，一片糊塗。只有一人：馮友蘭。

馮友蘭

馮友蘭，北大哲學系教授。在一九五二年的思想改造運動中作為「舊哲學」重要代表人物成為重點批判對象。論思想包袱之重，決不下於賀麟。可是一九五五年批胡運動中當領導要他寫文章批判胡風的時候，他竟把自己也擺在批胡積極分子的位子上，寫出了題為〈胡風和胡適「異曲同工」〉的文章（《文藝報》一九五五年九、十號合刊）。全文如下：

《人民日報》五月十三日發表了胡風底〈我的自我批判〉。照他的這篇〈自我批判〉說起來，他底錯誤底根源，好像僅只是由於認識不清，思想混亂，以致「用小資產階級的立場混淆了工人階級的立場」，因而「陷進了狹隘的實踐觀點」，又因此「陷入了唯心論的錯誤」，「曲曲折折地通向了主觀唯

心論」，「直接地跌進了主觀唯心論」，「進一步陷進了小資產階級的立場裡面」。

其實完全不是那麼一回事。胡風底思想本來就是最腐朽的主觀唯心論。胡風底思想跟胡適底思想在本質是上是一致的。胡適講無所不包的經驗，胡風講「主觀精神」，「萬物皆備於我」。胡適注重「實踐」，胡風也注重「實踐」。胡適輕視理論，胡風也輕視理論。自從對胡適思想展開批判以來，經過幾個月的討論研究，我們已經認識到，胡適底實用主義哲學，是反理性的盲目行動的主觀唯心論。胡風底思想也正是這一類的東西。他們底思想來源，一部分可以上溯到德國法西斯所崇拜的哲學家尼采。胡風底思想更多一些尼采底神秘的意味。這是為帝國主義時代壟斷資產階級服務的，說不上什麼小資產階級立場。

胡風跟胡適底思想本質上是相同的，其不同只是在於他們所披的外衣不同。他們的行動都是反黨反革命，其不同只是在於他們所用的手法不同。

胡適底思想所披的外衣是「科學」。胡風底思想所披的外衣是「馬克思主義」。胡適言必稱杜威，胡風言必稱馬克思、列寧、斯大林。但胡適說他信奉杜威，這是真的。胡風說他信仰馬克思、列寧、斯大林，這是假的。在這一點上，胡風比胡適更為惡毒。

在行動上，胡適是公開地反黨反革命，公開地叫人不要反對封建主義和帝國主義，因為據他說，並不存在這些東西。他是在革命隊伍外面反對革命。胡風是混在革命隊伍裡，從內部反對革命。他說，他也是反帝反封建的。可是照舒蕪所揭發的材料，他又那樣地反對正是反帝反封建的唯一的領導者中國共

產黨和團結在黨的周圍的戰友們。無論他怎樣辯解，他實際上是革命隊伍內部，製造糾紛，破壞革命戰線，為封建主義和帝國主義服務。

再具體一點說吧。中國正在向著社會主義的大道上邁進，絕大多數的文藝工作者，都熱烈地學習馬克思主義，改造思想，武裝自己，好寫出反映現實的作品，為工農兵服務，鼓舞他們前進。可是胡風偏教人不要學習馬克思主義，不要改造思想，只要靠「主觀精神」，寫「自我擴張」的作品，不要接近工農兵。這正符合於美帝國主義的願望。照著美帝國主義底願望去做，就是為它服務。

在黨底正確領導下，中國反帝反封建底革命，已取得決定性的勝利，可是在走向社會主義底大路上，還有不少的障礙物，尚待肅清。胡適底思想和胡風底思想，也有點像「兩峰對峙，雙水分流」，在為障礙物這一點上，可以說是「異曲同工」。不過胡適早已是祖國底叛徒，胡風的反對革命的面目卻直到今天才被赤裸裸地揭露。徹底揭露胡風的真相，這就是我們今天的任務。

不瞭解情況的人讀了篇文章，都會認為，文章的作者肯定是一位響噹噹的革命左派。你看他拿胡風與胡適對比，比得何等頭頭是道；你看他上綱上線，上得何等有板有眼。尤其是最後一句「徹底揭露胡風的真相，這就是我們今天的任務」，簡直就是向廣大知識群體登高一呼的號令，何等英勇豪壯。而且他在批判胡風的同時還不忘捎帶刺了一下俞平伯。「兩峰對峙，雙水分流」，正是前不久人們批判俞平伯的「釵黛合一」論時抓住不放的話柄。真可謂八面威風的了。

然而，知道馮友蘭底細的人讀了，卻不免為他的糊塗而啼笑皆非。

糊塗一：忘記自己的身分。馮友蘭解放後的角色定位，他自己應該是清楚的，批胡運動中領導讓他寫批胡文章，是希望他能在批判胡風的同時批判自己，並表示加強自我改造的決心的。這樣的文章對於教育類似的舊知識分子是必要的。而馮友蘭卻對領導的意圖作了書生氣十足的錯誤理解，他沒有考慮到，按照他對任務的理解寫出來的文章，是要鬧大笑話的。讓知道他底細的人讀了，只會感到此人太無自知之明了；一個理應背著沉重思想包袱的人，居然寫出只有革命左派才有資格寫的文章，未免太不知天高地厚了。而他對於自己的僭妄始終渾然不覺。糊塗得出奇。

糊塗二：他批胡風，竟然拿胡適與之對比。他說胡適「信奉杜威」、「言必稱杜威」，可是瞭解他底細的人都知道，他對杜威的信奉不下於胡適。胡適，一九一四年入哥倫比亞大學哲學系，受業於杜威，主攻實用主義，是杜威的得意門生。馮友蘭，一九一九年入哥倫比亞大學哲學系，也曾受業於杜威，也曾主攻實用主義，也是杜威的得意門生。他在文章裡奚落胡適「信奉杜威」，忘記了他本人也是杜威的忠實信徒。他在文章裡奚落胡適「言必稱杜威」，忘記了他本人在抗戰時期寫的《新理學》等著作，杜威的實用主義影響隨處可見。在這方面，馮友蘭與胡適，才真正夠得上「兩峰對峙，雙水分流」的美稱。一場五十步笑百步的鬧劇，知情者怎能不啞然失笑！古今中外反動文人滿坑滿谷，在那個荒謬絕倫的批胡運動中，隨便找一個出來都可以進行所謂「對比」；他不選別人，偏偏選中與他同門同宗的胡適，糊塗得出奇。

有此二大糊塗，馮友蘭的這篇批胡文章不能不成為別具一格的妙品引人注目了。

然而，只要人們過些日子在六月四日看到那天的《人民日報》，就恍然憬悟他所以如此糊塗的原因了。那天《人民日報》在第一版的顯著地位，發表了「中華人民共和國國務院命令」，公佈了已由國務院全體會議第十次會議批准的中國科學院學部委員亦即院士的名單。在哲學社會科學部的名單中，在艾思奇、吳玉章、胡喬木、范文瀾、郭沫若、陳伯達、楊獻珍、李達等一系列響噹噹的左派專家的名字中，赫然出現馮友蘭的名字。名單是六月四日見報的，入選的人事先需要交著作、填表格，顯然早就知道了。應該說，是知道自己已經當穩院士的情況下，馮友蘭才寫出這麼一篇糊塗文章的。他顯然以為，他當上了院士，與吳玉章、胡喬木、范文瀾等人一同題名金榜，表明他的社會角色已經大大改變了。他的腰桿挺起來了，什麼自卑感，什麼窩囊感，統統拋到汪洋大海裡去了。他寫批胡文章的時候，正是自我感覺空前良好的時候，壓根沒想到在批胡的同時需要批判自己。他壓根沒想到，決策中樞給他以「院士」的桂冠，是為了免得給人以評院士搞小圈子的印象。他卻書生氣十足，全然忘掉自己是姓什麼的，寫出這麼一篇糊塗文章來。

不用說，決策中樞對於馮友蘭的這篇批胡文章，是很不滿意的。連解放前就翻譯了《資本論》的王亞南在當上了院士之後寫的批胡文章中，尚且在批胡的同時不忘批判自己，提出「我們每個人頭腦中殘存的主觀主義、個人主義、自由主義傾向，都是……最容易為國內外反革命勢力所利用的弱點」；提出「我們每個知識分子，每個科學工作者也必須鞭策自己，努力在這個運動中改造自己，純潔自己」（〈提高警惕，改造自己〉，《人民日報》一九五五年六月二十一日）。連解放前就是進步人士的王亞南在批胡文章中尚且表現得這麼誠惶誠恐，馮友蘭這麼一個解放前思想大成問題的人物居然那麼不知天高地厚，以為院士桂冠即將到手，就可以以

革命左派的面目出現，尾巴翹得太高了。但決策中樞從壯大批判聲勢的要求考慮，還是發表了它。不明真相的馮友蘭看到自己的批胡文章一字不易地在報刊上發表出來，還以為他的文章得到領導的充分肯定，心裡可能還美滋滋的呢。

馮友蘭當上院士之後，越發陷入忘乎所以的誤區。一九五六年、一九五七年，他先後在哲學史的問題和哲學的繼承問題上，向主流意識提出挑戰。一九五八年，懲罰終於降臨。這年五月四日，前來參加北大六十周年校慶的陳伯達，在大會上發出對「在解放前已經有系統地形成一套資產階級哲學觀點的一些教授」進行「深刻批判」的號召；作為例子舉出的哲學教授，馮友蘭名列首位。這不僅對於馮友蘭是個意外，連廣大群眾都感到困惑不解：既然馮友蘭的問題如此嚴重，為什麼一九五五年要把他評為院士呢？在陳伯達的號召下開展的「拔白旗運動」中，馮友蘭成為大批判的重點對象。在強大的壓力下，他在校內做了檢討，又在《光明日報》的座談會上做了檢討。現將在《光明日報》座談會上的自我批判略作刪節錄之如下：

> 我今天要談一點體會就是：自我改造必須自我批判。
>
> 陳伯達同志指出，老教授有兩個包袱，封建主義的和資產階級的特別是末期資產階級的。事實確是如此。他號召我們趕緊扔包袱，這對我們的自我改造，有很大的幫助。我更感激陳伯達同志，因為他在這個會上指出我的這兩個包袱特別大，給了我以督促和鼓勵。
>
> 「五四」以後，我作了一些中國哲學史方面的工作。當時這方面已很明顯地有馬克思主義和資產階

級的兩條路線。我走資產階級路線，和走馬克思主義路線的中國哲學史家為敵。到抗戰時期，我又搞一套反動的唯心主義哲學體系，自稱為「新理學」，以與馬克思主義對立。這種思想成了當時反對馬克思主義和中國革命的一種思想上的武器，為國民黨服務。

解放後，我對於這個體系，只作了一些皮毛上的批判，它基本上還是原封不動地存在我的心裡。

（下略）

一切潛伏的東西，遇到一定時機，總是要冒出來的。「百家爭鳴」政策提出以後，一切潛伏的東西都以為是「早春天氣」，蠢蠢欲動。我的那套思想，當時也不例外。我以我的那套反動思想作為「百家之一」與馬克思主義「爭鳴」，並用它來「修正」馬克思主義。

去年一月間，北大哲學系召開的中國哲學史討論會上，我發表了一系列的修正主義言論，會後又發表了一系列的論文，提出了一個修正主義的中國哲學史綱領。

我在會上的發言，以後成了右派的有些言論的理論基礎。（下略）

（中略）

在反右派鬥爭中，我逐漸認識到割裂抽象與具體的錯誤。我在哲學上的這種修正主義，實際上是破壞馬克思主義，破壞社會主義建設的。

（中略）

我有一個反動的資產階級思想體系而不把它徹底批判掉，實際上就是有一套與馬克思主義對立的思

想武器，而在解放後，還沒有繳械投降。「械」沒有繳出來，有機會總不免要用一用。況且它是一個世界觀，要用它觀世界，實際上是經常在用，因此這是非常危險的。

經過雙反運動，我決心「繳械」。可是這種「械」不是說「繳」就可以「繳」的，需要經過徹底的批判。現在北大哲學系已經計畫系統地批判我的著作，我也加入這個戰鬥。我相信這個戰鬥一定能夠取得勝利，這個勝利也就是對於我的自我改造的一個很大的幫助。（〈自我改造必須自我批判〉，《光明日報》一九五八年五月二十四日）

在一九五九年寫的《四十年的回顧》中，對於自己的學術道路作了這樣的總體評價：

我在這四十年中，所作所為，絕大部分，都是維護要被否定的趨勢。站在破壞著的、死亡著的、舊的、反革命的東西的陣線上，反抗創造中的、生長著的、新的、革命的東西。我所用的武器，就是哲學思想。在這四十年中間，在中國歷史中最偉大的時期，我有時自覺地，有時不自覺地，在中國哲學界，作了一個逆流的體現者，一名反面的教員。（《四十年的回顧》，科學出版社一九五九年版，第一頁）

馮友蘭寫著這樣的自我醜化的文章時，如果回想起一九五五年他的盲目自得，大概要啼笑皆非的罷。他的「院士」資格沒有被取消掉，可能與他的痛哭流涕的檢討「感動」了決策中樞有一定關係。

小丑型

此類人物的特點是，以自以為有趣的小花臉輕薄面目出現於批胡舞臺。選二人：朱光潛、唐弢。

朱光潛

朱光潛，從他的歷史包袱之重來說，應該是比賀麟、俞平伯更自卑的。然而天下事有不可預料者，他的文章竟不能不歸到小丑類中去。他的文章〈剝去胡風的偽裝看他的主觀唯心論的真相〉（《文藝報》一九五五年第九、十號合刊），寫得較早，胡風還是作為「思想上的敵人」對待的時候。此文純屬報私仇泄私憤之作。

一九五四年，在中國文聯主席團和中國作協主席團為批判《文藝報》而召開的會議上，胡風向《文藝報》提出的意見中，提到了一九五一年該報在朱光潛的無理挑釁面前採取妥協投降態度。為了強調《文藝報》這一錯誤的嚴重性，胡風指出朱光潛抗戰期間出任國民黨中委等投靠蔣介石的政治歷史問題。朱光潛的問題，解放前郭沫若在〈斥反動文藝〉和邵荃麟在〈朱光潛的怯懦與兇殘〉中已經公開揭出，在文藝界早已不是什麼新聞，何況胡風是在內部會議上提出的。不料《文藝報》把胡風的發言全部刊登。朱光潛見了自然滿心不高興，

但一時也毫無辦法。現在，胡風竟然成為欽定的「思想上的敵人」，他的積極性來了。

文章開宗明義的一段就絕妙：

儘管胡風的理論文章是多麼的晦澀，他那一套文藝理論要是剝去了馬克思主義外衣的話，對於我並不很生疏，因為他和我的思想來源只是一個，那就是主觀唯心主義。我願意趁這個機會拿胡風的鏡子照一照我自己，也拿我自己的鏡子照一照胡風。在哪些問題上胡風的看法和我過去的看法是基本相同的呢？

「拿胡風的鏡子照一照我自己，也拿我自己的鏡子照一照胡風」：頗為地道的莫里哀喜劇中丑角的妙語。這裡的關鍵詞語是「我過去的看法」，表明，他現在是已經改造好了的知識分子。現在，就要拿你胡風過去的和現在的思想與我朱光潛過去的思想來一個對比，比出你現在的醜態和我現在的美態了。

接著是三千多字的照鏡子。先看第一「照」：

首先是主觀世界還是客觀世界處在第一位的問題。我過去的看法是主觀第一位，我的思想來源主要地有兩個。一個是克羅齊的「藝術即直覺」說。（中略）第二個來源是立普司的「移情說」。（中略）我把它們接合起來，就變成我的主觀唯心論的美學。

胡風未必直接受過克羅齊和立普司的影響，但是胡風的思想基本上既是主觀唯心論，就不能不與

一切主觀唯心論者有千絲萬縷的聯繫和類似。像克羅齊一樣，他也把文藝活動縮小到作家的創作過程。（中略）在這創作過程中，他也非常突出地強調主觀第一位，客觀第二位。他首先要求作家有所謂「主觀戰鬥精神的燃燒」。這一點燃燒偶然碰上客觀世界某一對象，就「擁抱」那對象而同它「搏鬥」起來，於是有所謂「自我擴張」。（中略）胡風縱然把全套馬克思列寧主義經典都搬了來，也掩蓋不了他在這裡所宣揚的主觀唯心論。（下略）

所謂「把文藝活動縮小到作家的創作過程」，所謂「在創作過程中，他也非常突出地強調主觀第一位，客觀第二位」，這不過是拾「權力派」歪曲胡風思想的唾餘而已。

首先，胡風從來沒有發表過「把文藝活動縮小到作家的創作過程」的謬論。胡風始終強調，創作源自生活實踐。其次，胡風強調主觀戰鬥精神，是以強調作家深入生活實踐為基礎，為出發點，以之提高作家對人民生活的突擊力、擁抱力和把握力。這正是馬克思主義哲學唯物主義有關物質第一性精神第二性，物質是精神的來源這一基本命題的生動運用。這在胡風的〈文藝工作的發展及其努力方向〉一文中有極明確的闡述。「權力派」及其跟隨者一口咬定胡風的「主觀戰鬥精神」論是主觀唯心主義，這種歪曲事情真相的手段，倒是真正的主觀唯心主義。

再看第二「照」：

我過去跟著克羅齊，把藝術看成與直覺相等。（中略）胡風在這個問題上的看法怎樣呢？他始終很明顯地主張文藝只關感性認識。他一則說，「作家本人的思維活動不能超脫感性的機能」，再則說，「到走進了創作過程的時候，思想已經成了被作家所把握的生活內容的脈管或神經，它在作家的精神實感上已經失去了作為思想的形態」。這就是說，在創作過程中，只能有感性機能，不能有思想和邏輯思維。

被朱光潛引出的胡風的兩句話，完全沒有錯。「作家本人的思維活動不能超脫感性的機能」，正是文藝創作區別於理性文字寫作的最基本特徵。「到走進了創作過程的時候，思想已經成了被作家所把握的生活內容的脈管或神經，它在作家的精神實感上已經失去了作為思想的形態」，就是對於前一句話的詮釋。這是說，作家進入創作過程的時候，他的思想是通過感情表達出來的。胡風從未忽視思想的作用。胡風晚年依然強調：「藝術之所以成為藝術的特殊性，即思想是通過感情表達出來的。」（〈略談我與外國文學〉，《胡風全集》第七卷第四十二頁）朱光潛聲稱胡風「把藝術看成與直覺相等」，純屬栽誣。

有意思的是，朱光潛在對胡風的觀點肆意歪曲之後，竟如此武斷地下了結論：「既然肯定了藝術創作只限於感性機能而不能有思想活動，那就勢必如我過去所犯的錯誤一樣，達到文藝創作與政治思想無關的荒謬結論」。朱光潛太會美化自己了。他過去哪裡是達到「文藝創作與政治思想無關的荒謬結論」，他是地地道道地達到了文藝創作與國民黨反動政治緊密相關的結論的。

朱光潛還煞費心機地證明胡風的觀點與「為文藝而文藝」的思想「靠得很近的」。他的鏡子照過來照過

去，竟照出一個公式來，聲稱「胡風的整個文藝思想只消用一個等式就可以包括無餘了」。公式是：

創作過程＝藝術實踐＝生活實踐＝自我擴張＝思想鬥爭＝思想改造＝現實主義的最基本的精神。

這個公式表現了什麼呢？表現了的只是公式創造者本人骨頭沒有三兩重的跳踉。

朱光潛在文章最後說：

總之，剝去胡風的外衣來看胡風，我認為他在文藝上所站的立場和我過去所站的相差並不很遠，都是從主觀唯心主義那個老祖宗傳下來的。所不同者我的主觀唯心主義是赤裸裸的，他的主觀唯心主義是有層層偽裝的；我過去完全站在反動的陣營，胡風據說很早就是站在革命一邊的。因此，我覺得拿自己和胡風相提並論，實在有些高攀。

幸災樂禍洋洋得意之態，躍然紙上：我朱光潛的反動立場已成過去，你胡風的反動立場現在才被揭露，看到底是誰笑到最後！

然而，朱光潛笑得太早了。在歷史這面大鏡子面前，觀眾看到的是把白粉塗在自己鼻子上的小花臉一個。

唐弢

唐弢，早在一九五〇年初，就以批胡先鋒的姿態在他主編的《文滙報》副刊《磁力》上發表了日幹的一篇文章，對《起點》創刊號的發刊詞進行惡毒攻擊，意圖把這個新生刊物扼殺在初生之時。一九五五年，在批胡的大狂潮裡，他更顯出狂熱的積極性，先後發表了大大小小的批胡文章近十篇。在長文〈我所接觸的胡風及其骨幹分子的反革命活動〉中，一口氣惡狠狠地批了胡風、耿庸、梅志、羅洛、梅林、羅飛、冀汸、劉雪葦、彭柏山十個「反革命分子」。文中重提一九五〇年攻擊《起點》發刊詞的舊事，指斥該文是「他們為帝國主義開脫的、反社會主義綱領的一個隱隱約約的輪廓」。僅憑此文，就有資格進入「惡棍型」之列。但他寫的批胡文章中，還有一些既有惡棍型的特色，又充分暴露出小丑型的一面。這裡選出一篇〈論「難為水」〉（《文藝月報》八月號），著重對後一特色加以掃描。全文如下：

唐朝詩人元微之曾經在〈離思〉這個題目下，寫過五首絕句，第四首是這樣的：

曾經滄海難為水，除卻巫山不是雲；
取次花叢懶回顧，半緣修道半緣君。

詩的開頭是說，經過了滄海的洶湧闊大，就不願再做溪壑池塘裡的水；要找雲麼，也只有高在巫山之上，才算得是真正的雲。這是專門為了襯托後兩句：對心目中早已存在的「你」，表示無限「忠貞」的心意。因此這個比喻常常被戀愛病患者所援引，以說明自己的情有所鍾，愛有專注。可是到得後來，也屢見於狹邪小說——就是專寫嫖妓的說部裡，出諸輕薄小兒之口，目的只在於賣弄閱歷，自誇是風流場中的老手，連一點正經的意義都沒有了。

反革命分子胡風也是援引了這首詩裡的成語的。

胡風說：「我是一個『難為水』的人，好像沒有什麼值得奇怪的事情。」（人民出版社：《關於胡風反革命集團的材料》第五〇頁。）他的意思是說，自己早已經歷了「滄海」，看一切都無非如此。不過他的「滄海」並不是元微之所說的那個，也和纏綿悱惻的戀愛病患者所想像的不一樣，比起風月場中的詐欺、凌辱、腐化、墮落來，或者倒有點近似吧，但也還要更複雜，而且具有政治性的罪惡，因為他指的正是那個為反動剝削階級所鍾愛的舊社會——地主、官僚、流氓、特務的天下。胡風是在反革命「滄海」裡鳧泳的老手。他在江西寫過《反共宣傳提綱》，在日本出賣過革命，在重慶「晉謁」過蔣介石，在卑污裡浮沉了一輩子，的確已經不是初下「海」的妓女，而是閱人多矣的老鴇了。在這點上，他向被調至「中美合作所」、便覺得「真的開始做人了」的緣原，賣老資格，誇耀一下反革命的經驗，自然是綽有餘裕的。

這就是他的「難為水」的來歷。

然而，在「難為水」的下面，正像材料的注文所指出的，胡風也埋下了他的卑鄙的陰謀。熟悉上海歷史的人，就會想起妓院裡有的是老鴇的典型。她兇狠，毒辣，一面賣人，一面自賣，為了維持自己的地位，把整個世界都說成和她的妓院一樣，誰要向她申說妓院以外還有清白的女人，她立刻雙手叉腰，兩眼圓睜，披著嘴角罵道：「老娘下流無恥，那個×不賣？誰也不見得乾淨！」她甚至編造故事，誣衊人人都和她是一路，世界上根本沒有良家和閨女。胡風就是用這種「天下烏鴉一般黑」的老鴇「哲學」，誣衊了新社會，誣衊了新社會裡的革命幹部的。根據他從反革命「滄海」裡得來的經驗，人們過去是穿「馬褂」，現在是「把西裝上衣當馬褂穿」，新社會和舊社會一樣，革命幹部和剝削分子一樣。從他的「難為水」的眼光看來，一切依舊，「沒有什麼值得奇怪的事情」。這不正就是老鴇的披著嘴角、含血噴人的口氣麼？

除了賣弄反動經歷、誣衊共產黨領導下的新社會，我以為，胡風的自稱是一個「難為水」的人，在另一方面，倒是透露了反革命的真實心情的。誰都知道，良家不同於妓女，革命幹部不同於剝削分子，新社會不同於舊社會，這個改變不了的客觀真理，胡風是無法把它們混同的。就因為這樣，所以在舊社會，胡風鳧泳於他的反革命的「滄海」裡，只覺得施展裕如，俯仰自得，洶湧闊大的逆流對他沒有一點阻礙，這正是他所緬懷的「盛日」；可是一到了新社會，反革命分子密圖活動的只能是一些小溝淺灘，細流潛川，既狹窄，又曲折，要流吧，簡直有點「難」乎其「為」涸轍之「水」了。從另一角度說，這

也叫做：「難為水」。

但胡風的反革命立場還是十分「堅定」的，決不因「難為」而不「為」。這一股反動社會遺留下來的污水濁流，從三批材料看來，不是還在瘋狂地活動，劇烈地沖激嗎？第一、它到處找缺口，覓窪地，無孔不入地沖進去；第二、匯合積儲，儘量使支流擴展起來，為未來的氾濫「準備條件」；第三、等待著「巫山」上的「雲」，因為雲能化雨，可以給這個將涸的「水」以接濟。胡風雖然沒有引用元微之原詩的第二句，然而前後兩句是分不開的，「除卻巫山不是雲」，正是「難為水」的直接原因。在胡風的筆下，也有一個隱隱約約的「巫山」在。這就是他心目中的「你」，也是他所要表示最大的「忠貞」的對象。

那麼，胡風心目中的「你」究竟是誰？他的「巫山」又在那裡呢？

答曰：是蔣介石，在臺灣。

此文有三大看點。

第一看點：有關「難為水」來歷的奇文。

奇文如是說：「胡風是在反革命『滄海』裡晃泳的老手。他在江西寫過『反共宣傳提綱』，在日本出賣過革命，在重慶『晉謁』過蔣介石」。

這三條「經歷」都是莫須有的栽誣。

首先，胡風壓根兒沒有寫過什麼「反共宣傳提綱」。一九八五年中共中央書記處批准的公安部平反文件對此說予以推倒，就是最有力的證明。這是第三批材料「揭發」的，唐弢在這裡做了第三批材料的應聲蟲，不算奇文。

其次，所謂「在日本出賣過革命」，這是唐弢的天才創作。第三批材料只說胡風「去日本混了一個時候，幹了一些不可告人的勾當」，連一樁揑造的「罪證」也提不出。唐弢卻來個重大補充，曰：出賣革命。惡毒的程度超過了第三批材料。

再次，所謂「在重慶『晉謁』過蔣介石」，「晉謁」二字極惡毒。事實是，一九四三年五月，蔣介石出於籠絡人心的需要，讓張道藩挑選五位左翼人士，予以接見。名單中除胡風外，還有茅盾、沈志遠等。胡風在《回憶錄》中對這次接見有記述：

五月十三日下午三時到中宣部會齊。有茅盾、我、沈志遠和錢納水（有人說共五人，但另一人我記不起來了）。張道藩引我們乘兩部汽車到上清寺某巷蔣的住處（？）。是個別接見。張道藩招呼我進去後，輕聲地向蔣說了些什麼，當是介紹姓名吧。握手後，坐在和蔣隔著小圓桌的單人沙發上。張道藩在靠著蔣的那邊長沙發上坐半邊屁股，手上還拿著一小本做筆記。蔣介石先問是什麼地方人，懂哪種外文，在哪裡留學，等。我說：「在日本留過學。」他說：「是帝大？」我說「是應慶。」他「噢」了一聲，停了一下，說：「應慶是名牌大學啊！好的，好的。」又問我對日本的看法。我回答的大意是，

日本是外強中乾的，以體育為例，球賽吸引著青少年像著了魔似的，但那只能使他們不關心政治，達到愚民教育的結果，在愚民教育下的國民，雖然能被反動政治玩弄於一時，並不能使反動政治最終達到目的。他聽了沒有再問什麼，接著，輕聲地說了一句：「為國家，啊……」點點頭。我以為到此就完了，站了起來，他也站了起來。再握一握手，我轉身走了出來。總共不過兩三分鐘。（《胡風全集》第七卷第五八八至五八九頁）

我當時的心情是：他是統治者，我只是統一戰線中的一分子。在這個原則下，他問什麼我答什麼。不但沒有想到說恭維的話，連謙虛的表情也做作不出來。（同上，五九〇頁）

事後，他向周恩來做了簡單匯報。周恩來對胡風是絕對信任的，所以沒有細問蔣介石問了他什麼，他又怎樣回答的。

關於蔣介石接見一事，可能是被接見者還有茅盾等人，第三批材料不便做文章，隻字未提，而唐弢卻來個重大補充，妄圖造成胡風與蔣介石關係非同一般的假像。惟恐整不死胡風之心，太明顯了。

這段批胡奇文的末了，還對綠原捎了一筆：「被調至『中美合作所』」的。表明唐弢對第三批材料真是吃得透透的了。可惜綠原壓根兒未去什麼「中美合作所」，使得唐弢不能不成為可恥的誹謗的應聲蟲了。

從這部分的文章看，唐弢應屬「惡棍型」人物。但第二部分的奇文改變了他的身分。

第二看點，所謂「新社會和和舊社會一樣，革命幹部和剝削分子一樣。從他的『難為水』的眼光看來，一切依舊，『沒有什麼值得奇怪的事情』。這不是老鴉的披著嘴角、含血噴人麼」。

這是全文精華所在，不可輕易放過。

唐弢聲稱，「新社會和和舊社會一樣，革命幹部和剝削分子一樣」這一論斷，是根據《關於胡風反革命集團的材料》第五〇頁的揭發而來的。那一頁登的是一九五〇年四月十六日胡風給綠原的信。現轉錄如下：

> 我是一個「難為水」的人，好像沒有什麼值得奇怪的事情。我們這個社會太老了，有些人，換裝也還是找老習慣換，一眼就看出他們還是把西裝上衣當馬褂穿。二四八月亂穿衣，看看他們展覽奇裝異服罷。用不著鄒詩人操心，誰也看得出來的。至於我，因為有一點經驗，聞一聞空氣就早曉得要下雨的。但我看，第一炮之後，問題已經不完全在周老闆，看看董事會作何估計罷，他是非得看董事會的臉色不可的。但當然，還得看看對手，還得看看群眾反映。但董事會無內行專家，又要自己人不丟臉，又不明實況；群眾反映不出來；對手呢，已經裝死躺下了。問題就是如此。不過，我看他們自己怕也覺得弦上之箭發得太快，太猛，過早地暴露了陣地，有點不容易搞罷。這些時，就在積極方面提拔什麼，消極方面罵罵雞，表示他們不是專做這個方面的箭手，也分散分散群眾底注意。也可以說，梅兄啟事是救了他們一手的。

有編者的注釋：

【我是一個「難為水」的人……】唐朝元稹有這樣一句話：「曾經滄海難為水」。普通用來表示經歷很多。胡風在這裡用這個成語，目的在於誣衊新社會和新社會的革命幹部。他接著就說人民民主革命已經成功的新社會還是一個「太老」的社會，新社會的革命幹部也還是和舊社會的人完全一樣。「把西裝上衣當馬褂穿」，就是他的誣衊的一種比喻說法，意思是說革命幹部表面上和舊社會的人不同了，實際上還是一樣。【鄒詩人】指鄒荻帆同志。鄒曾寫信給綠原，叫他勸胡風檢討。【第一炮】指一九五〇年三月《人民日報》發表陳湧、史篤同志對胡風分子阿壠的批評。【周老闆】指周揚同志。【董事會】胡風對中共中央的污衊的代稱。【梅兄】指陳守梅，即阿壠。一九五〇年三月《人民日報》發表陳涌、史篤批評他的文章後，他曾給《人民日報》編者寫過一封信承認他歪曲地引用馬克思著作的譯文的錯誤。這裡所說的「啟事」就是指《人民日報》發表的阿壠的信。

一共六條注釋。結合第二條到第六條注釋，很容易知道胡風給綠原信的原來的意義。胡風分明是針對《人民日報》發表陳湧、史篤的文章攻擊阿壠這件事，表示了自己的憤慨。「我們這個社會太老了，有些人，換裝也還是找老習慣換，一眼就看出他們還是把西裝上衣當馬褂穿。」——這裡的「有些人」，指的不是別人，就是陳湧、史篤以及周揚。從胡風的信裡，無論如何得不出「誣衊了新社會，誣衊了新社會裡的革命幹部」的結

論，無論如何得不出「新社會和舊社會一樣，革命幹部和剝削分子一樣」的結論。唐弢的這個嚇人的論斷並非他的創造，原來是從第一條注釋中剽竊過來的。第一條關於「我是一個『難為水』的人……」的注釋聲稱：「胡風在這裡用這個成語，目的在於誣衊新社會和新社會的革命幹部……新社會的革命幹部也還是和舊社會的人完全一樣」等等，統統是對胡風原意的歪曲。《人民日報》編者，用自己的第二條到第六條注釋，戳穿了自己的第一條注釋的虛妄，使得第一個注釋露出了騙人的馬腳。自己打自己耳光，暴露了注釋者無可救藥的低能。唐弢比《人民日報》的編者聰明多多，他乾脆不援引完整的原文，只擇其需要來個掐頭去尾的摘引，避開了讓《人民日報》編者出醜的文句和注釋，以之矇騙讀者。

為了說明「胡風在這裡用這個成語，目的在於誣衊新社會和新社會的革命幹部」，誣衊「新社會和舊社會一樣，革命幹部和剝削分子一樣」，唐弢異想天開地把妓院裡的老鴇請出來幫他的忙：「她兇狠，毒辣，一面賣人，一面自賣，為了維持自己的地位，把整個世界都說成和她的妓院一樣，誰要向她申說妓院以外還有清白的女人，她立刻雙手叉腰，兩眼圓睜，披著嘴角罵道：『老娘下流無恥，那個×不賣？誰也不見得乾淨！』她甚至編造故事，誣衊人人都和她是一路，世界上根本沒有良家和閨女。胡風就是用這種『天下烏鴉一般黑』的老鴇『哲學』，誣衊了新社會，誣衊了新社會裡的革命幹部的。」用老鴇來作比喻已屬異想天開，而對於老鴇形象維妙維肖的描繪，更是奇中之大奇。可惜唐弢這篇文章只發表在刊物上，如果讓他在批胡的大會場上來一個帶表情的朗誦，當他模擬著老鴇的摸樣「雙手叉腰，兩眼圓睜，披著嘴角罵道：『老娘下流無恥，那個×不賣？』」之時，台下觀眾該怎樣掌聲雷動，高呼「再來一個」啊！然而，即使像現在這樣的見之於文字，唐弢

的那一副低級下流、肉麻當有趣的小丑嘴臉，也已表現得窮形極相了。唐弢在他的文章開頭對狹邪小說有一句評論：「狹邪小說——就是專寫嫖妓的說部裡，出諸輕薄小兒之口，目的只在於賣弄閱歷，自誇風月場中的老手，連一點正經的意義都沒有了。」這段話，簡直就是夫子自道。

第三看點：博引元微之的詩做出的臭文。

唐弢的文章做到「老娘下流無恥，那個×不賣？」，已臻高潮，原應趁好收場的；不料他還來了一段「難為水」之外的文章。他聯繫了元微之《離思》中的第二句「除卻巫山不是雲」，生拉硬扯地提出「胡風心目中的『你』究竟是誰？他的『巫山』又在那裡？」的怪問來。他做出的答案是：「是蔣介石，在臺灣。」唐弢自以為這個結尾頗妙，其實弄巧成拙，是一段臭文。

六月十日公佈的第三批材料編者按，指出胡風是「蔣介石國民黨的忠實走狗」；到了六月二十日出版的《關於胡風反革命集團的材料》，這一按語由最高權威親自作了修改，改為「帝國主義和蔣介石國民黨的的忠實走狗」。唐弢此文寫於七月份，理應知道最高權威已對按語作了重要修改；可是他竟然茫無所知，還是把胡風的「主子」僅僅定位為「蔣介石」，把帝國主義最大頭目美國的艾森豪輕易放過。表明他根本沒有認真學習新版的編者按語。緊跟不力，當場出醜：臭！

綜評

舞臺上的小丑演員有兩種：一種是，以自己出神入化的演技讓觀眾笑他扮演的角色；一種是，以低級庸俗的演技逗引觀眾笑他自己。批胡舞臺上的小丑型人物，都屬於第二種小丑演員。他們用自己的肉麻當有趣的演技逗引讀者笑他們自己，卻還自以為演技高超，效果不錯。朱光潛如此，唐弢如此，還有一些這裡未加掃描的油腔滑調的詩的作者，如沙鷗之流，皆如此。

無賴型

此類人物，都是些自我奮鬥了多年奮鬥不出個名堂來的低能兒。在批胡運動中為了表現自己的積極，寫出一些令人作三日嘔的批胡文章，把自己的沒出息歸咎於胡風。十足的無賴。這裡選的胡滲，是這類人物中的佼佼者。

胡滲

胡滲，這個名字顯然是假造的，含義甚明：被胡風散佈的毒素滲透了骨髓的受害者。他的文章題為〈我要控訴胡風〉（《文藝月報》一九五五年五月號），就表明了取這個假名的用意。此文發表於舒蕪〈關於胡風反黨集團的一些材料〉還未發表之時，是把胡風作為「思想上的敵人」對待的。文章開頭就頗有意思，不妨摘錄下來共同欣賞：

我今年卅四歲，正是生長在祖國偉大時代激變之中的一個青年。遠在一九三八年，正是我十七歲的時

候，就喜讀些革命文藝作品，並受到一定影響，使我能夠憧憬著革命，從祖國東南的江海之濱，跑往抗日民主革命聖地——延安去學習。可是，在這十八個漫長、戰鬥的年歲裡，我不僅在文藝上沒有得到絲毫成就，而且在追求革命的道路上曾經動搖過，做過可恥的逃兵，甚至一直到今天，我的思想還沒有獲得徹底改造。在文藝上沒有什麼成就，倒不使我十分懊惱，而在革命中的損失，以及今天的思想仍然落後，就不能不是一件十分痛心的事。其所以如此，當然首先由於自己是個小資產階級出身的青年學生，覺悟不高，才犯下這樣嚴重的錯誤。但我也不能不說出這樣一個事實，由於胡風先生披著馬克思主義外衣的文藝理論，假借著魯迅的旗幟，對我當時一個剛出校門的幼稚的愛好文藝的青年，燙上了很深的烙印，給予了極深的毒害的影響。縱然像胡風先生這種自以為了不起的「大人物」，決不會認識我這個無名無聞的青年，也決不會知道我這個無名無聞的青年曾吃過他多少苦頭，走過多少冤枉路。但是我一定要從自己切身的體會中，把胡風錯誤文藝思想給予我毒害的影響說出來，作為對他沉痛的控訴，也作為對自己覺醒的開始。我相信：通過我的一些具體事例，多少可以證明胡風歷來的文藝理論不僅不能真正指導和幫助初學文藝的青年，而且還會影響到青年葬送革命的前途。我更相信，類似我這樣受過胡風文藝思想毒害的，決不止我一個人，也愈加使我感到有控訴的必要。

胡風可謂罪大惡極，居然把一個如此一心向上的青年，毒害成一個沒出息的人物。他胡滲十八年來文藝上沒有得到絲毫成就，甚至成為可恥的革命逃兵，直到現在還是一個沒有改造好的臭老九，胡風真是罪無可逭，

罪該萬死。

根據胡滲的控訴，他解放前曾經做過兩次革命隊伍中「可恥的逃兵」。而這兩次「可恥」，都是受胡風的文藝思想毒害所致。

第一次的情況。一九三八年去延安的途中，他的一位老師借給他閱讀了胡風的一個小冊子《文學與生活》和一篇文章〈略論文學無門〉。從胡風的文章裡他中了毒。他在陝北公學學習了一個半月就結業了，一心想投考魯迅藝術學院，由於基礎太差未被錄取。這時胡風在文章中宣揚的思想對他起了作用，他離開了延安，成為「可恥的逃兵」。毒害他的胡風文藝觀點究竟是什麼呢？原來是胡風強調了作家在生活中創作主體的能動作用。胡滲還以東平的一段話為例，說明「不要說像我這種幼稚的剛出學校的青年會受欺騙，就是不論在政治上文藝上比我強過多少倍的丘東平同志，也有同樣的看法」。意思是，連東平這樣不論在政治上文藝上比他強得多的人也不免受胡風的欺騙。胡滲如果不舉東平來證明他的控訴，還可以迷惑不明真相的讀者，他舉出東平，使自己的控訴立刻成為笑談。人們不能不問，既然胡風的文藝觀點具有毒害作者的極壞作用，那為什麼接受了胡風觀點的東平能夠堅持戰鬥在江南革命根據地而沒有成為「可恥的逃兵」呢？既然胡風的文藝觀點具有毒害作者的極壞作用，為什麼東平能夠寫出像《一個連長的戰鬥遭遇》這樣撼人心魄的傑作呢？東平的例子不正說明胡風的文藝觀點無比正確嗎？胡滲的栽誣不需要別人去駁斥，他自己用東平的例子就把自己駁倒了。

從胡滲的敘述可以知道，他當初的奔赴延安，動機就很成問題，是抱著進魯迅藝術學院達到成名成家的個人主義目的的。魯迅藝術學院沒考取，個人主義成名成家的希望落空，立刻做了「可恥的逃兵」。他成為「可

恥的逃兵」，唯一的原因，就是他自己的嚴重的個人主義欲求得不到滿足。當年，抱著個人主義目的去延安的青年不在少數，但是，他們都在黨的教育下，在革命洪爐的鍛煉裡，逐漸擺脫個人主義思想，在不同的革命崗位上成為革命戰士。像胡滲這樣的「可恥的逃兵」，只是少數。對於這種可恥的行徑居然有臉公開亮出來，作為控訴胡風的資本，還說什麼：「如果說我一生中犯過很多錯誤，那麼這個錯誤是第一次，也是致命的，而且外來的因素也是較大的。同時今天也可以告訴胡風先生：從我十多年真實的歷史中，切身的體驗裡，我聽了你的話，是走錯了道兒，我沒有得到絲毫的成就。」天下就有這樣卑鄙無恥的東西！

第二次的情況。一九四一年，由於他所在的演劇隊被反動派解散，他到了蘇北解放區。但到一九四三年底，正是敵我鬥爭緊張的階段，他又做了「可恥的逃兵」，回家埋頭讀書，埋頭創作去了。這次據說是胡風的「明白地宣傳著戰爭生活已成為作家的負累了」的話起了決定性的作用。他摘引了胡風的原文：「戰爭變成了持續的日常生活，文藝家就要在經營一種日常生活。……這就有了被日常生活包圍、疲乏、腐蝕、俘虜的可能……結果當然會引起主觀精神底衰落，同時也就是對於客觀現實的把捉力、突擊力的衰落。」胡滲聲稱，就是胡風這段話，使他「開始認為戰爭是會妨礙、限制文藝工作者的發展」的，因而決定再作逃兵，關起門來多讀一些書，多進行一些創作練習的。

胡風那句被指為引導胡滲又一次成了「可恥的逃兵」的話，見〈文藝工作的發展及其努力方向〉一文。請看胡風的完整敘述：

既然戰爭成了持續的日常生活，文藝家就要在經營一種日常生活的情況下從事創作，或者為了從事創作而勉力地經營一種日常生活。進一步看，文藝家所經營的日常生活，供給他的精神營養，影響他的精神狀態的日常生活，並不是能夠誘發創造力的的廣大的戰鬥生活，而是能夠痲痹創造力的狹小的沉滯生活，這就有了被這種日常生活包圍、疲乏、腐蝕、俘虜的可能。再聯繫到思想限制和物質生活的困苦這雙重的重壓，這個可能就更大了。

結果當然會引起主觀戰鬥精神的衰落，主觀戰鬥精神的衰落同時也就是對於客觀現實的把握力、擁抱力、突擊力的衰落。（《胡風全集》第三卷第一七八頁）

胡風說得清楚不過。由於戰爭的長期化，國統區的一些作家陷在「日常生活」中。這種「日常生活」與「能夠誘發創造力的廣大的戰鬥生活」是完全不同性質的，是只能「痲痹創造力的狹小的沉滯生活」。陷在這種「日常生活」裡的作家，只能導致「主觀戰鬥精神的衰落」，導致「對於客觀現實的把捉力、擁抱力、突擊力的衰落」。這不是明明白白要求作家從狹小的沉滯生活裡擺脫出來，投身廣大的戰鬥生活嗎？哪有半點「戰爭生活已成為作家的負累了」的意思！胡滲竟指稱胡風的意思是戰爭是會妨礙、限制文藝工作者的發展的，不是卑鄙惡毒的栽誣又是什麼！

更有必要指出的是，胡風這篇文章寫出的時間是一九四四年四月十三日，發表的日期是這年五月。胡滲說，他受胡風此文的影響第二次成為「可恥的逃兵」，時間是一九四三年底。一九四三年底，胡風的這篇文章

遠未問世，胡滲居然會受到一篇遠未問世的文章的影響，豈非活見鬼乎！

把胡風沒有的觀點栽到胡風身上，又把胡風根本還沒有寫出來的文章說成是引他走入歧路的毒草，這是雙重的誹謗，也是雙重的卑鄙！

胡滲除了把當了兩次「可恥的逃兵」的責任歸之於胡風外，還把寫不出像樣的作品的責任，亦即不能成名成家的責任，歸之於胡風。更妙不可言的是，他居然還把被日寇逮捕，在獄中只知道反覆默念自己寫過的詩句，也歸罪於胡風。他如是控訴：「設想一下：要不是新四軍力量一天天壯大，最後迫使敵人撤出據點，把我們釋放出來，我整天坐在監牢裡叨念的主觀戰鬥精神又有什麼用處？豈不是早就送了命或當了奴隸？如果當時人民群眾也都像我這樣，又有什麼力量打倒敵人，解放全中國啊？」-幸虧胡滲沒有送命，更幸虧全中國大陸終於解放，要不，胡風得為胡滲送命負責，得為全中國人民不得解放負責。如此彌天大罪，雖槍斃一百次一千次一萬次也不能抵其罪於萬一了。

這倒使我想到一句民諺：虎落平陽被犬欺。

胡滲寫這篇控訴之時，舒蕪的〈關於胡風反黨集團的一些材料〉還未出籠，但舒蕪從一九五二年起就熱中於反戈一擊的行動，顯然對胡滲具有很大的誘惑力。他的這篇控訴，就是仿效舒蕪的反戈一擊，意圖一舉飛黃騰達，改變他長期沒沒無聞的沒出息的處境。可是他沒有注意到，舒蕪的反戈一擊能夠得到當權者的重視，是由於舒蕪掌握大批胡風給他的「密信」。胡滲有這些密信嗎？僅憑當過兩次「可恥的逃兵」的一點光榮歷史，是賣不出價錢的。

惡棍型

惡棍，正確的寫法是：惡「棍」。惡毒的打手，並非指社會上的流氓無賴之流。語出擔任中宣部部長時的胡耀邦：「多少年來，我們黨內有那麼一些棍子，經常打人，我們黨內有好一批棍子，不是好棍子，而是惡棍。」（轉引自馬沛文《魚雁集》，新風出版社版，第三八七頁）

劉金

此人當時是新文藝出版社現代文學編輯室主任。一九五五年頭六個月一口氣寫了十篇批胡文章：批「思想上的敵人」的五篇，批「政治上的敵人」的五篇。在上海的批胡幹將中，文章數量之多，僅次於姚文元。是上海出版界赫赫有名的批胡幹將。此人最下流的一手便是所謂「揭發」「隱私」。他以同一些「分子」曾在新文藝出版社一起工作因而對他們極有瞭解的姿態，出來揭發，把一個個尿缽子扣到「分子」頭上。這樣的文章不能選，我不能替他散佈那種下流的流言。這裡選一篇〈對誰有「功」？〉（《感情問題及其他》，新文藝出版社一九五五年九月版），略加掃描。

此文寫於第三批材料發表之後，胡風和他的友人已被扣上「蔣介石國民黨的忠實走狗」的大帽。劉金善於緊跟，文章提出的命題就是：「胡風反革命集團」所作所為對蔣介石有功。是替第三批材料補充「罪證」的。

他從三個方面補充「罪證」。

一、作品

他舉出路翎的兩篇短篇小說。一篇是〈英雄與美人〉。罪狀：「路翎在諷刺一個『知識青年軍』士兵的同時，卻無恥地說蔣介石是『最光榮』的人物！」

這是十足的栽誣。

原作是這樣：在一輛長途公共汽車上，兩個「穿著西裝的、高雅的客人」，談論著抗戰勝利後的局面——

那比較瘦的、戴眼鏡的一個說，八年抗戰真是叫人疲倦了，他覺得《大公報》底社論說得真好！不過他有一個疑問，就是，在勝利了的今天，中國人裡面，誰最光榮呢？

「那當然是蔣主席蔣先生他老人家咯，」那比較胖的一個，陶醉地笑著；用異常溫柔的聲音說，恰如人們在說著什麼心愛的時候一樣。

那比較瘦的一個說，這自然是沒有問題的。……

任何理解力正常的讀者都會看出，路翎分明是用了不勝鄙夷的態度寫了那兩個「高雅的客人」的，分明是用了不勝鄙夷的態度寫了那個比較胖的一個對蔣介石的吹捧的。劉金竟然聲稱路翎「無恥地說蔣介石是『最光榮』的人物』」。究竟是誰無恥，還須多說嗎？

劉金舉出的另一篇作品是〈翻譯家〉。罪證是：「把在中國的土地上橫行霸道的美國兵寫成是一個十分善良的人物」。

這同樣是十足的栽誣。

作品中的那個美國兵，是抗戰時期來到中國參加共同的反法西斯戰爭的。他們是中國人民的盟友，軍紀嚴明，絕大多數表現是好的。「在中國的土地上橫行霸道的」，那是國民黨反動派發動內戰時來到中國的美國兵，與二戰時來華參戰的美國兵有質的不同。劉金把抗日戰爭時的盟軍說成是「在中國的土地上橫行霸道的」，日本戰犯知道了該鼓掌歡呼了！

他又舉出胡風的文章：「他在他的文章裡非常惡毒地罵過共產黨員，進步作家，卻沒有一字半句罵過蔣介石和張道藩」。

「非常惡毒地罵過」，沒有提出一條事實。這表明他除了舒蕪〈關於胡風反黨集團的一些材料〉裡捏造出的例子外，自己捏造不出新的例子來。太低能了。

「卻沒有一字半句罵過蔣介石和張道藩」，只須舉出兩個例子就夠了。

一九三七年六月，〈思想活動的民主性問題〉：

思想活動的必要的前提當然要歸結到爭取集會結社的自由，言論出版的自由上面。所以，如果把思想活動上的困難叫做「危機」，那原因當然是由於思想活動的干涉和束縛。一方面，想用政治的法律的力量達到「思想統一」的局面，從這招來了思想活動的僵硬，一方面，活生生的聲色蓬雜的生活現實在思想活動上得不到反映，從這招來了思想活動的貧困。這是多年來的實際情形，也就是今天的思想工作者非首先衝破不可的難關。（《胡風全集》第二卷第四八三頁）

文章鋒芒指向不夠明顯嗎？這是「沒有一字半句罵過蔣介石和張道藩」嗎？

一九四一年一月四日，〈《七月》編校後記〉：

封面上的木刻是「無題」，但其實那是應該有題的，因為那時Zweig的作品Amok的插圖之一。因為沒有讀過Amok，所以也就說不出這畫面所表現的意義了。一個被刑了的死者（我們也叫他「人之子」罷），兩個人在哀悼，下面是一個莊嚴的武士，後面是同樣莊嚴的教堂。這受刑者，是「罪有應得」呢？還是無數的抱著「千古沉冤」的一個？這只有把內容知道清楚了，也就是讀過了Amok，以後才能夠知道。世間上有許多事得加以研究，不能僅僅相信「判決書」或「輿論」的。（《胡風全集》第二卷第七〇〇頁）

一九四一年一月，正是震驚中外的皖南事件發生之後，周恩來在《新華日報》的題詞表達了中國共產黨的

最嚴正抗議：「江南一葉，千古奇冤，同室操戈，相煎何急！」對照這一現實，胡風在「編校後記」中的話，其針對性不是十分明顯嗎？這是「沒有一字半句罵過蔣介石」嗎？

僅僅兩例，劉金的謊言立破。

二、刊物

劉金補充「揭露」：「他們正是把辦刊物作為他們向共產黨『作戰』和丟『集束手榴彈』的『陣地』的。當然他們為了欺騙人民，總得偽裝進步，他們的刊物，也和他們的人一樣，是『紅蘿蔔』」。「胡風集團辦過許多這種『紅蘿蔔』雜誌，對天真的讀者招搖撞騙，破壞革命」。

可惜的是，他的這個揭露只是重複了舒蕪〈關於胡風反黨集團的一些材料〉裡的濫調，並沒有補充一點新的東西。低能！「偽裝進步」，倒是有的，那就是舒蕪。他在〈從頭學習《在延安文藝座談會上的講話》〉中坦白，他寫〈論主觀〉等文是由於自己的資產階級個性解放要求被馬克思主義壓得喘不過氣來，所以故意披著馬克思主義的外衣來反一反馬克思主義。按照他的自我坦白，他確是偽裝進步。胡風那時嗅覺太遲鈍，眼睛太瞎，沒有看出此人的真相，發表了它。但，這一情況僅僅出現在舒蕪的場合，其他作者並非如此，沒有一個是偽裝進步的。他們在解放前遭到國民黨反動派的政治迫害，就是最有力的證明。

今天，當一切真相已經大白，我們不禁驚奇地發現，劉金扣在胡風們頭上的帽子，諸如「欺騙人民」、「對天真的讀者招搖撞騙」等等，戴到他自己的頭上倒是最合適不過的了。

三、培養作家

劉金如是「揭露」：「說到培養青年作家，胡風的確『培養』了不少，但那是些怎樣的「青年作家」呢？從已揭露出來的材料中可以看出，那些所謂『作家』，實際上是一批忠實地追隨胡風的反革命分子」。他根據三批材料一口氣點了九個「分子」的名字。可能有人認為，劉金只給這些「分子」扣上些「特務」「反革命」之類的帽子，卻沒有擺出任何具體罪證來，顯出黔驢技窮之態。這就知其一而不知其二了。劉金的這幾篇東西是作為批胡的系列文章而出現的，在前幾篇文章中，他已經以「黑幕文學」的筆墨對好幾個「分子」的反動面目作了繪聲繪色的描述了，只要把它們同這一篇聯繫起來讀，就知道這位批判家含血噴人的本領了。

劉金在文章裡特別指出：「被胡風培養出來而且已經判了刑的特務反革命分子就有逯登泰和莊湧兩個。」這是告訴人們，這兩個特務反革命是胡風培養的。首先，莊湧就不是特務反革命。第三批材料對莊湧作了這樣的揭發：「地主反革命分子。當一九四六年解放軍一度撤出他的本鄉江蘇省邳縣時，他私設公堂拷打農民，實行倒算，逼死農民多人。」可惜的是，編者的這番努力經不起稍稍認真的推敲。據松下子、華秋實二位有心人九十年代到莊湧家鄉調查，證明當年「私設公堂拷打農民，實行倒算，逼死農民多人」的，是隨國民黨軍隊還鄉的兩個本家侄子。莊湧不在現場，也未幕後指使。（參看松下子〈「七月」中人〉和華秋實〈莊湧，如今還活著〉，程榮華編《莊湧和他的詩》，中國文聯出版公司一九九七年版）倒是莊湧坐了二十年大牢，蹲了四年勞改農場，精神分裂症至今不愈，晚景淒慘。這，才是血淋淋的歷史真實。什麼「地主反革命分子」，全是莫須有的栽誣！

至於逯登泰的情況，七月派詩人冀汸一九九三年十二月十二日給我的信裡有一段介紹，不妨錄在下面：

> 抗戰後期，馬步芳選派一批青海籍青年到「大後方」進入高等院校就學，逯登泰就是其中之一。他進入復旦新聞系。與我們的接觸中，覺得他熱情好學，敬仰魯迅、胡風。他只參加校內的進步文學活動，避開爭民主的政治鬥爭。他的解釋是：「我是馬步芳選派的，不能讓他抓住把柄，否則不是我一個人的問題，而是全家性命的問題」等等。一九四九年（也許是五〇年）畢業，入黨，回西寧創辦《青海日報》。後來（大約五三年），青海馬部餘孽進行武裝破壞活動，查出逯與他們曾有組織聯繫，被捕；他因沒有參加破壞活動，只判刑八年（其餘案犯均處死）。以上，係「胡風案」發生前知道的情況。「胡風案」平反後，我曾打聽他的下落，據云已去世。獄中死的抑或刑滿後死的，不詳。未平反。

胡風與逯登泰有聯繫，是在解放前逯登泰還在復旦大學讀書的時期。即使後來的判刑是正確的，那也不能說逯登泰解放前就是特務反革命分子，更不能說這個特務反革命是胡風培養的。胡風對某些青年作者感興趣，只是以對方當時的表現為依據的；他不能為對方日後的行動負責。逯登泰後來還入了黨，難道可以說是黨組織培養出了這樣一個特務反革命的嗎？

歷史以無可辯駁的力量證明，在中國新文學史上，還沒有一位作家像胡風那樣，培養出那麼眾多的高水準的青年作家的。至於極個別後來出了問題，那是胡風不能負責的。

什麼「對蔣介石有功」！劉金顛倒是非的惡毒中傷才真正是對蔣介石有功。

在收輯了這些文章的集子《感情問題及其他》（新文藝出版社一九五五年九月版）的〈前記〉中，劉金聲稱：「在文藝戰線上，我只是一個民兵。」太謙虛了。明明是上海市出版系統赫赫有名的頭號批胡幹將，怎麼會「只是一個民兵」呢？

袁水拍

袁水拍，《人民日報》文藝組負責人。反胡風運動中，中共中央宣傳部和公安部組成專案組，其中負責文字材料的五人小組，成員為：林默涵、劉白羽、袁水拍、郭小川、張光年。第二批和第三批材料的整理人，就是他們。袁水拍和郭小川在緊張工作之餘，還寫了一些諷刺小品和不少諷刺詩，都極惡毒。這裡選袁水拍的一篇小品〈慌了手腳的蔣匪幫宣傳員們〉（《人民文學》一九五五年七月號）。全文照錄，隨錄隨評：

胡風反革命集團的破獲，一整批帝國主義國民黨忠實走狗的被揭露，是敵人的一大失敗，是中國人民的一大勝利。（葉按：實際情況是，把傑出的革命作家胡風及其友人作為「反革命集團」給以殘酷打擊，是決策中樞的一大失誤，中國人民的一大災難。）

中國人民不論在生產戰線上還是在其他戰線上的任何一個勝利，都使蔣介石匪幫增加一分悲痛，何況是這樣一個偉大的勝利。胡風匪巢的覆沒，以及由此而引起的其他一切暗藏反革命分子的暴露，等於打在蔣介石背上的沉重的一擊！（葉按：把堅決反對蔣介石的胡風及其友人當作反革命打，這種自毀長城之舉，蔣介石只會高興，何來沉重的一擊！）

當胡風問題剛剛揭開、胡風集團的三十萬字上書剛公佈的時候，臺灣和香港的蔣賊報紙、雜誌和電臺，正同那時候的胡風分子們一樣，不禁「為樂觀所蔽」，表現了難以抑制的歡欣和鼓舞。（葉按：把一份向黨中央申述意見的報告作為反面材料拋出，號召群起而攻之，這給胡風帶來莫大的打擊，哪裡會有什麼「難以抑制的歡欣和鼓舞」。胡風說的「為樂觀所蔽」，是指一九五四年十月在中國文聯主席團和中國作協主席團聯席擴大會議上的發言。他誤以為當局有意以《文藝報》事件為突破口對文藝問題進行徹底整頓，因而在會上做了不該做的發言，導致陷於被動。袁水拍在那次會上還為阿壠是否特務的問題同胡風進行爭論，怎麼會忘得這麼快呢？他為了把臺灣的態度說成同胡風一樣，所以不惜對事實做一點歪曲。用心夠苦的。）在他們的骯髒的篇幅上，連篇累牘地塞滿了讚揚胡風的文字垃圾。他們對胡風的反黨、反人民、反革命的綱領，狂熱地加以歌頌，認為是「讜論」，「確實有道理」，「一針見血」，甚至高呼：「向胡風表示歡迎！」什麼胡風「有膽量，有勇氣，有思想」啦；什麼胡風「有批判，有根據，也有影響性」啦；什麼胡風「已經根本否定了黨（指中國共產黨）的領導」啦；什麼胡風有「絕大勇氣」，「有膽有識」「很值得佩服」啦……那種興高采烈、手舞足蹈的神氣，真可謂直透紙

背了。（葉按：蔣介石一夥就是要看中國共產黨的笑話。現在把他們的敵人胡風當作他們的走狗打，哪有不「興高采烈、手舞足蹈」趁機瞎起哄之理。「向胡風表示歡迎」者，故意氣氣我們當局的。我們主動供應給他們子彈，他們又何樂而不用之？不用白不用！）

可是，他們的「好景」也真太「不長」。那個大陸上的潛匪既沒有「樂觀」多少天，不一會就發覺自己「冒進」，以致「感到了悔恨性的內疚」，表示「愧對」他的徒子徒孫的「戰鬥者們」；那些「海外寓公」舉起望遠鏡看見他們的一整批爪牙像洞裡的老鼠一樣被挖出來，也就跟著大失所望，大放悲聲了。他們的腔調就變成了什麼「陷害」「無辜」呀，什麼「成為冤鬼」呀，什麼「怵目驚心」呀，什麼「寧有倖存之理」呀……一片哀悼之詞，說得聲淚俱下，有的甚至在替胡風請求「慈悲地放鬆一步」了。（葉按：蔣幫一直在進行反共宣傳，說什麼大陸知識分子沒有言論自由。這次把「胡風反革命集團」案搞得驚天動地，蔣幫自然要利用這個千載難逢的機會製造輿論，呼喊什麼「陷害」「無辜」，以證明大陸的知識分子確無言論自由了。蔣幫是決不會對胡風有什麼同情之心的，他們關心的是進行反共宣傳。）

多麼息息相關呀！胡風「樂觀」，蔣匪幫就「歡迎」；胡風「悔恨」，蔣匪幫就「驚心」；胡風集團要被徹底粉碎，蔣匪幫就焦急地為之呼冤。胡風集團和蔣介石匪幫的關係的密切難道還不夠清楚嗎？胡風生怕自己的反革命集團被發覺，在同他的嘍羅寫密信時，囑咐他們不要承認有組織，「誰也不跟誰穿連襠褲」。他之所以要這樣囑咐，難道不正是因為他們穿的是「連襠褲」嗎？現在從蔣匪宣傳員們的

叫囂中，更可以看出，胡風和臺灣穿的也是「連襠褲」。（葉按：蔣幫與之息息相關的並不是真正的胡風，而是被決策中樞給以妖魔化了的「胡風」。沒有想到善於製造「帽子」的袁水拍還善於製造「連襠褲」，堪稱不可多得的多面手。）

樂極生悲，此話不錯。一陣高興之後，緊接著是一陣悲痛；一陣悲痛之後，立刻是手忙腳亂，企圖對潛匪們作萬一的挽救。到二、三批〈材料〉公佈後，匪幫的宣傳機器，已經開始從第一樂章《歡樂頌》，第二樂章《光榮贊》，唱到末一章《安魂曲》了！（葉按：袁水拍描繪的蔣幫的行動，頗合乎敵人的搗亂——失敗——再搗亂——再失敗的規律。但是他卻犯了一個嚴重錯誤：胡風的《歡樂頌》，頌的是中國共產黨和毛澤東；《光榮贊》，贊的是各條戰線的勞動英雄；《安魂曲》，安的是革命先烈的英魂。袁水拍居然把它們用來比喻頌蔣幫，贊蔣幫，安蔣幫之魂。讀者如果沒有注意到此文的作者是袁水拍，則必將認為這是什麼壞蛋對中國共產黨和毛澤東，對新中國的勞動英雄，對為革命獻身的先烈的惡毒污衊了。）可是怎麼一個「安」法呢？

為了「安魂」，他們也就顧不得前言不對後語，也就顧不得這人說的同那人說的矛盾。他們彼此「更正」，互打耳光，七嘴八舌，亂成一團。一個剛說過胡風集團是「擁護本黨（指國民黨）主義的」「反共力量」；一個馬上加以糾正：胡風「絲毫沒有反共的念頭」，「我們決不能把胡風看作是『反共』的」。一個剛說過胡風集團「基本上」「站在民主立場（指蔣匪幫立場）說話」；一個又趕快說「胡風擁有嚮往於『半自由』的老共產黨員，老解放軍，老文化戰鬥員」，企圖一面惡毒地污衊我們，

一面繼續替胡風披上偽裝，說成他是什麼「老共產黨員」，是「革命的」。他們一忽兒竭力嘉獎胡風的「勇氣」，說他們一開始「就寄以很大同情」，一忽兒又矢口否認說胡風是「決不可以同情」的。（葉按：把蔣幫忽然改稱胡風為「老共產黨員」、是「革命的」的情況也擺將出來，用意何在，必須看下文方知個中奧妙。請往下欣賞！）

他們的立場和處境，規定了他們的舉措，混亂的必然性。我們的力量和勝利，迫使他們不得不冷卻一下狂熱的腦子，重新考慮一些陰謀鬼計。表揚胡風「反共」，固然能夠給自己打強心針，壯自己的賊膽。可是有了這利，必有那弊，說了真話就更加證實了潛匪的真相，真相暴露越徹底，繼續騙人不是越困難了嗎？於是只好改口，從應該「同情」胡風，轉變到「決不可以同情」胡風；從胡風「反共」，轉變到胡風決不「反共」，他們打了自己的耳光之後又警告他們原來的讀者們說：「胡風怎麼可能是個反共的人呢？」幾小時之前，他們還流著眼淚把胡風摟在懷裡親個不住；幾小時之後，他們又把胡風使勁往外推出去，甚至索性「一不做二不休」，給他掛上「為共黨做了二十餘年的文化工作」的「共黨功臣」的金字招牌了，這不是欲蓋彌彰嗎？

從替胡風打氣，轉變為替胡風開說，假撇清，不認帳，「此地無銀三百兩」，這就是蔣賊造謠公司的策略性的轉變。其目的是企圖繼續保存他們的力量，讓他們的爪牙得以重行潛伏下來，伺機再起。可是變來變去，剩下一條尾巴，還是變不掉。台匪《中央日報》「述評」中招供得很清楚：「迄今還……潛伏著不可忽視的反共力量。」（葉按：原來蔣幫忽然對胡風改口，說胡風不是反共人物，是為了免於

過分暴露胡風一夥的反革命真相，以便他們的爪牙得以繼續潛伏下來。對於問題作出如此奇妙解釋，不能不是超一流天才了。）

不管你們怎樣替胡風開說，中國人民決不會受騙！不管你們怎樣替胡風求饒，中國人民對於敵人決不會「慈悲地放鬆一步」！不管你們潛伏得多麼深，多麼隱蔽，如果你們不悔悟，中國人民一定要把你們這批毒蛇徹底、乾淨、全部地從大大小小的「蛇窟」裡以至從臺灣的老巢裡，挖掘出來，斬草除根！

（葉按：如此善於創造性地緊跟偉大戰略部署，無怪後來「文革」期間能夠寫出那麼肉麻的致江青的效忠書了。）

宋雲彬

宋雲彬，當時是浙江省文聯主席，省政協副主席。此人在一九五五年寫的批胡文章不多，但十分惡毒。代表作是〈胡風事件給我的教訓〉（《光明日報》一九五五年六月二十四日）。關鍵段落如下：

記得一九四二年胡風到了桂林，在桂林住過一個時期。那時候，我們在桂林辦了一個出版社叫「文化供應社」，出版了相當多的進步書刊，其中月刊《文化雜誌》影響更大（邵荃麟同志就是文化雜誌的主

編）。當時反動派還掛著「抗戰」的招牌，而反動派內部——蔣介石和桂系軍閥之間有些矛盾，我們就在這個空隙中做了一些工作，主要是宣傳團結、宣傳抗戰到底、及時地揭露了反動派的種種陰謀，暴露了一些黑暗。我們也極力聯絡到桂林來的進步知識分子，聚餐啦，座談啦，作報告啦，搞得熱哄哄的。胡風初到桂林，我們也照樣聯絡他，歡迎他，可是他對我們總是冷冰冰的。不久，就發生了許多流言，什麼「文化供應社是桂系軍閥的文化機構」啦，「文化供應社是專門剝削作家的」啦，「文化供應社裡面是一群軍閥走狗和市儈」啦，還有什麼「宋雲彬是吃魯迅的」啦，等等。從那時候起，就有個別作家到處罵文化供應社，說文化供應社「紅燒作家肉，清燉作家腦」，鼓吹作家們不給文化供應社寫稿，詛咒文化供應社早點垮臺，極盡挑撥離間之能事。當時有人告訴我說是胡風在搗鬼。我不相信，以為也許我們不出版胡風的「作品」，所以他跟我們有意見。為了這個緣故，我們也向胡風表示，希望他有書稿交我們出版，可是他用一種「微笑包著侮蔑」的態度拒絕了。事情也真湊巧，過不多時，國民黨反動派（葉按：指國民黨主流派）就來干涉文化供應社了，首先強迫社長陳劭先及主要負責人陳此生、傅彬然和我離社，又派來了一個國民黨分子作編輯部主任。直到日寇進攻桂林，那個國民黨分子夾著尾巴逃跑了，我們才把文化供應社拿回來。現在我看了關於胡風反革命集團的三批材料才恍然大悟：這不是胡風在搗鬼還有誰？打擊進步的知識分子，搞垮進步的出版社，正是胡風的工作任務。他到了桂林，怎麼能不向文化供應社進攻呢。

這段文章極惡毒。告訴人們的是，一九四二年在桂林打擊他這個進步知識分子宋雲彬的，是胡風。躲在幕後製造流言攻擊文化供應社的，是胡風。讓國民黨反動派人來破壞出版社的，是胡風。胡風真是陰險已極，反動已極。

然而，這都是肆意捏造的誣陷。

先看所謂攻擊他宋雲彬，說「宋雲彬是吃魯迅的」。

一九四〇年十月，宋雲彬在文化供應社出版了一本《魯迅語錄》。初版就印了一萬八千冊。我給算了一下，版稅近兩千元。當時一般公教人員的工資每月七八十元左右，兩千元是他們一個人兩年多的工資收入。宋雲彬編輯此書，事先既未徵得在大後方代理魯迅版權事宜的魯迅先生紀念委員會的同意，事後又未付與魯迅家屬分文稿費，是嚴重的侵權行為。當時有的作家就譏之為「吃魯迅」，語雖尖刻，但符合事實。宋雲彬在〈序〉中稱：「編者所得的版稅，當以一部分移贈研究魯迅的機關或團體。」這是說，他不想將稿費全部放進自己腰包，有「一部分移贈研究魯迅的機關或團體」。必須指出，即使以全部稿費「移贈研究魯迅的機關或團體」，也不能改變侵犯魯迅著作權亦即「吃魯迅」的事實。「移贈」云云，只是宋雲彬往自己臉上貼金；沒有取得魯迅家屬或代理人的同意，就是侵權，就是「吃魯迅」。當時，有人發表文章曲為辯解，說是有助於擴大魯迅的影響，無可厚非。這是難以說服人的。問題的核心是侵權，是剝削了魯迅，剝削魯迅的行為是無法用擴大魯迅影響之類的理由為之開脫的。有的作家就他侵權一事譏之為「吃魯迅」，有什麼不對？明明是說出了事實，怎麼會是「流言」！

宋雲彬說，是胡風一九四二年到了桂林之後，才出現了「吃魯迅」的「流言」的，因而是胡風在背後搞的鬼。真是活見鬼！有人譏嘲宋雲彬「吃魯迅」，是一九四〇年十月《魯迅語錄》出版後不久的事。胡風是一九四二年三月到桂林的，譏評宋雲彬「吃魯迅」的事發生在兩年前，即使真有人在背後「搗鬼」，也絕對不可能是胡風。宋雲彬不僅栽誣了胡風，而且對譏評他的人進行了用心叵測的報復：你當年說我宋雲彬「吃魯迅」，我現在要說你當年是當了反革命分子胡風的應聲蟲！——毒！

再說所謂製造攻擊文化供應社的「流言」。

「流言」的核心是：文化供應社嚴重剝削作家。可惜的是，這也並非「流言」，而是事實的真實反映。一九四二年春，記不清是桂林還是重慶的一家報紙上刊出一條消息，說是艾蕪將他的《文學手冊》書稿以三百元賣給了文化供應社。書出版後銷路極佳，接連再版。艾蕪要求該社酌量增給報酬，為該社拒絕。我和幾個友人當時看了這則報導，無不感到吃驚。《文學手冊》是一本幫助初學寫作者掌握文學知識和寫作知識的書，寫得深入淺出，生動活潑，稍稍懂得一點書市行情的，都知道這是一本肯定暢銷的書。當時，版稅的標準大致是：初版百分之十，再版百分之十五，三版及以後百分之二十。該書初版即印五千冊，每冊定價以一・五元計，應給作者版稅七百五十元。再版又印五千冊，按理應再給作者一一二五元。三版、四版亦各印五千冊，按理應再各給一五〇〇元。四次版稅總數應是四八七五元。而文化供應社一次買斷此書版權只給了作者三百元。艾蕪拿到的三百元不及四八七五元的十六分之一！艾蕪當時用一支筆維持一家六口生活，日子過得相當艱難。這次肯定家有急用，需要一筆款子，不得不接受這一極不公平的「交易」。艾蕪後來見出版社藉此書大發橫財，向出

版社提出補給報酬的要求。出版社卻以一次買斷為由，一毛不拔。這種乘人之危殘酷剝削的行徑竟然出現在以進步書店自命的文化供應社，不能不特別令人憤慨。這條報導在報上登出之後，並未見該社出來作任何解釋，這表明，這條報導並非造謠。

與嚴重剝削作家相關的是，作為文化供應社出版部主任的宋雲彬，以資方代言人的身分對抗作家提高稿酬的要求。關於此事，茅盾家屬根據茅盾生前的錄音、談話、筆記以及其他材料整理而成的《我走過的道路（下）》中，有記述：

宋雲彬在桂林算得上是文化界的頭面人物，然而在他家中聽到的更多是麻將聲而不是讀書聲。我來到桂林，就有人向我告狀，說宋雲彬成了「資方代言人」，但我與他相處一段時間後，卻覺得他主要的毛病是學會了做官。

當時桂林的文藝界正在為提高作家的稿酬和版稅而鬥爭，提出作家要「趕上排工」，要保障作家的合法權益，因為那時排字工人排一千字的工資高於作家寫一千字所得的稿酬。但是宋雲彬卻到處遊說，證明作家倘不降低要求，出版家賺不到錢，不肯出書而轉向了剪刀漿糊政策，或者乾脆改行做其他更賺錢的生意，那時作家將更要餓肚子。因此作家們認為他是站在出版商——文化供應社的立場上講話。

文協桂林分會幾經磋商，擬訂了一個提高版稅和稿費的建議，準備召開一次文藝家的座談會，由到會者簽名，正式向出版家和書商提出。他們推舉我來主持這個會議，並要求我把宋雲彬拉來參加，讓

他當場表態。因為文化供應社當時是後臺最硬、資本最雄厚的出版社。座談會於四月二十六日在廣西藝術館召開，由我報告了保障作家合法權益，爭取提高版稅和稿費的建議醞釀和提出的經過，大家發言踴躍，情緒激昂，不少人不指名地批評了宋雲彬。宋雲彬也聰明，不發一言，大家問到他的意見，他表示完全同意，並且也在建議書上簽了名。不過從此他對文協召開的會議都藉故推託不肯出席，文藝界的事也很少過問，儼然是個出版家了。（《我走過的道路（下）》，人民文學出版社一九九七年版，第四六二至四六三頁）

這段記述極有價值。它讓我們知道，當時桂林的作家們為什麼對文化供應社有那麼大的意見，為什麼會有「文化供應社是專門剝削作家的」、「文化供應社裡面是一群軍閥走狗和市儈」之類並非流言的「舒憤懣」之聲。更讓我們知道，有的作家所以鼓吹作家們不給文化供應社寫稿，所以詛咒文化供應社早點垮臺，在於作為文化供應社的資方代言人的宋雲彬那麼頑固地反對提高版稅和稿費的合理要求。總之，所有這些群情激昂的反應，統統不是什麼「流言」。這一點，宋雲彬應該比別人瞭解得更清楚。至於「紅燒作家肉，清燉作家腦」，據當時在桂林的七月派詩人彭燕郊介紹，此說實出之於秦似。秦似是針對當時那些靠一把剪刀一瓶漿糊大發橫財的出版商的，並非指文化供應社。宋雲彬聲稱專指文化供應社，這是自行對號入座，做賊心虛。

文化供應社，「是救國會和桂系的廣西建設研究會合辦的出版機構」（彭燕郊：〈出版家胡愈之〉，《紙墨飄香》，嶽麓書社二〇〇五年版，第二二二頁）。從它的主要編輯人員和出版的書刊看，是一家進步出版

社。但是，它在稿酬的處理上走上了嚴重剝削作家的歧路。尤其是宋雲彬竭力反對「斗米千字」之後，作家們對文化供應社和宋雲彬存在強烈反感，更是毫不奇怪了。按說，宋雲彬哪怕有一點自知之明，應該羞於重提當年那段很不光彩的往事。可是，他卻自我感覺異常良好，對當年剝削魯迅和充當資本家代言人的行徑毫無反思之心，竟把自己和文化供應社打扮成可憐的受害者，把一盆盆污水潑向當年批評他和文化供應社的人；在此基礎上，把胡風污衊為「流言」的總後台。真是卑鄙而又卑鄙，雙重的卑鄙！

更惡毒的是，他居然把社長陳劭先、主要負責人陳此生、傅彬然和他自己的離社，也說成是胡風所為。據彭燕郊介紹，當時，桂系為了緩和來自國民黨主流派的壓力，對文化供應社進行了改組，起用了也是桂系文人的錢實甫，讓進步色彩較濃的陳劭先等人暫時退到幕後。宋雲彬明明完全知道事實真相，明明完全知道他們不是被「國民黨反動派擠走」的，明明完全知道他們暫時退到幕後是桂系頭頭的政治操作，然而，他為了向當局告發胡風的「罪行」，不惜瞞心昧己說什麼「國民黨反動派」「強迫」陳劭先等人離社，說什麼「國民黨反動派」「又派來了一個國民黨分子作編輯部主任」。造謠誣衊竟到了如此不擇手段的地步，《社會新聞》的群丑當甘拜下風了。

至於宋雲彬還提到向胡風約稿胡風不理的事。事情真相如何，請看彭燕郊的有關回憶：

> 到桂林沒好久，他拿出來第一部書稿，文集《棘源草》，給文化供應社，被退回了。編輯部的主要負責人是荃麟、傅彬然和宋雲彬。聽說主要因為其中有一篇寫到徐懋庸在延安的一次魯迅先生紀念會上說

魯迅先生罵過我，今天我不是在這裡參加紀念先生嗎。延安這兩個字在蔣管區是犯禁的，文稿只好用「××」代替，然而對文化界朋友，這兩個字又是神聖的，用「××」代替總覺得很不合式。其實，這倒是小事情，主要的還是他的一些觀點是傅、宋二位不能理解也不能接受的。（〈胡風在桂林〉，《三聯貴陽聯誼通訊》二〇〇五年第二期）

所謂向胡風要稿胡風不理的真相，原來如此。

宋雲彬洋洋得意地說：「現在我看了關於胡風反革命集團的三批材料才恍然大悟：這不是胡風在搗鬼還有誰？打擊進步的知識分子，搞垮進步的出版社，正是胡風的工作任務。」──好一個「恍然大悟」！當年和他同在一起的陳劭先不「恍然大悟」，陳此生不「恍然大悟」，傅彬然也不「恍然大悟」，偏偏就是宋雲彬一人覺悟特高，「恍然大悟」了。三批材料捏造不出一點胡風抗戰時期在桂林的「罪惡活動」，現在由覺悟特高「恍然大悟」的宋雲彬出來補充了。正是這一重要補充，把宋雲彬本人的幫兇嘴臉活脫脫「補充」了出來。

蘆芒（石鼎）

蘆芒，當時是作協上海分會黨組成員。此人於一九五五年五月十日胡風的問題還未升級為敵我矛盾之時，

就以石鼎的化名寫出〈從路翎的《雲雀》看胡風反黨集團的思想實質〉（《劇本》一九五五年六月號），對《雲雀》進行了極其離譜的歪曲。三批材料公佈後，跳踉得更不像話。六月，以石鼎的化名拋出〈剝去蒙面強盜綠原「詩人」的面具〉（《光明日報》六月十八日）；八月，以常用筆名蘆芒拋出〈胡風集團的「詩」是特務文藝的典型〉（《文藝月報》一九五五年八月號）。此人是超一流的「惡棍」角色。限於篇幅，這裡只選出惡攻綠原和惡攻羅飛的若干片段略加掃描。

惡攻綠原：

> 掛著「詩人」的面具的蒙面強盜綠原的「詩」，正是蔣介石賣國集團所發動的對於人民解放區的全面進攻的「宣言和軍樂」。日本宣佈無條件投降的前夕，一九四五年八月十五日，（葉按：八月十五日就是日本宣佈無條件投降的日子。硬要把日寇投降的日子推遲，不知用意何在。）綠原所寫的「詩」——〈終點，又是一個起點〉，就宣稱：「血呀」，「它永遠是中國底神聖的圖騰」！（中略）並惡毒地咒罵中國共產黨是在「陰險地策動中國底第二次難關」。

這裡告訴人們的是：綠原在日本投降前夕，和平的日子到來的前夕，就熱中於為「血」唱讚歌，即為蔣介石進攻解放區、流解放區軍民的血唱讚歌。綠原一面為蔣介石發動內戰唱讚歌，一面卻倒打一耙，「惡毒地咒罵中國共產黨是在『陰險地策動中國底第二次難關』」。

這是惡毒誣陷。

「血呀」，「它永遠是中國底神聖的圖騰」的真實意義，只要看看綠原的原詩，這位批判家斷章取義深文周納的鬼蜮伎倆立現：

勝利是
你的，
中國！
在戰爭裡，
誰沒有看見
你的
血呢？
你的血，
在廢墟上
溶化成
泥土的顏色……

啊，曾經賜給我們
以自由
以信仰
以生命的燃料的
血呀，
將被無數代的中國人民供奉著：
它永遠是
中國的
神聖的圖騰！

只要理解力正常、良知未泯的人，都會看出，詩人是對為抗戰勝利而流血犧牲的中國軍民表達由衷的崇敬之情。「它永遠是／中國的／神聖的圖騰」，是「將被無數代的中國人民供奉著」的進一步的詩化表現。蘆芒把它歪曲為替蔣介石進攻解放區、流解放區軍民的血唱讚歌，完全是惡毒的中傷。

至於綠原是否「惡毒地咒罵中國共產黨是在『陰險地策動中國底第二次難關』」，也只要一看綠原的原詩就可真相大白：

人民的軍隊呵，
當那些沒有流過血，
沒有流過汗，
甚至做夢也沒有想到過
中國還會勝利的
壞蛋們
面對著
中國人民的狂歡
而心驚、
而肉跳、
而陰險地策動中國的第二次難關的時候，
我們的武器
不能放下！
我們的淒涼的記憶
不能遺失！

這分明是要「人民的軍隊」提高警惕，嚴密注視「那些沒有流過血，／沒有流過汗，／甚至做夢也沒有想到過／中國還會勝利的」國民黨反動派「陰險地策動中國的第二次難關」的動態，蘆芒居然聲稱綠原在「惡毒地咒罵中國共產黨是在『陰險地策動中國底第二次難關』」。原來蘆芒的詞典裡是把「人民的軍隊」解釋為「國民黨軍隊」的！蔣介石知道該怎樣的高興啊！

夠了，不必再掃描下去了。蘆芒的這篇奇文拋出之日，也正是報刊上叫嚷著「嚴厲鎮壓這批殺人不見血的匪徒」之時。蘆芒寫這篇文章的用意，在文章最後很直接地表達出來。他在把綠原歪曲成一個窮兇極惡的反革命之後，如是總結：

> 如此，綠原是和他匪首胡風、阿壠一樣，是堅決反黨、反人民的滿身血污的徹頭徹尾的反革命分子，不但要把他從黨內清除出去，同時要剝下他的「詩人」的面具，從作家協會清洗出去，對於這樣罪大惡極的反革命分子，並應依法予以嚴厲的制裁！

這個人物倒很直率，毫不隱瞞自己歹毒的殺機和血淋淋的幫兇面目，坦言他的這篇東西就是向當局提供綠原是「堅決反黨、反人民的滿身血污的徹頭徹尾的反革命分子」的「罪證」，要求當局給這個罪大惡極的反革命分子以肉體消滅。瘋狂已極！

惡攻羅飛：

現在，我再舉出一個胡風分子羅飛（即杭行）的特務「詩」來。這首詩可作為特務「詩」的典型。題目是《為什麼離開敵人》，他寫道：

即使是一根細針
順著敵人（這是指人民——作者）的血液向他的心房航行
……
為了殺死我們的敵人
我們為什麼要離開敵人？（《螞蟻小集》之五：《迎著明天》）

看一看，反革命分子的心是何等狠毒啊！他們謀害共產黨員和革命人民，除了在特務機關裡毫無人性地用針釘進他們（革命者）的指甲和用棕絲刺進她們的乳頭進行百般磨折殘害之外，還要把這種「針」，航行在我們的血管裡，直到刺入了我們的心臟！

難怪，這個匪徒連他的名字也改成「杭行」（航行）了！

有些天真的人們提出了這樣的問題：「既然胡風們是反革命，為什麼不跟蔣介石一道逃到臺灣去呢？」讀了這首「詩」，這些人的這種幼稚想法當可以迎刃而解了。胡風集團決心打入我們內部來謀害我們，安排了要像一根細針在革命者的血管中航行，他們為什麼還要逃到臺灣去呢？他們早就有了「遠

大的」長期埋伏的陰謀計畫了。

這種反動的特務詩，的確已經化成「細針」，航行在我們的血管裡，快刺進心臟了！比如像羅洛這樣人的「詩」，還選上了小學四年級語文課本咧！

還用懷疑嗎，胡風集團的「詩」，是特務文藝的典型！確實是矇騙過一些人的！

羅飛的原詩，經蘆芒別有用心地這麼一「引」，搞得面目全非。請看原詩：

生命的路線正直
意志決不扭曲

即使是一根細針
順著敵人的血液向他的心房航行
也一樣的有收穫

為了殺死我們的敵人
我們為什麼要離開敵人？

詩篇，分明是號召國統區的人們堅持此時此地的鬥爭。「敵人」，分明指的是國民黨反動派。蘆芒喪心病狂，硬在原詩「敵人」一詞後面加上一個注釋：「這是指人民——作者」。這個注釋明明是蘆芒加的，他不用「引者」而用「作者」，意圖讓不明真相的讀者以為「這是指人民」這個注釋是作者羅飛自己加的。從而，他順理成章地做出一系列嚇人的論斷來。什麼「除了在特務機關裡毫無人性地用針釘進他們（革命者）的指甲和用棕絲刺進她們的乳頭進行百般磨折殘害之外，還要把這種『針』，航行在我們的血管裡，直到刺入了我們的心臟」，什麼「他們為什麼還要逃到臺灣去呢？他們早就有了『遠大的』長期埋伏的陰謀計畫了」，全是含污血噴人的讕言！事實是，在寫這首詩的當時，羅飛正冒著隨時有被特務逮捕的危險，在國統區從事軍事策反工作，這之間還為阿壠多次向上海地下黨轉送過軍事情報。

石天河在〈回首何堪說逝川〉（《新文學史料》二〇〇二年第四期）以他本人切身感受，談了這首詩在當時的影響：

> 這首詩，我原先是在一九四八年冬南京的學生運動中，從進步學生辦的油印小報上讀到的。當時，並不知道作者是誰。可這首詩，在學生中是很有激勵作用的。因為，它和進步學生的心貼得很近。（中略）那時，在白色恐怖極其嚴重的情況下，黨組織為了保全革命進步力量，對地下活動的黨員和學生運動中的積極分子，是很愛護的。對活動中出頭露面過多或已經引起敵特注意的人，往往指示他們撤往解放區或暫時退到鄉下隱蔽。但是，在鬥爭中的黨員和進步學生，那時革命熱情很高，不怕艱險，往往不願撤

退，甚至以撤退為可恥，硬要堅持鬥爭，一心要看敵人垮臺，迎接解放軍渡江。這種「戀戰熱情」是很感動人的。羅飛那首詩，就是這種革命者「戀戰熱情」的表現。所以這首詩在進步學生中獲得了「心心相印」的效果，很受學生讚賞。

針對蘆芒的惡毒誣衊，石天河指出：蘆芒的文章，「是那種毫不講理地把革命者誣指為『反革命』的所謂『批判文章』的典型」。「他知道這個被他咒罵為『匪徒』的杭行（即羅飛），在給黨轉送情報時，要對付多少特務嗎？」「可悲的是，當年國民黨特務沒能殘害到的羅飛，解放後卻無緣無故地和『胡風集團』一起遭到了被誣陷的厄運」。——石天河的指控投下的憤火裡，蘆芒的超一流「惡棍」嘴臉畢現。

蘆芒如此無所不用其極地把莫須有的「罪行」扣到綠原、羅飛身上，目的在於向權力中心表示自己善於緊跟偉大戰略部署，意圖能夠像舒蕪那樣贏得權威的特殊寵愛。骯髒無恥，不值一嗤！

沙鷗

此人早在一九五〇年三月，就在《文藝報》發表文章攻擊胡風的《安魂曲》。同年，在他主編的《大眾詩歌》發表了黃藥眠的萬言長文《評〈時間開始了！〉》。這是一篇對胡風的長詩進行毀滅性打擊的文章。一九

五五年反胡風運動開始，他的一位詩友的友人，被認作「胡風分子」遭拘捕，他也涉嫌「胡風分子」被隔離審查。不久，當局發現他原是批胡先鋒，立刻恢復自由，並歡迎他參加鬥爭。他充分發揮了他的特長，一口氣寫了不少批胡諷刺詩和不少批胡檄文，批胡風，批阿壠，批魯藜，顯盡幹將本色。最惡毒的一篇是《一個革命叛徒的自白——重讀胡風的〈安魂曲〉》（《文藝報》一九五五年第十三號）。他聲稱：「《安魂曲》可以說是胡風的一本自傳，在這個自傳中他敘述了他的反革命的三十年的歷史，在這個自傳中使我們看見了胡風的骯髒而醜惡的靈魂！」單從這句話，人們就不難想見他是「惡棍」中又一名超一流的角色了。全文近萬言，又臭又長，這裡選出一個特精彩的片段，作必要的掃描。

（前略）果然，他是混進日本共產黨了，這該是多麼光榮的事情呀！但胡風卻不明說，而且從來也沒有提過。為什麼要隱瞞這一段「光榮歷史」呢？這顯然是與胡風善於吹捧自己，最會「自我擴張」的為人不相適合的！

原來也有緣故！他在「詩」裡也是交代了的。

「保存自己！」對敵人說，是莊嚴的戰鬥道德，但同時是這個「保存自己！」當自己的兄弟被屠殺了，卻只能遠遠望著他的屍體，這是多麼忍受不了的羞恥！

這段「詩」是胡風為小林多喜二的犧牲寫的。如果真是「自己的兄弟被屠殺」了，而在當時困難的情況下又不能救他，這有什麼呢？而胡風卻感到「忍受不了的羞恥」！這就不能不使我們來挖一下根了。我們說，只有作過犯罪的事情的人，在大義凜然的遇難者面前才會因為自己的無恥行為感到心靈的震動。而胡風卻居然也有這種「羞恥」的感覺，而且還是「忍受不了的羞恥」，豈不奇怪嗎？原來是一點也不奇怪的！值得一提的是胡風要用「保存自己」來虛晃一槍。難道說用下跪、投降、出賣、當狗的行為來「保存自己」，也是「對敵人」的「莊嚴的道德」嗎？這哪裡是什麼「戰鬥道德」，不過是在向人們販賣叛徒思想罷了！

沙鷗的友人在一篇文章裡說，沙鷗抗戰時期就在四川入黨。這該是多麼光榮的事，可是沙鷗在解放前的文章裡從來沒有提過。按照他的邏輯，則他肯定是因為做了見不得人的事，因而不敢提了。我們不相信他會欣然接受這樣的推論。那麼，任何一個良知未泯的人也不能接受沙鷗對胡風的這個荒唐而惡毒的推論。

沙鷗在「忍受不了的羞恥」這幾個字上大做文章：「所謂『羞恥』恰恰是對他『無恥』的反革命行為的一種偽裝」。沙鷗的理由是：「只有作過犯罪的事情的人，只有出賣了『兄弟』的人，在大義凜然的遇難者面前才會因為自己的無恥行為感到心靈的震動」。然而，我要指出，在大義凜然的遇難者面前只有麻木不仁者才不會感到心靈的震動。小林多喜二被殺害了，從感情上說，胡風應該衝出來向敵人抗議，但是，從戰鬥策略上說，衝出來只是徒然的犧牲，應該從保存有生的戰鬥力量的戰略高度著眼，暫時不暴露自己。胡風採取了後一

種方式，是完全正確的。但是，眼望著同志犧牲，自己卻不能採取行動，終究是十分痛苦的，終究不免有一種苟且偷生之感。這種感覺，胡風把它叫做「羞恥」感，正是他內心極端痛苦的一種反映。這是真正的革命者彼時彼地很自然的一種感情。沙鷗硬把這種高貴的感情污衊為「叛徒思想」，污衊小林多喜二是胡風出賣的。天良喪盡！

第三批材料的編者按語說，胡風「在日本混了一個時候，幹了一些不可告人的勾當」。所謂「混」，所謂「不可告人」，故弄玄虛、虛張聲勢而已。如果真有人去打聽怎麼個「混」法，怎麼個「不可告人」法，那是絕對問不出個所以然的。現在好了，不必故弄玄虛、虛張聲勢了，沙鷗檢舉出特大罪行了：出賣日本革命作家小林多喜二。這就幫助當局證明胡風確實是一名血債累累、罪大惡極、不殺不足以平民憤的反革命分子。

沙鷗此文拋出之日，正是報刊上叫嚷著「立即將胡風集團中的首惡處以極刑」之時，沙鷗「揭發」的這個「罪狀」，顯然是積極回應這種殺人的輿論的。

血淋淋的幫兇面目，何其猙獰，又何其卑鄙無恥！

魏金枝

魏金枝，當時是上海《文藝月報》編委。他的批胡文章不多，卻級惡毒，屬於超一流「惡棍」型。這裡從

他的代表作〈胡風反革命集團在上海的活動概況〉（《文藝月報》一九五五年七月號）中選出幾段最惡毒的作重點掃描。

一

胡風在上海開始進行反革命活動，距今已有二十多年的歷史了。從他混進中國左翼作家聯盟，並且鑽到魯迅身邊的當時起，到抗戰時期離開上海為止，足足有五年之久，胡風就一直沒有離開過上海。在這五年中，胡風最大的罪惡，就是利用他和魯迅先生相接近的機會，從中破壞黨和魯迅先生之間的聯繫，致使魯迅先生病情更加嚴重，以至於不治逝世。當時托派寫信給魯迅一事，就是胡風裡應外合的勾當之一。魯迅先生當時抱病寫了斥責托派的公開信，這給了胡風們一個重大打擊。胡風的惡毒陰謀雖未得逞，但胡風也達到了另一目的，那就是把病魔所纏不倒的魯迅先生纏倒了，不久之後，魯迅先生果然逝世了。

這是說，魯迅是胡風害死的。在眾多惡棍型的批胡文章中，還沒有見到造謠造到如此匪夷所思的地步的。不爭的事實是，「致使魯迅先生病情更加嚴重，以至於不治逝世」的不是胡風，而是周揚等人。

一九三六年，魯迅健康狀況迅速惡化。他在逝世前二十天寫給友人的信中，就有這樣的概述：「今年九個月中，我是足足大病了六個月，至今還在天天發熱，不能隨便走動，隨便做事。」（三六〇九二八致吳渤，

《魯迅全集》，人民文學出版社一九八一年版，第十三卷第四三四頁）魯迅年輕的時候就曾患過肺結核，這些年來惡劣的政治處境，緊張的對敵鬥爭，超負荷的伏案寫作，都是導致魯迅終於病倒的原因；但是，周揚等人對魯迅的猖狂攻擊，無疑是「致使魯迅先生病情更加嚴重，以至於不治逝世」的一個重要原因。

周揚等人對魯迅打擊最嚴重的事件有兩起。

第一件：污衊魯迅是托派。

一九三六年初，周揚等人出於組織文藝界抗日統一戰線的需要，決定解散「左聯」。周揚派當時與魯迅關係不錯的徐懋庸向魯迅徵求意見。魯迅認為，這是組織決定，他沒有意見，但為了避免給人以潰散的錯覺，應該發表一個聲明。周揚等人採取不光彩的欺騙手段對待魯迅的合理建議，草草解散左聯，致使魯迅對周揚等人完全失去信心。不久，在口號問題上、在成立新的團體問題上，由於存在原則分歧，雙方矛盾更加尖銳激烈。周揚等人方面甚至放出謠言，污衊魯迅為托派。正是從周揚等人的謠言中，托派分子陳其昌錯誤地認為魯迅有「轉向」的跡象，五月三十日化名陳仲山給魯迅去了一封信，還寄了一些托派辦的刊物，意圖拉攏魯迅。這給已經臥病在床的魯迅以嚴重的傷害。馮雪峰有這樣的記述：

他那時病在床上，我去看他，他還沒有對我說一句話，我也沒有來得及坐下，他就忙著伸手向枕頭下面摸出那封信來，沈著臉遞給我，憤恨地說：「你看！可惡不可惡！」我看了後說：「他們自己碰上來，你迎頭給他們一棍罷！」他說：「等我病好一點的時候，我來寫一點。」可是，雖然決定要給以打擊

了，而憤怒仍不稍減，又沈著臉說了一句：「可惡不可惡！」（〈有關一九三六年周揚等人的行動以及魯迅提出「民族革命戰爭的大眾文學」口號的經過〉，《新文學史料》一九七九年第二輯）

從這個簡單的記述中就可以想見，托派的信給魯迅病情帶來怎樣惡劣的影響。而造成這一惡劣影響的罪魁，就是周揚等人。

魯迅在馮雪峰代筆的〈答托洛斯基派的信〉中，除了給對方以痛斥，表示了自己堅決站在中國共產黨一邊的立場外，信末特別指出：「最後，我倒感到一點不舒服，就是你們忽然寄信寄書給我，不是沒有原因的。那就因為我的某幾個『戰友』曾指我是什麼什麼的原故。」（〈答托洛斯基派的信〉，《魯迅全集》第六卷第五五八頁）曾指魯迅為「什麼什麼」的「某幾個『戰友』」，指的是誰，不是異常清楚嗎？魏金枝聲稱「魯迅先生當時抱病寫了斥責托派的公開信，這給了胡風們一個重大打擊」，純屬瞪眼說胡！「魯迅先生當時抱病寫了斥責托派的公開信」，給以重大打擊的對象，不明明是周揚等人嗎？

「致使魯迅先生病情更加嚴重，以至於不治逝世」的禍首究竟是誰，還不夠清楚嗎？

第二件：徐懋庸的打上門來。

一九三六年八月初，徐懋庸給魯迅去信，對魯迅進行了極為離譜的攻擊。指斥魯迅提出「民族革命戰爭的大眾文學」的口號是錯誤的，指斥魯迅半年來的言行助長著惡劣傾向，指斥魯迅「不看事而看人」，搞宗派。這又一次給了病中的魯迅以極大刺激。魯迅抱病寫了〈答徐懋庸並關於抗日統一戰線問題〉給以痛駁。文章的

前一部分理論問題是馮雪峰代筆的，後一部分關於事實，是魯迅親自寫的。因為病中無力，花了四天時間才完稿。當時給友人的信中，表現了他極大的憤怒：

不料還是發病，而且正因為不入協會，群仙就大布圍剿陣，徐懋庸也明知我不久之前，病得要死，卻雄赳赳首先打上門來也。

（中略）

其實，寫這信的雖是他一個，卻代表著某一群，試一細讀，看那口氣，即可了然。因此我以為更有公開答覆之必要。倘只我們彼此個人間事，無關大局，則何必在刊物上喋喋哉。先生慮此事「徒費精力」，實不盡然，投一光輝，可使伏在大纛蔭下的群魔嘴臉畢現，試看近日上海小報之類，此種效驗，已極昭然，他們到底將在大家的眼前露出本相。（三六〇八二八致楊霽雲，《魯迅全集》第十三卷第四一六頁）

徐懋庸對魯迅的打擊不僅止於此，他看了魯迅的〈答徐懋庸並關於抗日統一戰線問題〉之後，立即寫了〈還答魯迅先生〉，發表在八月二十六日《今代文藝》上，對魯迅進行瘋狂反撲。這裡摘錄幾段特別離譜的：

看完了魯迅先生的「萬言長文」，心裡很躊躇了一會，本來覺得也可以默爾而息。但又覺得這一回魯迅先生實在是「信口胡說，含血噴人，橫暴恣肆，達於極點」。倘不辯明幾句，倒顯得我是「唾面自

乾」了。所以，終於決定要還答幾句。

這回使我非常驚訝的是，第一，魯迅先生竟有那樣的魄力，把許多不應公開發表的言語公開發表出來。因替胡風辯護而把左聯裡面的人事盡情暴露，同時也證實了我和左聯的關係，這種魄力，是唯魯迅先生所獨有的。但與「告密」自然不同。（葉按：這話極惡毒，是指魯迅向國民黨反動派「告密」。左聯已經自行解散，「證實了我和左聯的關係」又有何礙！）

我所驚異的第三點，是魯迅先生這回「羅織入罪，戲弄權威」的「橫暴」之甚。我這回的罪名，本來至多不過是「教訓魯迅罪」，及「攻擊魯迅的朋友巴金，胡風，黃源罪」罷了。但是，魯迅先生卻把田漢、周起應等的行為，《社會日報》的文字，一起拉扯出來，擱到我的頭上，一則曰：什麼「覆車之鬼」「附徐懋庸的肉身而出現」，再則曰：「徐懋庸正是一個嘁嘁嚓嚓的作者，和小報是有關係了。」好像我和田、周是一系，《社會日報》的文字全是我作的。我和田、周的關係這裡不說。至於小報，的確有兩個我跟它們發生過關係，一是《世界神報》，我曾自願地做過一個月的社評，一是《時代日報》，由於估計上的錯誤，我曾做過兩個禮拜的《漫話》（都不是什麼「嘰嘰喳喳」的文壇消息）。後來一定不願意做了，就被該報天天攻擊。這都是去年的事了。至於《社會日報》，除了應曹聚仁先生之命，作過一兩篇所謂「星期論文」之外，我可與之絕無關係。魯迅先生借此來打擊我，真是所謂「含血

噴人」！（葉按：既然承認已經為《社會日報》寫過一兩篇「星期論文」，怎麼能說「與之絕無關係」呢？豈不是自己打自己耳光嗎！一九三五年十二月一日《社會日報》上就發表過一篇題為〈魯迅將轉變？谷非張光人近況如何？〉的文章，造謠說：「魯迅翁有被轉變的消息。」「關於魯迅翁往哪裡去，只要看一看谷非張光人胡豐先生的行動就可以了。」僅憑這一篇東西，就可以知道《社會日報》是什麼樣的報紙了，而徐懋庸既然還為它寫過一兩篇「星期論文」，魯迅說：「徐懋庸正是個嘰嘰喳喳的作者，和小報有關係了，不是有根有據的論斷嗎？」「含血噴人」的不是魯迅，是徐懋庸！）

魯迅先生決定了一個口號，叫胡風先生作文提出來。但我並不知道胡風就是「魯府」的「奴隸總管」，況且連魯迅先生也承認胡風所作的文章「解釋的不清楚也是事實」，那麼，事後我向胡風提些質疑，總也算不得是什麼十惡不赦的大罪罷。關於這問題，我只作過兩篇文章，都發表在《光明》上，都寫得心平氣和，絕未「輕易誣陷別人為『內奸』」，為「反革命」，為「托派」，以至為「漢奸」，然而魯迅先生偏要誣枉我有此事實，因而「輕易」判定我是「宗派的」「格殺革命的民族力量」，以至有「敵人所派遣」的嫌疑。所謂「信口胡說，含血噴人，橫暴恣肆，達於極點」者，豈不是先生自己的這種行為麼？（葉按：徐懋庸聲稱他在文章中絕未輕易誣陷別人為「內奸」，為「反革命」，為「托派」，以至為「漢奸」。這是狡辯。被魯迅在〈答徐懋庸〉中公之於眾的那封信，是這樣攻擊巴金的：「我從報章雜誌上，知道法西兩國『安那其』之反動，破壞聯合戰線，無異於托派，中國的『安那其』

的行為，則更卑劣。」這是「絕未輕易誣陷別人為『內奸』，為『反革命』，為『托派』，以至為『漢奸』」嗎？）

這一充分暴露出徐懋庸流氓氣質、潑婦罵街式歇斯底里大發作的反撲，無異在魯迅的病體上狠狠捅上一刀。在接到這封信之後不到兩個月，魯迅逝世。究竟是誰「致使魯迅先生病情更加嚴重，以至於逝世」的，答案是清清楚楚的。魏金枝居然利用一九五五年批胡的機會為周揚等人開脫，把嚇死人的大罪名扣到胡風身上，這是惟恐胡風罪不致死的一招，太陰險太卑鄙了。

許廣平在一九六六年明確指出：「魯迅的死，是同周揚們對他的迫害直接相關的。」（〈毛澤東思想的陽光照耀著魯迅〉，《人民日報》一九六六年十一月一日）這是震撼人心的血淚控訴，最具權威性的歷史定論。

二

在這裡應該特別提到的時間是在一九四八年，中國共產黨文藝領導方面想叫胡風去香港面談文藝思想問題，胡風趁這個機會，馬上去了，目的是想鑽到解放區去活動。動身以前，胡風反革命集團在杭州安徽中學召集了一次「盛大」集會。這次反動大集會，除開黨魁胡風夫婦以外，外埠的就有路翎夫婦，賈植芳夫婦，以及阿壠等等所有在寧滬杭的黨徒都到了。他們秘密地討論了他們的反動計畫，也就是討論怎樣地「迎接苦難」，更深地「鑽到肚皮裡去」，用「順著些」「敷衍」的方法對付黨，實則就是要

「拖垮它」的計畫。確定胡風進入解放區採取什麼方法對付共產黨，如何在解放區建立反動據點之類的陰謀，也是在這個會議上討論到的題目。這個大會的組織，也很龐大，其中有總務、宣傳、組織各項名目，其「盛況」也就可想而知了。

這段奇文奇處甚多。

——這次所謂「集會」，既然是「秘密地」討論了「他們的反動計畫」，魏金枝怎麼會把「他們的反動計畫」瞭解得如此清楚？京劇《法門寺》中，劉瑾質問郿鄔縣縣令根據什麼把無辜的傅朋定為殺人兇手時，有一句問得很精彩：「小傅朋是殺人兇犯，是你瞧見的？八成是你給他的刀吧！」這裡不妨模仿一句來質問魏金枝：「胡風們討論反動計畫，是你瞧見的？八成是你替他們擬的稿吧！」

——這次所謂「集會」，實際上總共不過十人左右，怎麼稱得上「盛大」？魏金枝解放前在中學教語文，就是這樣給學生解解釋詞語的？

——這次所謂「集會」，胡風夫人梅志就沒去，何來胡風夫婦？然而魏金枝必須把文章做到「所有在甯滬杭的黨徒都到了」才能取得轟動效應，那又怎麼能讓胡風夫人一個人漏網，留在上海不去參加「黑會」呢？

——十人左右的「集會」居然有「龐大」的「大會的組織」，「其中有總務、宣傳、組織各項名目」。莫非主持人精神有點不太正常？

造謠能力如此低下，無怪解放後一直得不到「權力派」的重用了。

文中所說的「集會」，實際情況究竟如何，復出後的冀汸在回憶錄中有較詳盡的記述，照錄如下：

秋天是杭州最美麗的季節。胡先生約了路翎夫婦、賈植芳夫婦連袂來杭州了。旅遊旺季，他們作為眾多遊人中的幾個，誰也不會給以特殊注意。他們作為我們的朋友都住在安徽中學裡。（中略）胡先生此行雖名為「遊樂」，其實是特來告訴我們：黨關心他的安全，已安排他離開上海經香港進解放區。這是好消息，大家都為他慶幸。當時我想，總免不了會就理論問題辯論一番吧？於是我向他表明了自己的意願，希望他能對那些以居高臨下的姿態進行訓斥的「批評」作出有力的反應。我認為那些「批評」完全脫離了鬥爭實際，是用隔岸觀火的態度在說風涼話：「你們救火為啥不用水龍，而要一盆一盆澆呀？」他們似乎根本忘記了這裡並沒有水龍，連盆盆罐罐也不多。這種「批評」能叫人心服？胡先生則不以為然，認為他到香港後，批評的火候就會冷下來；可能開會談談，但也不會解決問題。他給我們分析政治形勢，斷定解放戰爭兩年之內便可取得全面勝利；他擔心的倒是勝利前夕，即所謂黎明前的黑暗時刻，京（南京）、滬、杭一帶可能有一場惡戰，註定失敗的國民黨軍隊會作困獸鬥，會發瘋，威脅我們的安全。我告訴他：我們已經通過我的復旦同學沈光漢的關係和四明山游擊根據地建立了聯繫，出出進進的人都在這裡歇腳。許多在國統區安全受到威脅的青年學生，不少就是經過這裡進入游擊區的。胡先生認識的寫詩的女青年許濟華（許伽、余芳）也就是這樣去打游擊的。我們還常用學校名義為游擊區

在市上代購紙張、藥品、無線電器材……。實際上，這所學校成了游擊區在杭州的一個聯絡點。如果我們的安全受到威脅，可以很方便地進入游擊區。胡先生瞭解了這些情況，感到很寬慰。他說：「刊物（指《螞蟻小集》）也要堅持出。有一點聲音總比沒有聲音好……。」後來，為了加強與游擊區的聯繫，方然還親自去了一趟四明山，見到司令員馬青、副司令員劉發清。

胡先生等在杭州滯留了一周左右。這次相聚，每人都很高興，遊覽了杭州的主要風景名勝，好像是向美麗的西湖辭行而又預約了下次相見的時間。從靈隱出來，遇見從山上拍完外景下來的上海某電影製片廠張客同志一行。我們並不認識他，但他和胡先生是熟人。經張客提議，我們在「咫尺天涯」前照了一張照片。

這年十二月，胡風先生隻身離開上海去了香港。

到了一九五五年，這次杭州相聚，便成了怎麼也交代不完、交代不清的「反革命陰謀黑會」。

（〈歷史法庭上的證詞〉，曉風編《我與胡風》，增補本，第五〇〇至五〇一頁）

有著魏金枝這個「造謠狂」的「揭發」，自然要「成了怎麼也交代不完、交代不清的『反革命陰謀黑會』」了。

就憑上面兩段奇文，魏金枝血淋淋的超一流惡棍嘴臉，暴露無遺了。

徐懋庸

徐懋庸，這位在兩個口號論爭中因攻擊魯迅而揚名於世的人物，在批胡運動中發表了〈學習魯迅的革命精神〉（《長江文藝》一九五五年十月號）。這是一篇人們特別感興趣的文章。人們很想看到的，不僅是他是怎樣揭露胡風的，而且是怎樣談論他與魯迅的關係的。全文最精彩的部分是這麼幾段：

> 胡風反革命集團的材料被陸續揭露以後，在某些輿論中間，或隱或顯地提出這樣一個問題：魯迅先生是不是上過胡風的當呢？
>
> 我們知道反革命陰謀家胡風，的確是利用了魯迅先生受國民黨反動派壓迫的不自由的處境，利用他自己在文藝工作上得以接近魯迅先生的機會，曾想使魯迅先生上當的。但是偉大的魯迅先生，卻沒有上胡風的當。這是只要舉出兩件事情就足以證明的。一件是，一九三六年六月，托洛茨基匪幫的頭子陳獨秀寫了一封信通過胡風交給魯迅先生進行煽誘；結果是立即遭到了魯迅先生的嚴正的揭露和斥責。另一件是，一九三六年在關於文藝界的抗日統一戰線問題上，胡風在魯迅先生面前進行了卑鄙毒辣到無所不至的欺朦挑撥活動，企圖造成魯迅先生思想上的混亂而來反對黨的領導，破壞統一戰線；結果是魯迅先生在這個問題上始終堅持了正確的立場和觀點，在最後的聲明中，堅決表示擁護中國共產黨向全國人民所提出的抗日統一政策，正確地澄清了全部原則性的問題。

> 魯迅先生的偉大和英明，就表現在這裡。
>
> 魯迅先生是革命原則性極強而革命警惕性也很高的，他不能容忍一切壞人壞事，同時也對一切壞人壞事嚴密警戒。但是，他自己也說過，他雖然向來不憚以最壞的惡意來推測中國人，而有些人之壞卻常常出於他的意外。據親近魯迅先生的同志們說，魯迅先生後來對於胡風的在他面前總是說革命陣營的人們的壞話，也曾發生過懷疑；但不幸的逝世，使魯迅先生來不及看穿胡風的真面目。

徐懋庸給自己提出的任務是，揭露胡風在魯迅面前搞陰謀詭計，由於魯迅立場堅定，都未得逞。

徐懋庸提出兩件事作證。

第一件事：「一九三六年六月，托洛茨基匪幫的頭子陳獨秀寫了一封信通過胡風交給魯迅先生進行煽誘；結果是立即遭到了魯迅先生的嚴正的揭露和斥責。」

這是天外奇聞。

一九三六年六月魯迅接到的托派的信，署名是陳仲山。即使不知道陳仲山是誰的化名，只要略有歷史知識的也會知道，那決不會是陳獨秀的化名。原因極簡單，陳獨秀自從一九三二年十月十五日被國民黨反動派逮捕之後，一直關在監獄裡。他是一九三七年八月二十三日才釋放出來的。一九三六年六月，他還在囚繫中，怎麼可能在給魯迅寄信寄書呢？此其一。其二，陳仲山的信和書明明是放到內山書店由許廣平取去，交給病中的魯迅的。託人轉交，只能說託書店老闆內山完造轉交，決不可能「通過胡風交給魯迅先生」。這純屬信口開河，

含血噴人！按照徐懋庸的「揭露」，則魯迅在胡風替「托洛茨基匪幫的頭子陳獨秀」轉交「進行煽誘」的信時，就應該識破胡風的反革命面目，為什麼在兩個月之後寫的〈答徐懋庸〉長文中還為胡風辯誣呢？難道魯迅竟然昏聵糊塗喪失立場達到如此荒謬的地步嗎？

托派陳仲山「遭到了魯迅先生的嚴正的揭露和斥責」，是事實；但魯迅同時在回信中也毫不含糊地揭露出托派忽然給他寄信寄書的原因：「那就因為我的某幾個『戰友』曾指我是什麼什麼的原故」。「某幾個『戰友』」不就指周揚之流嗎？徐懋庸批胡心切，忘記了魯迅在〈答托洛斯基派的信〉中給予托派以「嚴正的揭露和斥責」的同時，還有這麼一筆，太遺憾了。

第二件事：「在關於文藝界的抗日統一戰線問題上，胡風在魯迅先生面前進行了卑鄙毒辣到無所不至的欺矇挑撥活動，企圖造成魯迅先生思想上的混亂而來反對黨的領導，破壞統一戰線；結果是魯迅先生在這個問題上始終堅持了正確的立場和觀點，在最後的聲明中，堅決表示擁護中國共產黨向全國人民所提出的抗日統一政策，正確地澄清了全部原則性的問題。」

這段文章寫得很玄妙。

「胡風在魯迅先生面前進行了卑鄙毒辣到無所不至的欺矇挑撥活動」：徐懋庸怎麼會知道？難道徐懋庸在魯迅身邊埋伏內線了？

「結果是魯迅先生在這個問題上始終堅持了正確的立場和觀點」：人所共知，魯迅「在這個問題上始終堅持」的「正確立場和觀點」，是堅決拒絕參加「文藝家協會」，是針鋒相對地提出「民族革命戰爭的大眾文

學」口號。魯迅正是由於堅持了這樣的立場和觀點，遭到了包括徐懋庸在內周揚等人的攻擊，被誣為「反對黨的領導，破壞統一戰線」。而徐懋庸卻說，「反對黨的領導，破壞統一戰線」是胡風挑撥離間企圖達到的陰謀，魯迅並未上當。那麼，合理的推論應該是，魯迅並未拒絕參加「文藝家協會」，魯迅並未提出「民族革命戰爭的大眾文學」口號。然而事實根本不是如此——徐懋庸所謂魯迅堅持的「正確立場和觀點」究竟是什麼，實在令人難以捉摸。

「在最後的聲明中，堅決表示擁護中國共產黨向全國人民所提出的抗日統一政策」：這個「最後的聲明」，大概指〈答托洛斯基派的信〉。這意味著，在「最後的聲明」發表以前，魯迅對「中國共產黨向全國人民所提出的抗日統一政策」的態度，是曖昧的。這倒為污衊魯迅為托派的謠言是周揚等人造的提供了佐證。

「魯迅先生的偉大和英明，就表現在這裡。」所謂「在這裡」，分明是說，魯迅能夠從態度曖昧轉為態度明朗，表現出了「魯迅先生的偉大和英明」。這是在讚揚魯迅的幌子下對魯迅的惡毒攻擊。

徐懋庸擺出的第二件事，同樣不值一嗤。

徐懋庸力圖證明胡風陰謀破壞，力圖證明魯迅沒有被胡風迷惑；不爭的事實表明，搞陰謀破壞的不是胡風，而是周揚、徐懋庸之流。而魯迅的偉大和英明，恰恰表現在對周揚、徐懋庸之流的洞察和堅決鬥爭上。

文章最末一段，拐彎抹角，實際上無非是說，魯迅終究還是上了胡風的當：「不幸的逝世，使魯迅先生來不及看穿胡風的真面目」。這裡，徐懋庸顯然以一個笑最後的勝利者的姿態，站在魯迅的屍體前，表示了無法抑制的喜悅。由於胡風被欽定為反革命，魯迅在〈答徐懋庸〉中對他乃至對周揚等人的批判，都將重新解讀

了。還有比這個更值得慶賀的嗎？

徐懋庸是在胡風平反之前去世的，也就是說，他是帶著笑最後的勝利者的得意離開人世的，這是他比胡風平反之時還活在人世的周揚等人幸運之處。

李之華

此人當時是中國戲劇家協會黨組書記，更是超一流的「惡棍」角色。他批判路翎的文章〈反革命的路翎〉（《戲劇報》一九五五年八月號），充分表現出歇斯底里亂叫亂咬的特色。選幾段特別精彩的略加掃描。

一

路翎那時和阿壠、方然、舒蕪、綠原、冀汸、化鐵以及其他胡風分子往來甚密。他們群居終日，咕咕喳喳，以談「文壇掌故」為名，把國民黨特務機關出版的《社會新聞》來一個口頭翻版，以污衊共產黨所領導的進步文藝界。不僅是口頭，而且也寫成「文章」，在胡風集團所編的《希望》雜誌及其他「小刊」上發表出來了。他們「創作」的這些「特務文學」，是受到胡風的極大贊許的。胡風自己也經常參加這樣的「創作」。自然他們「創作」的這些東西，並未用他們本人的名字公開發表，因為他們需要偽裝。

當時，國民黨公開的御用文人，早已臭名昭著；公開宣傳反動思想的作品，讀者也不屑一顧。在這種情況下，胡風、路翎等披著革命外衣而實質上反對革命的作品就應運而生，乘機而起，欺騙讀者，毒害青年。路翎暗暗地代替了王平陵，《雲雀》暗暗地代替了《野玫瑰》。

日本投降以後，路翎到了南京。一九四七年，由胡風的積極活動，通過他們的主子國民黨反動派的支援，路翎的反動劇本《雲雀》在南京上演了，受到特務頭子張道藩的嘉獎。

這是含污血噴人的典型之作。

李之華煞有介事地聲稱，路翎等人「以談『文壇掌故』為名，把國民黨特務機關出版的《社會新聞》來一個口頭翻版，以污衊共產黨所領導的進步文藝界」。《社會新聞》是國民黨反動派在一九三二年辦的一份刊物，一九三五年十月起改名《中外問題》，一九三七年十月停刊。李之華硬要路翎他們把在抗戰時期早就停刊根本無法看到的《社會新聞》「來一個口頭翻版」，一下子露出拙劣造謠的馬腳。

李之華把胡風及其友人公開發表在《希望》等刊物上的作品稱之為「特務文學」，完全是惡毒污衊。只要讀過《希望》等刊物而不是帶有成見的讀者，沒有一個會發現那裡面有什麼「特務文學」的東西。至於說「他們『創作』的這些東西，並未用他們本人的名字公開發表，因為他們需要偽裝」，也是拙劣的中傷。「胡風」就不是他本人的名字，然而是他一貫用的筆名。他的友人絕大多數發表作品用的也是筆名，然而也是一貫只用一個固定的筆名的。這是中外大多數作家的偏好，不獨胡風和他的友人這樣。「需要偽裝」云云，純屬信口雌

黃。必須指出，《希望》是中共南方局出資資助出版的，照李之華的說法，中共南方局居然成了「特務文學」刊物的後臺了。李之華太有點忘乎所以了吧！

他還把路翎污衊為比文化特務王平陵還要可怕的人物，更是喪心病狂。他居然胡說什麼路翎的劇本《雲雀》，是與《野玫瑰》一樣的為國民黨特務張目的東西，胡說什麼「《雲雀》在南京上演了，受到特務頭子張道藩的嘉獎」。說得活靈活現，幾乎使人覺得是李之華親自看到的。無情的事實是，《雲雀》，由於表現了追求進步青年的進步追求，一九四七年在南京上演後，特務頭子張道藩大發雷霆：「國民黨的文化會堂卻演了共產黨的戲，太不成話了！」——「嘉獎」云云，不是含污血噴人又是什麼！

二

國民黨反動派臨近崩潰的前夕，在南京作垂死掙扎，大量抓人，造成空前的白色恐怖。有一天黃昏後，特務、憲兵突然闖進了路翎的家門。這些特務、憲兵昂頭闊步、氣勢洶洶而來，見了路翎，就低頭垂手、規規矩矩而去。由此可見，路翎的「本領」比賈植芳高明，他不必由胡風寫信給阿壠找什麼特務頭子陳焯之類的人物，自己就能解除「自家人」的誤會。與此同時，路翎的密友歐陽莊、化鐵也因一場誤會在上海被捕了。路翎馬上趕到上海去，並約了阿壠到上海，他和阿壠、胡風的妻子梅志找到了「有力者」，解釋了誤會，歐陽莊等便很快出來了。

這是百分之百的白日見鬼。真正的事實是這樣的。那時路翎住在一個大雜院裡，住戶很多。那天，鄰居家有人在外面出了事，幾個憲兵、特務到大院裡來找鄰居家查問；事後，又在院裡挨家挨戶問了幾句，就走了。所謂「這些特務、憲兵昂頭闊步、氣勢洶洶而來，見了路翎，就低頭垂手、規規矩矩而去」，完全是李之華的天才創作。那次憲兵、特務不是衝著路翎而來，但路翎感到有提高警惕的必要，所以次日即暫時離開南京到上海避風去了。路翎在南京解放後七天給胡風的信裡談到此事：「我於三月二十二日曾去上海，因為這裡憲兵特務曾來盤問，是去避避風的。」（曉風編《胡風路翎文學書簡》，安徽文藝出版社一九九四年版，第一四六頁）如果真像李之華所說的那樣，路翎就根本不必到上海「避避風」了——不是「路翎的『本領』比賈植芳高明」，而是李之華造謠中傷的本領比《社會新聞》高明，而且高明多多。

至於歐陽莊、化鐵被捕的實際情況，請看當事人歐陽莊二〇〇三年的血淚交迸的回憶：

（《螞蟻小輯》）第六期是我到上海後找化鐵合編的。說是有個編輯「部」，其實只有我和他兩人。化鐵當時是龍華機場氣象員，住機場宿舍，同住的另一位氣象員值勤，宿舍就是編輯部的「部」了。每次去會化鐵，我在市區搭乘「兩航」的班車，直達機場，幾步路就到他那裡。出事的那天前幾天前，梅志弄到聯合國救濟總署捐贈的兩件毛衣，她捨不得留用，我正缺衣，化鐵雖不缺但不能厚此薄彼，送我們一人一件。春寒陣陣，我已穿上了身，想到化鐵，便夾了這件毛衣和幾份來稿，沒有趕上班車，步行到了機場大門。自報家門來送毛衣給劉德馨（化鐵）。化鐵前來會客，兩人即被暫留盤問，不

一會化鐵的宿舍被搜。一個便衣惡狠狠地說：「我們就是你們所說的『狗』！」也就是說，從我帶的稿件和從化鐵宿舍裡搜到的稿件中，他們嗅出了什麼值得懷疑的東西，說不定可以從中「請功」，得到嘉獎。後來知道，前幾天一架民航（C-47）在此飛到解放區，起義成功，因此機場大門全部換了特務把守。由於不知道這個特殊情況，我們被捕了。在機場暫扣時，化鐵打電話請當時在聯合國救濟總署工作的他的堂兄陳劉篤前來保釋，但特務頭目回答，放與留要由上海警備司令部決定。

被捕當天我和化鐵關押在威海衛路附近的警備司令部稽查第一大隊。我們分別以大刑侍侯，幾天裡我們被嚴刑拷打，死去活來，一直到分隔兩個囚室裡的我們的口供一致才稍有緩和。（中略）不謝天不謝地，要謝號子裡的難友。我們在難友的幫助下，從牆縫裡傳遞了各人的口供，進行「串供」。化鐵在特務一陣捶打之下改了口，同我的口供版本一致起來，取得了敵人的認可。更要感謝人民解放軍，由於我方勝局已定，敵人來不及核實，我們的案情沒有擴大，我的組織關係沒有暴露，《螞蟻小集》的真實情況也沒有「洩密」。我還要感謝陳劉篤和梅志，在他們委託有關人士的營救下，我們得以平安出獄。（《螞蟻小集》•胡風•「蘇州一同志」），曉風編《我與胡風》，增補本，第一〇二二至一〇二三頁。）

無情的事實，照徹李之華造謠中傷的卑劣。

三

路翎到胡風家秘密集會時，進門出門總要看看外面有沒有人，惟恐被人發現。普通客人就在胡風的客室被招待，但路翎等與胡風密談就在胡風的最隱蔽的內室進行。他們密談時都用隱語和代號，特別是對人的稱呼，外面人根本聽不懂。各地胡風分子寄到路翎那裡的給胡風的信，信封上往往是路翎的代號，信裡有時寫胡風和路翎兩人的名字，或寫路翎一人的名字，其實都是給胡風的。

「進門出門總要看看外面有沒有人，惟恐被人發現」。有何根據？難道當時政府就派了秘密員警跟蹤路翎、胡風了嗎？

「他們密談時都用隱語和代號，特別是對人的稱呼，外面人根本聽不懂。」更是怪事一樁。難道當時政府就在胡風家裡按上竊聽器了嗎？

「信封上往往是路翎的代號，信裡有時寫胡風和路翎兩人的名字，或寫路翎一人的名字，其實都是給胡風的。」也使人難以理解。難道當時政府就專門派人檢查胡風的往來信件了嗎？

這哪裡是在揭露路翎，分明是在給人民政府抹黑！是在向人們透露，人民共和國是一個比法西斯還法西斯的國家！

李之華這篇東西，我曾於二〇〇四年複印了一份寄給化鐵。他來信說：「〈反革命的路翎〉一文，讀後不僅髮指，而且全身毛骨悚然。想當年我在監獄裡自忖必死。今日讀到這些文章，才明白這些傢伙，早已屠刀舉起，不殺掉幾個人頭是誓不甘心的。」李之華此文，不僅化鐵讀了毛骨悚然，即使局外人如我讀了，也不能不毛骨悚然。李之華的惡毒，不僅僅在於他的匪夷所思的造謠中傷，更在於他是以此向當局提供路翎大有可殺之罪的「罪證」。他和幾位超一流打手，都是喪心病狂嗜血成性的幫兇。

唐弢

唐弢，已經讓他在小丑型中亮相，但覺得僅僅把他歸入小丑型，未免委屈了他。就他的〈「黨人魂」短劍〉一文看，是應該歸入惡棍型才合適的。請看全文：

> 有一句這樣的習語，叫做秀才造反，三年不成。
>
> 這是代表了一部分人的看法的，他們認為倘要進行顛覆活動，必須有刀，有槍，能夠親自殺人，文縐縐的秀才是造不起反來的。胡風反革命集團的陰謀揭發後，由於這個集團一貫的以文藝為幌子，這些人便立刻把胡風歸入到秀才這一類，覺得比起持有手槍、毒藥、發報機的反革命分子來，胡風集團是

「不成大事」的一夥。待到聽人說，胡風在三十萬言的《意見書》裡，說過黨在文藝方面的領導有刀子，這些人也居然緊張起來，回頭去找《意見書》，讀了之後，不覺哈哈大笑道：「把理論看成刀子，真是秀才見識，神經過敏！」於是，他們把反革命分子放在一邊，又埋頭到業務裡；待到聽人說，胡風在密信裡說要用「集束手榴彈」，一聽見胡風有手榴彈，這些人可怔住了，趕緊去看〈材料〉，看完之後，不覺又笑了起來，說道：「不過拋出幾篇文章，還自以為是手榴彈哩，真是十足的秀才！」於是，他們的「秀才觀」得到了結論，彷彿天下大定，摸摸下巴，自己覺得十分放心了。

對於這些對反革命活動抱著「唯武器論」的人，如果對他們解釋說，文藝也是武器，從理論上做「挖心戰」正是反革命的根本戰略。他們表面上也會點頭，心裡卻還是一個不服氣，背地裡咕噥道：「到底不是真刀真槍呀！」這些人嘲笑胡風是秀才，其實自己倒入了「縣學」，披上青衿，成為不折不扣的書生——秀才的候補者。

書生們說胡風沒有真刀真槍，不會親自殺人，這是不對的；事實證明胡風有武器。現在已經發現的，是一柄蔣介石送他的短劍，名曰「黨人魂」，劍柄上刻著「蔣中正贈」四個字。像一切暗藏的反革命分子對待自己的武器一樣，胡風也拿它當作一個「法寶」收起來。抗日戰爭結束，他把這柄短劍鄭重其事地放在書箱裡，委託親信黃若海從重慶運回上海，解放後移家北京，又把它帶在身邊，藏如破棉花套子裡。這種叫做「黨人魂」的短劍，是法西斯頭子專門頒給他的親信，以便必要時搏擊敵人、危急時實行自殺，帶著勾魂攝魄的作用；匪徒們為了表示自己對主子的忠誠，在接受這個「贈禮」之後，必須

在具體活動中貫徹主子的意圖，才算對得起這柄短劍。說胡風不會殺人，不就是十足的書生之見嗎？而且，胡風既然有這個武器，怎麼能夠說明胡風反革命集團就沒有別的武器呢？

書生們說胡風是秀才，「不成大事」，這也是不對的；我們的敵人蔣介石倒並不這樣想。「黨人魂」短劍本來是發給武裝特務的，然而也發給了「文裝」的胡風，足見反動頭子對胡風的重視。美蔣匪幫的陰謀是全面滲透，無孔不入。所以需要以暴力製造騷動的地主惡霸，也需要用軟功刺探情報的「大學生」；需要燒毀工廠、炸爛機器的流氓，也需要私改圖樣、造成廢品的「工程師」；需要拿明晃晃刀子殺人的暴徒，也需要以蒸餾水換配尼西林替病人打針的「醫生」；在他們眼裡，文人的筆，神父的嘴，雜誌上的汽水製造法，礦地上的煤井挖掘計畫，都可以用來殺人，以達到他們反革命的目的。胡風就是被安置在文藝部門的特務。表面上只是「對文藝問題的意見」，實質上卻是反社會主義的綱領；表面上只是幾個人的「私房話」，實質上卻是反革命的地下活動；此所以臺灣的廣播要向胡風大叫：「你有寄予深切同情的朋友，也有積極準備和你會師的夥伴。」他們要發動一切反革命分子來和胡風「會師」，正是文做武打，互相配合的證據，也是蔣介石為什麼要把「黨人魂」短劍送給胡風的道理。認為胡風不過是一個造不起反來的秀才，不就是十足的書生之見嗎？

綜上兩點，我的意思是說：「胡風反革命分子可能有暗藏的武器，然而卻不一定經常依靠這暗藏的武器來進行反革命活動，他們有分工，有配合，需要在各個部門作全面的滲入，這正是美蔣匪幫企圖顛覆人民政權的最惡毒的陰謀。反革命分子為了隱蔽自己，在特殊的戰線上活動的如胡風之類，就有必要

裝成沒有武器的樣子，但是，倘使因此而認為他們真的沒有武器——真刀真槍，不會直接殺人，卻仍然是書生之見，即以胡風為例吧，就有他的「黨人魂」短劍在。

這是反革命分子復辟的標幟，是比所有的武器更凶的武器。這柄短劍，已經插入了認為胡風只是一個秀才的人們的心窩裡，它證明著，以書生去嘲笑不是秀才的「秀才」，並不是什麼笑話，卻是一件危險萬分的事情，不要以自己的血肉，去嘗試反革命分子的短劍吧，書生們！（《文藝月報》一九五五年第九期）

文章曲裡拐彎，無非是說，胡風有真刀真槍，會直接殺人——這是惡毒誣陷！

所謂「黨人魂」，錯了，應該叫做「軍人魂」。根本不存在「黨人魂」的短劍。所謂用來「親自殺人」，更屬信口開河。這種短劍是要佩帶者在「不成功便成仁」的時候自殺用的，不是用來殺別人的。這種短劍並不稀奇，國民黨部隊裡凡是排長及排長以上的軍官，每人都有一把。難道他們全是「武裝特務」？一九三五至一九三七年，南方幾個省的大學一年級學生，都要接受集中軍事訓練兩個月，名之曰「預備軍官教育」。訓練期滿，每個學生都能得到一把劍柄上刻著「蔣中正贈」字樣的「軍人魂」。難道他們也都成了「武裝特務」？我曾從我的念大學的堂房哥哥那裡近距離接觸過「軍人魂」。那是不到一尺長的短劍，殺雞還可以，自殺頗困難。我還沒有聽說有哪一個「成仁」的軍官是用這種短劍結束自己的生命的。這種專為「成仁者」自殺準備的短劍，在唐弢筆下居然變成「武裝特務」專用的殺害革命人民的武器，玩笑開得太過頭了。胡風的那把「軍

人魂」，顯然是阿壠送給他玩玩，當裁紙刀用的，唐弢卻居然做出這麼一篇嚇人的文章來，什麼「蔣介石送他的」，什麼「『黨人魂』短劍本來是發給武裝特務的，然而也發給了『文裝』的胡風，足見反動頭子對胡風的重視」，什麼「在特殊的戰線上活動的如胡風之類，就有必要裝成沒有武器的樣子」，什麼「也是蔣介石為什麼要把『黨人魂』短劍送給胡風的道理」，統統是只能騙騙解放後天真的讀者的彌天大謊。

唐弢聲稱胡風要殺人，其實倒是唐弢在催促當局殺胡風。他寫此文的目的難道不是這樣嗎！

綜評

惡棍型的批胡健將有一個共同特點，那就是，他們加到胡風一干人身上的「罪狀」，特別匪夷所思，特別駭人聽聞。他們的原則是：越能製造出聳人聽聞的罪行，就越能表現出自己對最高權力的無比忠誠；越能表現出對最高權力的無比忠誠，就越能贏得最高權力的賞識與寵幸。運動需要打手，尤其需要惡棍型的打手。打手需要運動，惡棍型的打手尤其需要運動。運動，是他們的盛大的節日。他們就在被害者的血淚上大跳其狂歡之舞。這些人物的批胡文章，都是一面面無情的鏡子，把他們靈魂中最骯髒、最無恥、最卑鄙、最兇殘的東西，照得個通明透亮。同時，也把列入其他類型的一些表現極其惡劣的勇士們靈魂中最骯髒、最無恥、最卑鄙、最兇殘的東西，映照得通明透亮。

魯迅早就指出：「中國歷來的文壇上，常見的是誣陷，造謠，恐嚇，辱罵，翻一翻大部的歷史，就往往

可以遇見這樣的文章，直到現在，還在應用，而且更加厲害。但我想，這一份遺產，還是都讓給叭兒狗文藝家去承受罷，我們的作者倘不竭力的拋棄了它，是會和他們成為『一丘之貉』的。」（〈辱罵和恐嚇決不是戰鬥〉，《魯迅全集》第四卷，第四五二至四五三頁）可惜的是，不少作者如惡棍型的打手之流，偏偏熱中於成為「叭兒狗文藝家」的「一丘之貉」，這是人各有志，別人勉強不得的。

一九五五年靠批胡起家的「惡棍」，他們的邪惡本性是決不會改變的。這裡有一個典型的例子。粉碎「四人幫」後的次年，一九七七年四月二十日，《人民日報》以頭版頭條的巨大篇幅發表奇文一篇：〈「四人幫」與胡風集團同異論〉。作者為「上海人民出版社批判組」。據瞭解內情的人士透露，這篇文章的執筆人，就是一九五五年上海出版界的那位批胡幹將。關於此文的寫作意圖，文章在開宗明義第一段中就表述得很清楚：

《毛澤東選集》第五卷出版了。這是全國人民政治生活中的一件大事。（中略）在《毛澤東選集》第五卷中，不是有許多有關識別反革命黑幫的教導嗎？別的且不說，僅此一點，就對「四人幫」大大不利了。當年毛主席寫的《〈關於胡風反革命集團的材料〉的序言和按語》，今天仍然像一把鋒利的刀子刺著「四人幫」的心臟。因為他們都是反革命黑幫，必有「同」在；因為它們所處的時期、條件和地位不同，又有「異」存。拿起這把刀子，解剖這兩個反革命黑幫，辨其同異，明其淵源，這對於深入地揭發批判「四人幫」，是很有益處的。

原來，此文是為迎接《毛澤東選集》第五卷的出版而寫，是為指導人們如何「活學活用」《毛選》第五卷而寫。《毛選》第五卷是這年四月十五日公開發行的，此文發表於四月二十日，堪稱「緊跟」。然而，此文的致命傷也就在這個「緊跟」上。原因很簡單，因為，《毛選》第五卷的出版，就是一個嚴重的方向性錯誤。

一九七六年十月，「四人幫」覆滅。經過了十年浩劫，深受左禍荼毒的中國人民，對於極左路線的危害有了極為痛烈的感受，也有了極為深切的認識。人們普遍認為，隨著禍國殃民的「四人幫」的覆滅，那條極左路線理應從此終結。然而，人們很快發現，他們過於天真了。當時的最高決策人抱住兩個「凡是」不放：「凡是毛主席作出的決策，我們都堅決維護；凡是毛主席的指示，我們都始終不渝地遵循。」這種逆黨心民心而動的方針，必然遭到黨內黨外健康力量的強烈抵制和反對。最高決策人所以在一九七七年四月迫不及待地出版《毛選》第五卷，就是為了鞏固自己的絕對權威並企圖以此把反對的力量一舉擊潰而採取的一次重大舉措。

《毛澤東選集》第五卷的出版，是對於二十多年來歷史大逆轉的頑固堅持，是黨內兩條路線鬥爭觸目驚心的表現。《毛選》第五卷一次就破天荒地印行了一億冊，發行時不但作出《中共中央關於學習〈毛澤東選集〉第五卷的決定》，而且在全國規模配以大張旗鼓的宣傳，所有這些，在在表明了當時的最高決策人對這一舉措的極端重視。所謂「上海人民出版社批判組」的這篇奇文，所以被《人民日報》看中，就因為它是如此及時地適應了最高決策人的戰略要求。

《毛選》第五卷中有不少批判右派的文章，「批判組」為什麼不拿右派和「四人幫」比，偏要拿「胡風集團」和「四人幫」比呢？就是因為「批判組」的那位主要筆桿子，就是在批胡運動中以善於扣尿缽子而起家的；

現在，他以反胡風的老手的身分亮相，意圖從「胡風集團」的問題上再撈一把，為新的極左路線立新功了。

但是，他在文章中特別提出，要人們重新學習「當年毛主席寫的《〈關於胡風反革命集團的材料〉的序言和按語》」，卻是愚蠢透頂的一著臭棋。經歷過一九五五年那場所謂「反胡風鬥爭」的絕大多數知識分子，一提到「當年毛主席寫的《〈關於胡風反革命集團的材料〉的序言和按語》」，都不免毛骨悚然，心有餘悸。當年，正是在這個「序言和按語」的指引下，刮起了一場大膽懷疑、大膽逮捕、大膽株連、大膽逼供的狂飆，在全國知識群體中形成一個大恐怖大喑啞的局面。這篇文章特別提出重新學習「當年毛主席寫的《〈關於胡風反革命集團的材料〉的序言和按語》」，這就把《毛選》第五卷的極左傾向和此文執筆者的極左面目一下子徹底暴露無遺。

讓我們看看，這篇文章是如何向人們示範，把「當年毛主席寫的《〈關於胡風反革命集團的材料〉的序言和按語》」「活學活用」於「深入批判」「四人幫」的。

執筆者根據當年毛主席寫的《〈關於胡風反革命集團的材料〉的序言和按語》，把「胡風集團」與「四人幫」對比，比出如此結果：

「四人幫」與胡風集團，結幫之宗旨同，基本隊伍之組成同，「抓大旗」反黨反無產階級專政之策略同，用以想事之方法同。一言以蔽之曰，他們的反革命的本性相同。

把一個革命作家群體誣之為「反革命集團」，以之與一個貨真價實的反黨反人民的「四人幫」比其相同之處，除了轉移鬥爭大方向、包庇了罪大惡極的「四人幫」，還會有什麼別的結果嗎？所謂「深入」批判「四人幫」，只是自欺欺人的鬼話而已！一九五五年當時，在那個失去理智的批判「胡風反革命集團」的狂熱浪潮中，許多天真的人都毫不懷疑地把「毛主席寫的《〈關於胡風反革命集團的材料〉的序言和按語》」奉為金科玉律；現在，經過了二十三年的時間沉澱，尤其是經過了十年大動亂刻骨銘心的教育，對於「序言和按語」仍然盲信的人不是那麼多了。這篇奇文一手批「胡風集團」，一手批「四人幫」，如此荒唐悠謬的舉措，嚴重地干擾了深入揭批「四人幫」的鬥爭，只有「四人幫」和他們的爪牙才會鼓掌歡迎。

這篇奇文給當時的所謂「胡風集團」成員帶來的奇禍，是極為慘重的。綠原在〈胡風和我〉中就有痛烈的揭露：

> 從一九五五年起，到一九七六年止，我在文字上和口頭上公開被誣為「美蔣特務」，已有二十年了。在這漫長的歲月裡，除了在所在單位的小範圍內，我無法向任何人解釋，我不是「特務」，我的那個問題在一九五五年就被調查清楚並否定了；我只好自己寬解自己，公安部瞭解，黨組織瞭解，不也就夠了嗎……
>
> 「四人幫」倒臺以後，全國人民歡欣鼓舞，我的厄運照說也應當到頭了。想不到一九七七年四月二十日，上海人民出版社批判組的一篇〈「四人幫」與胡風反革命集團異同論〉，在全國各地轉載並轉

播，其中又一次宣揚「胡風與國民黨特務機關有密切聯繫」、「阿壠是反動軍官」、「綠原是美蔣特務」等惡毒誣陷之辭，一下子又把我推到了不容分說的狼狽境地。

如果說當年人多嘴雜，一些過頭話難以避免，而今事二十多年，仍然重複「曾參殺人」的讕言，就不由得人們不信以為真了。事實上，我的全家這時正處於水深火熱之中——「文革」中期，我的小女兒十八歲，作為「可教育子女」，被單身下放青海一個邊區當「赤腳醫生」；她在那裡人地生疏，經人「介紹」，與某羊場獸醫結了婚；此人上爬心切，幾年後覺得「岳父」問題是他晉升的嚴重障礙，於是不顧已生兩個子女，強行離婚；這時，那篇被轉載轉播的上海大文助長了他的囂張氣焰，終於把可憐的小女兒逼出了病；我家只得把她從青海接回北京來，天天換人跟著她……

上海那篇大文把「胡風集團」和「四人幫」扯到一起，在手法上同「四人幫」把胡風和劉少奇扯到一起何其相似，由此反倒證明了它的執筆者和「四人幫」的「異同」。必須指出的一點「異」處在於，「四人幫」固然不會想到為劉少奇開脫，而那位執筆者至少客觀上卻收到了為「四人幫」減輕罪責的效果。（曉風編《我與胡風》，增補本，第六〇九至六一〇頁）

綠原的血淚控訴，照徹了這篇奇文的執筆者作為極左路線幫兇的兇殘醜惡的面貌。

胡風的夫人梅志在《我陪胡風坐牢》中，回憶到她和胡風在獄中讀到這篇奇文時的反應。梅志勸說胡風的話裡有這麼一句：「拿你再做一次靶子是最方便不過了，何況拿別人的鮮血洗自己的手或是染紅頂子的事是

常有的。」（《我陪胡風坐牢》，中國工人出版社二〇〇二年版，第三二三頁）梅志當時不知道此文的作者是誰，但她斷定此文作者的寫作動機不是拿別人的鮮血洗自己的手就是拿別人的鮮血染紅頂子，二者必居其一，是說中了的。此文的作者就是抱著「拿別人的鮮血」「染紅頂子」的卑鄙動機草此奇文的。這位批胡幹將，憑藉此文再立新功，果然官運亨通，飛黃騰達，達到了「拿別人的鮮血」「染紅頂子」的目的。

告密型

告密，一般是暗地進行的，但在批胡運動中也有公開進行，向當局告發所謂暗藏的「胡風分子」的。暗地告密的文章無緣見到，這裡只就兩篇見諸報刊書籍公開告密的文章略加掃描。

王子野

王子野，當時是人民出版社社長。此人在第三批材料發表後寫的〈同志，當心蛇的牙齒！〉（《文藝報》一九五五年第十二號），既有「惡棍」特色，又有告密者的特色。「惡棍」特色表現在文章前三段的批胡部分。只摘錄這麼一句就夠了：

歷史上出賣耶穌的猶大是有名的陰險分子和叛徒，可是比起胡風來卻瞠乎其後。猶大只出賣了一個耶穌，而胡風卻企圖出賣整個祖國的人民——六億。

第三批材料扣給胡風的帽子夠嚇人的了，這位王子野給胡風扣的帽子更嚇人。一九五二年舒蕪對胡風進行反戈一擊之後，「猶大」已經成為舒蕪的別名；不料在這位王子野的筆下，胡風竟成了遠比舒蕪可怕得多的猶大。舒蕪，只出賣了一個「胡風集團」，胡風竟然企圖出賣六億中國人民。這一來，舒蕪的罪行得到開脫，該如何感激這位王子野啊！

王子野這篇文章的妙處自然不僅止於此，更精彩的在下面：

從胡風反革命集團事件的揭發中，我們取得的最最重要的教訓，是必須百倍提高政治警惕性。第一、二批材料的公佈的確驚醒了許多人，但卻還沒有驚醒全體的人們，某些天真幼稚的人們仍然在睡大覺，說夢話。即使在第三批材料公佈之後，也還有不清醒的人在。

比如說：有某同志的一個好朋友與胡風集團的骨幹分子交往甚密。第三批材料內便公佈有胡風分子給他那個「朋友」的信，我們就問某同志，他那個朋友究竟怎樣？某同志答道：「他嗎？我完全瞭解，是好同志，沒有一點問題。」我們又問：「儘管他平日工作表現不錯，但讀了那封驚心動魄的信，難道不應當用懷疑眼光去看一看嗎？」他答道：「我是不習慣對朋友懷疑的，懷疑朋友就是對朋友侮辱，我的良心不允許我這樣做。你們要我懷疑，我可沒有材料，難道叫我造假嗎？」

多麼荒謬的論調！明擺著已經公佈了的胡風分子寫給他的密信，還說「不習慣」對這樣的「朋友」懷疑，還能擔保他「沒有一點問題」——這樣的人，或者自己就是胡風分子，想為他的「朋友」打掩

護，或者就是他的階級本能使他發出了這樣的心聲。

這位王子野，以喚醒「仍在睡大覺」的人為由頭，把「某同志」對他說的私房話統統抖落出來，並提出對方「或者自己就是胡風分子，想為他的『朋友』打掩護」的判斷。他在措辭上雖然耍了一點花招，在「或者自己就是胡風分子」後面，來了個「或者就是他的階級本能使他發出了這樣的心聲」，給人以他並沒有咬死「某同志」就是胡風分子的假像。然而，在那個到處深挖暗藏的「胡風分子」惟恐有一個漏網的日子，在那個「有罪推斷」成為司法部門辦案的唯一指導思想的日子，指稱「某同志」「或者自己就是胡風分子」這句話，就足以構成「某同志」就是「胡風分子」的結論了。這一點，寫這句話的王子野，應該比別人心裡更清楚的。可以想見，這篇奇文發表之日，也就是「某同志」開始大倒其楣之時——很可能，在這篇奇文發表之前，「某同志」已經倒楣了。

但，這篇文章也有它特別可貴之處，那就是，它向我們透露了一個情況：不但第一、二批材料的公佈沒有起到使「全體人們」都深信不疑的地步，「即使在第三批材料公佈之後」，也還有不信那一套的人在。王子野在文章裡大訓特訓，左一個「仍在睡大覺，說夢話」，右一個「也還有不清醒的人在」，他也不想想，連最高權威親筆寫的「編者按語」也不能達到「全體人們」都信的地步，你的這點訓詞就會起作用？難道你比最高權威還權威？

劉金

劉金，在「惡棍型」中已經讓他亮過相，這裡又以「告密型」的角色讓他登場，一身二任，非一般之才。此人在批胡高潮中向當局告發的第一個暗藏的「胡風分子」，就是現在這本小冊子的作者：當時筆名「伊凡」的我。

需要交代一下事情的來龍去脈。

一九五三年末，劉金在《文藝月報》十、十一月號合刊上發表了〈讀天藍的兩本詩集〉一文，對天藍的詩篇妄加批判，語多荒謬。我實在無法卒讀，當即寫了一篇〈論實事求是的批評態度〉，投寄《文藝月報》。稿子很快就被退回，我以為事情到此已經不了了之。不意一九五五年九月，劉金在他應時出版的《感情問題及其他》（新文藝出版社版）中，來了個秋後算帳。我這才知道，原來我的未刊稿在被退回之前，曾被劉金看過，而且其中重要的文句都被他摘抄下去。這一下，劉金算是找到時機了，他先在〈前記〉中殺氣騰騰地聲稱：

〈讀天藍的兩本詩集〉一文發表以後，就曾招來了胡風反革命集團方面的猛烈攻擊。

在正文的後面，特意加上了一篇〈校後附記〉，其中有這樣的話：

還有一位先生，讀了我這篇小文後，十分激動起來，寫了一篇〈論實事求是的批評態度〉寄給一個文藝刊物。在該篇論文裡，這位先生批評我「抱著先入的成見」，說我「斷章取義地對許多作品作了錯誤的理解」，「在偏見的煽動下」，「用一種狹隘、片面、機械的觀點來理解天藍同志的詩集，甚至失（去）了對詩的起碼的理解能力」。

我以為，說我理解錯了，說我對於詩缺乏起碼的理解能力，我是不必辯護的，一切有我的這篇小文章為證。但是，說我「抱著先入的成見」，「在偏見的煽惑下」寫了這篇文章，那是我所不能接受的。我要說，這決不是什麼「實事求是的批評態度」，這是惡意的攻訐。

這，分明是把我的〈論實事求是的批評態度〉作為「胡風反革命集團方面的猛烈攻擊」的典型例子提出來了。劉金客氣得很，沒有把我的名字亮出來。但是，既然已經亮出了文章的題目，則「這位先生」也就逃不出無產階級專政疏而不漏的天羅地網了。

在那個大舉深挖暗藏的「胡風分子」惟恐有一個漏網的嚴峻的形勢下，這是明擺著向當局公開告密，這裡還有一個沒有挖出來的暗藏得很深的「胡風分子」，要當局對我這個還沒有被挖出來的「胡風分子」採取行動。——很可能，在寫這篇東西之前已經向有關方面暗地告密了。

看到劉金的這個告密，有一段時間，我是做好隨時被逮捕的思想準備的。可惜的是，我所在的單位並沒有被劉金這個陰險的告密者牽著鼻子走；經過一番內查外調，為我解除了包袱。劉金不但白費心機，而且把自己

靈魂中最卑鄙最醜惡最陰險最兇殘的一面暴露在光天化日之下，這大概是他沒有想到的。

這裡，為了揭出劉金險惡的告密手段，需要就我當年的批評是否「惡意的攻訐」做必要的說明。

對於天藍同志，我和他素昧平生，我從詩篇中知道他是戰鬥在解放區的詩人。他的詩不多，但以特殊的魅力征服了廣大讀者。劉金在他的那篇〈讀天藍的兩本詩集〉中對天藍的批判實在太離譜太不像話，我才寫了〈論實事求是的批評態度〉為我所敬愛的詩人說幾句公道話。只要讀讀劉金那篇大作，便可以知道，被劉金引出的我的文句，正是句句打中劉金的要害。

如，天藍的〈雪底海〉最後一段：「夜已迷茫，／風正蕭索，／年輕而勇敢的人呵，／躍入大時代冷峻的戰鬥。」這句詩是什麼問題也沒有的。劉金卻批之曰：「詩人把轟轟烈烈的民族解放鬥爭看成是『冷峻的戰鬥』。」在劉金看來，民族解放鬥爭必然是「轟轟烈烈」的，絕不可能是「冷峻」的。事實是，任何偉大的正義鬥爭，既存在「轟轟烈烈」的一面，也存在無比「冷峻」的一面。認為民族解放鬥爭只存在「轟轟烈烈」的一面，不存在「冷峻」的一面，這是典型的教條主義和形而上學。詩人，在特定的條件下，有權在自己的作品中突出鬥爭的「冷峻」的一面，而淡化「轟轟烈烈」的一面。對於一首突出鬥爭的「冷峻」的詩，要看詩人是用「冷峻」的鬥爭嚇住讀者使讀者對正義的鬥爭產生恐懼感，還是用「冷峻的戰鬥」激勵人們以更堅毅的意志投向戰鬥。天藍的〈雪底海〉，屬於後一種情況，而不是屬於前一種情況。劉金的指斥，只是暴露了他的思想僵化到何等可怕的程度。劉金評論作品，不是從紛紜複雜的現實生活出發，而是從必須寫「轟轟烈烈」這樣一個框框條條出發，這不是「抱著先入的成見」又是什麼！不是「在偏見的煽動下」，「用一種種狹隘、片面、

機械的觀點來理解天藍同志的詩集」又是什麼！

再如，〈隊長騎馬去了〉這首膾炙人口的詩篇，是對篡奪了游擊隊領導權的奸人假手日寇屠殺抗日力量的罪行的悲憤控訴。游擊隊員眼見奸人用心叵測地把游擊隊引向死地，隊伍遭到嚴重損失，不禁悲憤唱出：「我們是中國的軍士呀，／面向著：／紀律與／死！」這裡的所謂「紀律」，指的是奸人逼迫游擊隊員「打硬仗」的「紀律」；所謂「死」，指的是完全沒有必要的犧牲。哪怕是最粗心的讀者，也不至於作出錯誤理解。然而劉金卻指斥道：

把有覺悟的戰士的自覺鬥爭，視為「面向著紀律與死」！似乎戰士們的不敗走，不逃跑，是由於面向著鐵的紀律的緣故；似乎在戰士面前，只有這兩條路：要嗎受紀律制裁，要嗎去死！這是多麼錯誤的觀點啊！詩人似乎全不懂得，戰士們能夠勇往直前、不怕犧牲流血，主要的並不非是由於嚴格的軍紀，而是由於對敵人的恨和對國家民族的愛，是為了求得民族的生存和解放。戰士們勇往直前，也決不是為了去死，而是為了去爭取勝利。

按照劉金的這段指斥，天藍這首詩可謂反動透頂。把革命的軍紀視為無可奈何的桎梏，把革命戰士為革命獻身說成是為軍紀所逼，這不是對「有覺悟的戰士」的歪曲嗎？然而，詩篇寫得明明白白，隊長被殺害後，這支游擊隊落在奸人的手裡；領導他們「打硬仗」的就是別有用心的奸人：「今天卻有另一種人／領導我們打硬

仗／使我們遭受損失——／二百個弟兄去，／二十個弟兄回來」。這，不是比什麼都清楚地昭告了，君臨於這個隊伍的所謂「紀律」，根本不是革命紀律，戰士們面臨的「死」，也根本不是「為了去爭取勝利」的有意義的獻身。不聯繫詩篇具體語境，只死抱住字典上的解釋來理解特定的詩篇，這不是「抱著先入的成見」又是什麼！不是「在偏見的煽動下」，「用一種種狹隘、片面、機械的觀點來理解天藍同志的詩集」又是什麼！對於「面向著：／紀律與／死」這樣的連一般初中學生都不致誤解的詩句竟作出這樣的曲解，不是「斷章取義」、「失（去）了對於詩的起碼的理解能力」又是什麼！

類似的例子還不少，沒有必要再舉了，僅此二例，已經足夠說明問題。

事情很清楚，我的意見句句有根據，句句打中劉金要害。鐵鑄的事實，決不是任何栽誣所能改變的。劉金認為如實地指出他的謬誤就是「惡意的攻訐」，就是「胡風反革命集團方面的瘋狂攻擊」，這是地地道道的法西斯邏輯，含污血噴人的政治構陷。

用政治構陷的一手以濟其「文藝批評」之窮，是三十年代「喪家的資本家的乏走狗」的伎倆，曾遭魯迅痛斥；五十年代的劉金竟然對「乏走狗」的這一套情有獨鍾，欣欣然把它繼承過來，還自以為得計，夠可悲的了。

一九九三年，羅洛在〈瑣事雜憶——我所認識的胡風〉中提供了一個有關《隊長騎馬去了》出版後的內部情況，使我對於劉金當年那種老虎屁股摸不得的表現有了真正的瞭解。現將羅洛有關原文抄錄如下：

由於報刊上已一再提到所謂「胡風小集團」，於是一些被認為甚至被懷疑為與之有關的作家都先後

遇到麻煩。天藍就是一例。

我和天藍素不相識，只知他在《七月》上發表過詩。對他的詩我是熟悉的，在四十年代的群眾集會上，我不止一次聽人朗誦過他的名篇《隊長騎馬去了》。一九五二年，天藍把他自編的一本詩集寄給新文藝出版社，我作為責任編輯，即以《隊長騎馬去了》作為書名，在一九五三年出版了。（下略）

就是這樣一部詩集，其中的詩曾受到解放區和國統區千萬讀者的稱讚，出版後卻遇到了意外的麻煩。有一天，王元化告訴我：華東局宣傳部來了個電話，說是《隊長騎馬去了》有政治原則性錯誤，必須禁止出版和銷毀。

《隊長騎馬去了》寫一支抗日游擊隊在漢奸的破壞下，隊長被誘殺，隊伍遭到敵人的伏擊。詩中有這樣幾行：「今日／我們並不敗走，／並不逃跑！／我們是中國的軍士呀，／面向著：／紀律與／死！」

據說，這是把紀律與死對立起來，好像遵守紀律就得死，是對我軍紀律的嚴重歪曲，是政治性錯誤。

當時，我認為這理由是站不住腳的，採用行政手段隨意禁書更是錯誤的，因此我說：「他們有意見可以寫文章批評。我作為責任編輯，有責任作出答復，上海不能發表，我拿到北京去發表。」（〈瑣事雜憶——我所認識的胡風〉，曉風編《我與胡風》，增補本，第九七六至九七七頁）

這段揭發幫助我認識到，一九五三年我對劉金歪曲「我們是中國的軍士呀，／面向著：／紀律與／死！」這一詩句所作的批評，是很不夠的。劉金的大作原來是回應華東局宣傳部銷毀《隊長騎馬去了》一書的禁令而

寫，為迎合華東局宣傳部破天荒的焚書旨意而寫。原來他有這麼硬的後臺，無怪老虎屁股摸不得，敢於公開告密，以必欲置我於死地而後快的姿態跳出來，告發我是暗藏的「分子」了。——我太小看他了。

劉金，作為告密型的一個突出的代表人物，不僅在一九五五年出版的《感情問題及其他》中向當局告密了伊凡，還以寫〈附記〉的方式向當局檢舉了他在新文藝出版社的同事王聿祥和復旦大學中文系黨支部書記章培恒。王聿祥和章培恒因此被打成「胡風分子」。

事情是這樣的：

一九五四年初，路翎的小說《窪地上的「戰役」》發表後，遭到了兩位批評家的粗暴攻擊。當時是復旦大學中文系黨支部書記的章培恒寫了一篇反批評的文章，為路翎辯護。但文章寫出並未寄出，只是在同他的一位在新文藝出版社工作的老同學王聿祥談了文章的內容。王聿祥和劉金是同事，在一次與劉金談到路翎的《窪地上的「戰役」》時，他把章培恒的意見介紹出來。這原是學術性的問題，把他認為很有見地的章培恒的意見向劉金談出，是不會發生什麼問題的。劉金在這年八月，寫了《感情問題及其他》，同章培恒進行辯論。文章的副標題就叫〈與一個朋友的談話〉。文章開頭就說明寫此文的目的：

自從《文藝月報》一九五四年第五期和《文藝報》同年十二期先後發表了曉立和侯金鏡的文章，對路翎的《窪地上的「戰役」》等作品提出了批評以後，廣大的讀者，對路翎的這幾篇作品，有了比較清楚的

認識。可是有一部分青年讀者，卻抱著相反的見解，他們甚至為路翎叫屈，為路翎抱不平。有一個從大學出來不久的朋友（葉按：即指王聿祥）告訴我，他有幾個同學（葉按：實為一個同學，即章培恒），已經寫了一篇長達五千多字的論文，來批駁曉立和侯金鏡的論文，經某教授（葉按：即指賈植芳）過目以後，準備投寄到文藝刊物去發表。只可惜我至今還沒有看到那篇論文。幸而這個朋友是同情和擁護他的同學們的意見的。這樣，我就有機會通過他先來領教這幾位同學的高見。我要說，我不能同意這些同學的論點。我把我的見解，全部跟這個青年朋友談了。

以下就是我和他得到辯論。

這段文章一口氣不指名地點了幾個對象，預示著這些人將要倒楣了。

一九五五年九月，劉金出版的那本小冊子就以《感情問題及其他》作為書名，並把這篇文章放在第一篇，在文章後面加了一個極其陰險的〈附記〉。全文如下：

現在已經查明，本文第一段裡所提到的那個「教授」，原來就是胡風集團的骨幹分子賈植芳，而寫文章為給路翎辯護的那些「同學」以及和我進行辯論的那個「青年朋友」，原來都是受賈植芳的思想影響很深的復旦大學念書的學生。

《人民日報》三批材料宣稱「現在已經查明」的，只是賈植芳一人，王聿祥和章培恒都與胡案無關。「原來都是受賈植芳的思想影響很深的復旦大學念書的學生」，一句話這就把「寫文章給路翎辯護的那些『同學』（葉按：應該是「那個同學」，不是「那些同學」），以及和我進行辯論的那個『青年朋友』」，統統作為「胡風分子」向當局檢舉了。結果是王聿祥和章培恒都成了「胡風分子」。

瞭解當年情況的吳中傑，不久前在一篇專談章培恒的文章中提到這件事。有關文章引錄如下：

（一九五四年）他還寫過一篇文章，批評《文藝月報》上對於路翎小說《窪地上的戰役》的批評。這篇文章沒有投出去，但卻把內容告訴給老同學王聿祥。王聿祥很欣賞章培恒的見解，回到他工作的新文藝出版社之後，就講給社裡的一位編輯聽，這位編輯的革命警惕性很高，馬上寫了一篇《感情問題及其他》來批判這篇沒有發表的文章，而且還以此為書名，（於一九五五年反胡風反革命集團高潮中）趕出了一本書，並在附記中進行政治上綱。出版社又把這材料轉到復旦來，當然也成為章培恒的一條罪狀。王聿祥後來也被捉將進去，既因他與賈植芳、耿庸有所來往，也與他的思想觀點有關。（吳中傑〈失之東隅，收之扶桑〉，《海上學人》，廣西師範大學出版社二〇〇五年版，第一九一至一九二頁）

「出版社又把這材料轉到復旦來」，證明這位編輯就是用他那本小冊子向當局告密檢舉章培恒的。「王聿祥後來也被捉將進去」，顯然也是這位編輯檢舉的。

這位「革命警惕性很高」的編輯，一手檢舉出兩個「胡風分子」的大功臣，就是劉金。

事情清楚不過，如果劉金不檢舉，章培恒和王聿祥都不致成為「胡風分子」的。吳中傑的文章讓人們對劉金當年的這個極不光彩的行徑有了清楚的瞭解。

粉碎「四人幫」後，劉金寫了一篇雜文〈文字獄古今談〉。對清初文字獄的告密者表示了莫大的鄙夷，對「四人幫」的「那種尋句摘字、斷句取義、任意聯繫、見彈求鴞的構陷誣揑法」表示了深惡痛絕，認為是「世界上最野蠻、最卑鄙、最惡毒的辦法」。但是，我們不知道他怎樣看待自己公開告密檢舉致使不少人成為「胡風分子」的行為，也不知道他怎樣看待自己「那種尋句摘字、斷句取義、任意聯繫、見彈求鴞的構陷誣揑法」，那種「世界上最野蠻、最卑鄙、最惡毒的辦法」。

賈植芳給以的評語是：「賊喊捉賊」（《賈植芳文集》，上海社會科學院出版社二〇〇三年版，第四卷第三九四頁）！

綜評

王子野和劉金二位的告密文章，都寫於第三批材料發表之後。第三批材料發表後，深挖暗藏的「胡風分子」進入新的狂熱高潮。王、劉二位在這樣的高潮中拋出告密文章，顯然是意圖為運動再立特大新功的。二位告發的對象不同，但企圖置對方於萬劫不復的死地的卑鄙惡毒用心，完全相同。

舒蕪，自從一九五二年起發表了一系列把胡風一干人送上權力祭壇的奇文之後，就被決策中樞樹立為知識分子改造的樣板。有樣板，必有緊跟者。王子野、劉金二位，就是其中的佼佼者。這一來，舒蕪總算有了志同道合的夥伴，不致有「高處不勝寒」的孤獨之感了。「物以類聚，人以群分」，善哉善哉！

變色型

變色龍，亦即善於見風轉舵的投機分子。此類人物可謂多矣，但這裡提到的姚文元與眾不同，他變色，卻又善於以從未變色一貫反胡的姿態出現在一九五五年的舞臺上。

姚文元

姚文元在解放前，還是一個乳臭未乾的中學生的時候，就醉心於登上文壇，一舉成名。他震於胡風是魯迅傳人的盛名，就有心以胡風作為他身登龍門的墊腳石。解放初，就致力於撰寫《論胡風文藝思想》的書稿。不料一九五二年舒蕪拋出〈從頭學習《在延安文藝座談會上的講話》〉，《人民日報》在轉載時加的編者按中，明確指出胡風是一個以反對黨的文藝路線為宗旨的文藝小集團的頭目。姚文元見情況不妙，立刻毀去未成的書稿，換上一副反胡風的先覺者的面目登場。一九五四年末，胡風在中國文聯主席團和中國作協主席團為批判馮雪峰召開的擴大會議上，對周揚一夥解放後打擊阿壠、路翎的宗派主義進行了尖銳抨擊。周揚向胡風攤牌，發出了「我們必須戰鬥」的號召。姚文元見表現自己的大好時機已到，立即寫出批胡文章參加戰鬥。從一九五

五年一月到六月四日，短短幾個月的時間內，他一口氣在報刊上發表批胡文章十三篇。積極性之高，除了反戈英雄舒蕪之外，幾乎無人能出其右。然而，六月四日之後，正是批胡運動進入特大高潮之時，姚文元的名字卻突然在報刊上消失了。原來，就在這時，姚文元的老子姚蓬子以涉嫌「潘漢年分子」和「胡風分子」被公安部押解到北京去審問了。姚文元也涉嫌包庇反革命老子被隔離審查。這一查，查出姚文元兩大問題。一、向組織隱瞞姚蓬子的重大政治歷史問題。姚蓬子在三十年代原是中共地下黨員，後被捕而叛黨。姚文元卻一直向組織隱瞞了他老子這一重大政治歷史問題，謊稱姚蓬子是在革命低潮時期「脫黨」的。二、向組織隱瞞了自己曾宣揚胡風文藝思想的重大問題。他撰寫《論胡風文藝思想》書稿的事，被揭發出來了。他解放前經常閱讀胡風和「胡風集團」的書刊的事，也被揭發出來了。中共盧灣區區委審幹辦公室於一九五五年十二月二十日寫出的關於姚文元的審查報告中，這樣說：「解放前，姚經常閱讀與研究胡風的書，如希望、泥土、螞蟻等出版的書籍和雜誌。解放後姚文元同樣買了很多胡風的書籍，如胡風的《論現實主義的路》、《逆流的日子》等，但從未批判過，（中略）姚文元同樣認為胡風是進步的，路翎寫文章很有才華。對一九四七、一九四八年，胡風誣衊香港黨的文藝領導同志是『逃兵』來反對黨對他的批評，姚文元也認為是對的。」（轉引自葉永烈《姚文元傳》，《四人幫全傳（下）》，時代文藝出版社二〇〇四年版，第一一二頁。）關於姚文元解放初撰寫《論胡風文藝思想》一事，審查報告未提。但，就從審查報告中提到的一些問題，也就足夠揭穿姚文元在胡風問題上的變色龍面目了。

在對姚文元的這一些見不得人的情況有了瞭解之後，再來閱讀姚文元當年的批胡文章，就特別有意思了。

先看〈分清是非，劃清界限！〉（《文藝報》一九五五年第一、二號合刊）。這是姚文元的第一篇批胡文章，為積極回應周揚的〈我們必須戰鬥〉而寫。姚文元在文章中展開對胡風的批判之前，有一段批評《文藝報》的文字，頗值得一讀：

我對《文藝報》最大的意見之一，就是沒有對胡風先生的理論進行持續的徹底的鬥爭。胡風的披著馬克思主義外衣的資產階級唯心主義文學理論是能迷惑一些人的，但《文藝報》只公開發表了林默涵同志和何其芳同志的兩篇文章後就停止了。

單看這段文字，人們不免對姚文元肅然起敬。他的認識比《文藝報》高明多多，他早就洞察「胡風的披著馬克思主義外衣的資產階級唯心主義文學理論是能迷惑一些人的」，早就對《文藝報》對胡風的理論沒有進行持續的徹底的鬥爭感到不滿。然而，瞭解了他的底細之後，卻不能不為他的善於變色的表現而嗤之以鼻了。一九五二年六月，舒蕪的《從頭學習〈在延安文藝座談會上的講話〉》被《人民日報》加上編者按轉載以前，姚文元是認為胡風的文學理論是真正的馬克思主義的，並不認為是「披著馬克思主義外衣的資產階級唯心主義文學理論」的。就是由於《人民日報》的這一轉載，胡風的文學理論一下子成為「是能迷惑一些人的」「披著馬克思主義外衣的資產階級唯心主義文學理論」了。如果要說「迷惑一些人」，那姚文元就是曾經被「迷惑」的一個；他卻刻意包裝自己，在自己的批胡文章中隻字不提過去的真相，擺出一副從來一貫正確的先覺者的姿

態，儼然以比《文藝報》高明多多的先覺者的姿態，批評起《文藝報》來。而《文藝報》居然也被姚文元的虛張聲勢的批評唬住，來個原文一字不易地照登。一方是虛張聲勢，一方則被唬得一愣一愣的，煞是好看。姚文元居然能把堂堂《文藝報》編輯部唬住，姚文元的兩面派伎倆確不同一般了。

他的這種從來一貫正確的先覺者的姿態，在〈馬克思主義還是反馬克思主義？——評胡風給黨中央報告中關於文藝問題的幾個主要論點〉（《解放日報》五月十五日）的最後一段中，有著更為突出的表現：

由於胡風的理論是披著馬克思主義的外衣，而且甜蜜的聲音很適合於某些想逃避思想改造厭惡深入實際鬥爭的知識分子，就能俘虜住一小部分人。應該指出，上海是受胡風文藝思想影響較深的地方，解放前有不少宗派主義罵倒一切的刊物是在上海出版的，也有人至今還崇拜胡風的理論，而區別不出他的外衣和本質。上海的文藝工作者、思想工作者應積極參加胡風文藝思想的批判，而不能採取旁觀的態度。馬克思主義是戰鬥的科學，只有在堅決地和一切敵對思想作鬥爭的當中才能強壯和發展起來；馬克思主義是黨性的科學，只有在堅決地和一切反黨的理論和行為作鬥爭中才能敏銳和鋒利起來。為了保衛馬克思主義的純潔性，為了保衛社會主義現實主義的文藝，我們必須徹底肅清胡風反馬克思主義的文藝思想！

這真是變色龍的精彩表演！

解放前，姚文元就是一個「宗派主義罵倒一切的刊物」的忠實讀者，直到不久以前，姚文元還是一個心甘

情願被胡風的理論所俘虜的人，現在卻搖身一變，成為早就洞察出胡風理論「是披著馬克思主義的外衣，而且甜蜜的聲音很適合於某些想逃避思想改造厭惡深入實際鬥爭的知識分子」的先覺者。甚至不知天高地厚地居然以運動的指導者的態勢向「上海的文藝工作者、思想工作者」提出「積極參加胡風文藝思想的批判，而不能採取旁觀的態度」的戰鬥要求。還以誓死捍衛馬克思主義和社會主義現實主義的勇士姿態，號召人們「徹底肅清胡風反馬克思主義的文藝思想」。好一個從未變色一貫反胡的英雄角色！

姚文元的這篇文章，如副標題所揭示，是批判「三十萬言書」中的幾個主要論點的。可惜他的未完成的書稿《論胡風的文藝思想》已經被他毀屍滅跡；不然，拿出那本書稿的論述與這篇文章對胡風幾個主要論點的批判作一番對比，照出他的英雄真實面目，倒是十分有意思的。

再從姚文元在舒蕪《關於胡風反黨集團的一些材料》拋出後寫的批胡文章，看看他的變色龍表演。舒蕪的〈材料〉是五月十三日發表的，姚文元當天深夜，就寫了〈給胡風的兩面派手腕以十倍還擊！〉（《解放日報》五月十七日）予以響應。可謂善於緊跟。這裡摘錄最後兩段文章略加掃描：

> 我們一定要把胡風反黨集團的毒囊徹底敲碎，揭穿一切兩面派的詭計，在黨的領導下把反對胡風反黨集團的鬥爭貫徹到底。在上海也有一些胡風的追隨者，我們應該加以無情的揭發和批判。人民日報編者按語說：「假的就是假的，偽裝應當剝去。胡風反黨集團中像舒蕪那樣被欺騙而不願永遠跟著胡風跑的人，可能還有，他們應當向黨提供更多的揭露胡風的材料。隱瞞是不能持久的，總有一天會暴露出

來。」我們更進一步看到了這場鬥爭的全部的嚴重意義了，因此必須加強我們的戰鬥力量，絲毫不鬆勁。

我對人民日報編者的按語完全表示擁護。我表示：我要盡一切力量繼續投入鬥爭，我也希望進一步動員我們的思想戰線上的一切力量對胡風及其小集團的卑鄙的罪惡行為，兩面派惡劣手腕，給以十倍的還擊。

還是一個一貫正確的反胡風的先覺戰士的姿態。他竟然以上海市反胡風運動的最高領導自居，提出「在上海也有一些胡風的追隨者，我們應該加以無情的揭發和批判」的戰鬥要求。為了表示他的批胡的積極性，竟然狂妄地說出「希望進一步動員我們的思想戰線上的一切力量」這樣的大話。姚文元當時僅僅是中共上海盧灣區區委宣傳部職工教育科的一名科長而已，他居然要動員「我們的思想戰線上的一切力量」，未免太不自量力了。這裡，倒是有意無意地洩露了他靈魂深處追求權位的狂妄野心。

而發表在五月二十九日《文匯報》上的〈認清敵人，把胡風反黨反革命的毒巢徹底搗毀〉，更是把這種虛張聲勢的叫囂發展到驚人的極致。只要看看最後部分就夠了：

對付敵人就是要用對付敵人的辦法，鬥爭必須堅持到底！胡風欺騙了我們二十多年了，二十多年來幹下了多少罪行呀，只有用徹底清算的辦法才能把這筆黑帳搞清楚！從過去到現在，從公開的到最見不得天日的，從理論到組織……都要加以徹底清算，不許胡風反黨集團再隱瞞任何一筆黑帳！我們要清

算，胡風反黨集團二十多年究竟損害了多少革命力量？誘騙了多少青年脫離中國革命？我們要清算，胡風反黨集團二十多年來進行了多少反黨陰謀活動？為了反黨、反革命，他們暗底下幹了多少黑暗的勾當？我們要清算，胡風反黨集團二十多年來特別是解放後究竟「開闢」了多少「陣地」？建立了多少「據點」？他們有多少人爬進了黨內、軍內、國家機關、文化機關、人民團體、企業機關？這些鑽進來的胡風分子幹了多少反黨反革命的破壞活動、給予各方面革命事業多少損害？我們要清算，胡風反黨集團二十多年來對革命文藝事業幹了多少暗害活動？在新文藝的血液中灌進了多少毒汁？打擊了多少進步作家？為美蔣反動派盡了多少力量？我們要清算，多少愛好文藝的青年被胡風偽裝革命的面貌欺騙了？多少有前途的文學青年被胡風毒害了，毒害到一直走上反黨反革命的道路，毒害到今天還背著沉重的思想包袱？（葉按：「到今天還背著沉重的思想包袱」，此言絕妙！姚文元本人內心深處隱痛之不自覺洩漏也。）我們要清算，二十多年來，胡風反黨集團狂熱的宣傳唯心論，瘋狂的污衊人民替反革命政治勢力從思想上開闢了多少「新區」！我們要清算，要徹底加以清算，要徹底加以揭露，用控訴來清算，用復仇的火焰來清算，用革命的意志徹底的加以清算！

（中略）

一切知道材料的人，都站起來揭發胡風！

一切受過毒害的人，都站起來控訴胡風！

一切擁護革命的人，都站起來向胡風反黨集團開火！（下略）

一口一個「我們要清算」，一口一個「都站起來」，要威風有威風，要殺氣有殺氣，要慷慨有慷慨，要激昂有激昂，一副統率千萬討胡大軍的總司令的架勢，足以把不明真相的人們鎮住。然而，在中共盧灣區區委審查報告投下的光輝裡，人們不能不吃驚世界上居然有這樣善於變色的「做戲的虛無黨」。

最令人發噱的，是「上海是胡風派起家的地方，上海有胡風的兵馬和據點。……在上海繼續深入開展這場鬥爭，就有特別重要的意義」這句話。就在此話說出不到十天，他的老子姚蓬子被公安部認作「胡風的追隨者」押解到北京審問。這位儼然以反胡風的先覺者和先鋒戰士自命的勇士，也被人檢舉曾宣揚胡風文藝思想而從高高的舞臺上大頭朝下地栽了下來。一齣一貫正確的批胡鬧劇，就此草草收場。

然而，姚文元終究投機有術。一年之後，他老子姚蓬子經審查既非「潘漢年分子」也非「胡風分子」，從北京放了回來。他本人在啞默了一段時間之後，一九五七年反右前夕，一篇批判《文匯報》的短文獲得最高權威的激賞，從此青雲直上。他揮舞著那根棍子，打這個打那個，踩著被打者的身子往上爬。到了「史無前例」的日子，更一躍成為決策中樞的頭面人物，「四人幫」重要成員。他在《評反革命兩面派周揚》中批判周揚的時候，還狠狠地把胡風同周揚捆在一起打，以補償一九五五年批胡的威風未能充分發足之憾。可惜的是，他沒有能風光多久，就被推上歷史審判台，受到歷史的嚴厲懲罰。

人民不可欺，歷史不可欺，這是比一切強權更強的歷史的辯證法。

乖角型

乖角，語出魯迅短篇小說〈藥〉，善於在關鍵時刻把親友送上權力祭壇的聰明人也。這裡說的是以〈關於胡風反黨集團的一些材料〉而名震一時的舒蕪。

有的友人認為，用「乖角」一詞概括舒蕪，不如用「猶大」更為恰當。我認為，人們慣於把舒蕪比作猶大，是並不確切的。猶大出賣的只是耶穌一人，他並沒有出賣他的師兄們，沒有向當局檢舉出一個以耶穌為首的「小集團」。而且，他最後認識到自己的罪孽，把當局賞給他的三十塊銀子丟在聖殿中，出外自縊而死。用猶大來比舒蕪，對猶大太不公平了。

舒蕪

舒蕪最初接近胡風就帶有投機的性質。他對胡風的文藝思想並不瞭解，為了取得胡風的好感，在去見胡風之前，先到書店裡偷了一本胡風的《文藝筆談》，從中揣測胡風的思想特點和感情癖好。他鑽了胡風反對教條主義的空子，取得了胡風對他的信任。他的〈論主觀〉是一篇哲學論文，交給胡風之後在胡風那裡壓了好幾個

月。胡風對文章中的反對教條主義這方面的內容，是感興趣的，但對於那些過分強調主觀作用的觀點，胡風是不同意的。一九四五年一月《希望》創刊。胡風考慮到可以用舒蕪的這篇文章引起爭論，在爭論的假像上迷惑國民黨的審查官，藉以擴大延安整風運動反對教條主義的影響，所以發表了這篇論文，在編後記中明確指出，發表此文是為引起討論。一直把胡風視為眼中釘的「權力派」，此時認為找到了攻擊胡風的大好機會，他們召開座談會進行圍攻。「權力派」批判〈論主觀〉不是目的，明擺著是對付胡風，他們開會批判〈論主觀〉卻不邀請論文的作者舒蕪參加，就說明了一切。他們硬說〈論主觀〉宣揚的主觀唯心主義就是胡風文藝思想的哲學基礎。這自然是胡風絕對不能接受的。「權力派」見內部的批判沒能壓服胡風，轉而把問題引向公開。一九四八年，中國共產黨領導的人民革命力量同國民黨反動派進行歷史大決戰的日子，從國統區撤退到香港的「權力派」，以《大眾文藝叢刊》為主陣地，把大舉討伐胡風的帷幕揭開。胡風的一系列馬克思主義的文藝觀點遭到極其粗暴的攻擊。路翎的作品也遭到毀滅性的打擊。建國前夕召開的第一次文代會上，茅盾在他做的關於國統區革命文藝運動的總結報告中，更對胡風的文藝思想進行了全面歪曲，並惡狠狠指出，胡風的「主觀唯心主義」的文藝思想，乃是近年國統區文藝思想界的「基本問題」。舒蕪發現胡風處境不妙，即萌生「反戈一擊」的邪心。一九五二年五月，他拋出《從頭學習〈在延安文藝座談會上的講話〉》，對當年寫作〈論主觀〉等文的錯誤做了「檢討」，聲稱他寫那些文章是蓄意反對馬克思主義的。他還進一步把當年同他有往來的「路翎和其他幾個人」推出來，聲稱這些人都曾犯過同他一樣的嚴重錯誤。文章發表在五月二十五日《長江日報》，六月八日《人民日報》即全文轉載，並在文前加了一個由毛澤東政治秘書胡喬木執筆的編者按，指出存在一個

「以胡風為首的文藝上的小集團」。舒蕪，以他的「反戈一擊」得到權力中樞的特殊器重。當年九月，配合「權力派」對胡風展開的面對面的圍攻，舒蕪奉召從南寧趕赴北京。抵京前曾向友人透露此行秘密：「北京拿胡風沒辦法，讓我去開刀。」會上，他拋出〈致路翎的公開信〉，一口咬定「以胡風為核心，常在《希望》雜誌上發表作品的我們幾個人，確實形成了一個文藝小集團」，一個「發展著極其惡劣的宗派主義」的小集團。有著這樣堅定明確的火線立功大義滅友的思想基礎，他在三年後的驚人表現也就沒有什麼不可思議了。

一九五五年初，決策中樞拋出胡風的「三十萬言書」，號召全民群起而批之，舒蕪更如魚得水，四月十三日，拋出〈胡風文藝思想反黨反人民的實質〉。文章開頭，舒蕪就氣勢洶洶地指出「三十萬言書」的反動性質：「胡風所談的並不僅僅是文學藝術的一些特殊問題，而是通過文學藝術的問題，對於中國革命的一系列根本問題，從他的反動資產階級的立場，在他的反動的主觀唯心論和個人主義原則之下，提出了一整套看法和主張，長期堅持著這一套，在抵制和抗拒一切批評的過程當中發展著這一套，而且用他這一套向著黨的政策路線進行了激烈的、猖狂的攻擊。如果我們把他這一套看作是僅僅同文藝界有關而同其他方面都沒有關係的，那就未免太小看它了。」這就一下子把胡風問題定位為反對「中國革命的一系列根本問題」的政治問題。在文章裡，舒蕪絞盡腦汁使出種種伎倆把胡風污衊成一個罪大惡極的反革命分子。他從胡風關於「精神奴役的創傷」的論述中，發現出胡風反對當時在解放區進行的土改，發現出控訴中國共產黨「虐殺千萬生靈」。而且得出結論：「胡風就是這樣『鮮血淋漓』地誣衊了中國人民，污衊了中國人民在中國共產黨領導之下進行革命鬥爭的光榮歷史，那種咬牙切齒的聲音，充分表現出反動資產階級對革命人民『火一樣的仇恨』」。

五月十三日，他的駭人聽聞的〈關於胡風反黨集團的一些材料〉發表，完成了把胡風打成反革命的歷史任務。此文的題目，原稿作〈關於胡風小集團的一些材料〉，毛澤東審閱時把「小集團」改為「反黨集團」，這是把舒蕪寫在文中的「反黨集團」字樣移到題目上來，以使〈材料〉的主題更加顯豁而已。毛澤東對〈材料〉正文的文字，未作一個字的改動。歷史已經用無可辯駁的力量證明，舒蕪使出渾身解數精心結撰的這份材料，是一個徹頭徹尾徹裡徹外的大偽證。他所「揭發」的「罪行」，沒有一條經得起推敲的，完完全全是惡毒的誣陷。這份〈材料〉，已經成為我國三千年文禍史上不可多得的文獻，不可不予以特別重視。

舒蕪在開宗名義的引言中，就以他「在解放以前，是這個集團的主要成員之一」的最大知情者的身分，無比明確地為胡風問題定了性：

多年來胡風在文藝界所進行的活動，是從個人野心出發的宗派主義小集團的活動，是反對和抵制中國共產黨對於文藝運動的共產主義思想的領導、反對和抵制中國共產黨所領導的革命文學隊伍、為他的反馬克思主義的文藝思想和反黨文藝小集團爭奪領導地位的活動。（一九五五年五月十三日《人民日報》）

舒蕪把「胡風集團」定位為「反黨文藝小集團」，然後交代他拋出胡風信件的目的：「幫助大家更好地認識胡風思想和他的反黨宗派活動的實質」。

舒蕪從解放前後胡風給他的信中精心摘錄出二十多個片斷，分四類排列，每類冠以內容提要，殿以小結性

評議，以種種不可思議的手段加以羅織構陷，把胡風誣陷為隱藏在革命隊伍裡可怕的反革命分子和反黨小集團的頭目。〈材料〉最後，殿以總結性的評議。這裡，圍繞「內容提要」、「小結性評議」和「總結性評議」進行若干掃描。

第一類

內容提要：

從這一類的材料當中，可以看出十年來胡風怎樣一貫反對和抵制黨對文藝運動的思想領導和組織領導。

小結性評議：

以上材料清楚地表明，近十年來，胡風在文藝戰線上的活動，主要就是有意識地、一貫地、日益頑強和狡猾地向著黨對文藝運動的思想領導和組織領導進行鬥爭。他把這種思想領導稱為「機械論的統治勢力」，號召他的小集團中的人要「費點力氣」把它從根「動搖」。他在一九四八年寫的信中，認為文藝方面二十年來都是機械論的統治，這就是說，他把一九二八年以來「革命文學」口號的提出，左翼作家聯盟關於「無產階級革命文學」的思想的宣傳，以至一九四二年毛主席〈在延安文藝座談會上的講

話〉的發表，都包括在「二十年的機械論的統治勢力」裡面去，對它們加以反對和進攻。

胡風反對和抵制黨對文藝運動的思想領導，必然也就要反對和抵制藉以貫徹這個思想領導的組織領導。胡風惡意地、挑撥性地把黨說成「官方」，把黨在文藝方面的工作同志說成「官們」、「欽差」、「權貴」、「老爺們」、「公子們」，這裡充分表現了胡風對於黨在文藝方面的領導是如何反感與仇視。胡風明白說出，他對於黨（即他所說的「官方」）是表面敷衍，實際上是決不「妥協」的。

這裡也可看到，胡風對於當時文藝界的一些同志批評〈論主觀〉等文的錯誤思想，是採取十分頑強的抗拒態度的。他用了最惡毒的字眼來咒罵那些同志們。

這個評議表明，舒蕪認定，他所抛出的摘自胡風十封信中的片斷，就足以坐實十年來胡風反對黨對文藝運動的思想領導和組織領導的滔天罪行。——他未免過於自信了。

一、所謂反對黨的思想領導。

舒蕪作為最大罪證抛出的，是一九四八年十月二十六日胡風給舒蕪的信的如下片斷：

今天這一鬥爭，意義能夠提得很高，對手又特別惡劣，……看情形，他們一面在發動各種卑鄙的手段（包括文字上的武斷宣傳）來抵抗、反攻，一方面盡力想逼我去「談談」，謀得一個有利的休

戰。……但由於我們處境的不利，就應該特別謹慎，不能輕敵的。……

我們是要動搖二十年的機械論的統治勢力，多花一點力氣是必要的。……（葉按：省略號都是舒蕪所加。以後遇到同樣情況，一概不再說明。）

其實，胡風這段話的背景十分清楚：針對一九四八年下半年香港《大眾文藝叢刊》對胡風發動的大圍攻。一九四八年下半年，正是中國共產黨領導的人民力量同國民黨反動派在軍事上進行歷史大決戰的時期，從國統區撤退到香港的「權力派」理論家，不把主要力量用以對付國民黨反動文藝和國統區種種腐朽落後的文藝現象，卻以《大眾文藝叢刊》為主陣地，發動了對胡風的進攻，這是令人吃驚的。「權力派」理論家在把胡風的馬克思主義的文藝思想與舒蕪的主觀唯心主義捆綁在一起進行討伐的過程中，在把路翎的小說作為體現胡風錯誤文藝思想的典型加以討伐的過程中，十足地暴露出「左」的教條主義和宗派主義的真實面目。這，正是自一九二八年左翼文藝運動發軔二十年「左」的教條主義即機械論統治勢力的一個突出表現。胡風在給舒蕪的信裡說，要「多花一點力氣」加以「動搖」，正是捍衛馬克思主義路線所必需。如果胡風有什麼錯失，那就是由於他沒有看清舒蕪為人的本質而片面欣賞〈論主觀〉中對教條主義的批判，把舒蕪也當成了動搖機械論統治的戰友。這才是胡風最大的錯誤。

任何一個對中國左翼文學運動有所瞭解的人都知道，革命文學運動自發生以來一直存在著兩條路線的鬥爭：一條是馬克思主義路線，一條是教條主義即機械論路線。胡風說「我們要動搖二十年的機械論的統治勢

力」，就是說要堅定不移地站在馬克思主義的立場上，把反對教條主義的鬥爭進行到底。舒蕪肆意歪曲，硬說胡風把黨對文藝的思想領導一律稱之為「機械論的統治勢力」，硬說胡風認為文藝方面二十年來都是機械論的統治，甚至推論：「這就是說，他把一九二八年以來『革命文學』口號的提出，左翼作家聯盟關於『無產階級革命文學』的思想的宣傳，以至一九四二年毛主席〈在延安文藝座談會上的講話〉的發表，都包括在『二十年的機械論的統治勢力』裡面去，對它們加以反對和進攻」。按照舒蕪的這種高明邏輯，只能意味著，「一九二八年以來『革命文學』口號的提出」根本不存在兩條路線的鬥爭，一九二八年創造社、太陽社對魯迅的圍剿，詆魯迅為「封建餘孽」、為「二重的反革命」、為「不得志得Fascist」等等，不是「機械論的統治勢力」而是馬克思主義的統治勢力；「左翼作家聯盟關於『無產階級革命文學』的思想的宣傳」根本不存在兩條路線的鬥爭，黨內三次「左」傾機會主義路線對左聯絲毫不生影響，左聯的關門主義、把作家的職能僅僅歸結為當「政治的留聲機」的理論等等，都不是「機械論的統治勢力」而是馬克思主義的統治勢力！舒蕪還指稱，胡風把「一九四二年毛主席〈在延安文藝座談會上的講話〉的發表」也「包括在『二十年的機械論的統治勢力』裡面去」，這更是惟恐不能置胡風於死地的殺機畢露的煽惑性誣陷。胡風的信中根本不存在這樣的意見乃至這樣的暗示。但是，「權力派」在對〈講話〉的解釋和執行上倒確實是存在機械論統治的。他們不顧條件的不同硬要國統區的文藝運動按根據地的原則行事，就足夠說明一切。不錯，胡風的反對「權力派」的機械論的鬥爭，早在一九五五年初就被中央文件判為大逆不道，認為反對「權力派」的教條主義就是反對〈講話〉。這是決策人自行對號入座，事實上成了對〈講話〉形象的自我醜化。經過撥亂反正的思想解放運動，我們今天已經無比明

確地看出，胡風當年對「權力派」的鬥爭，就是動搖二十年的機械論的統治勢力的鬥爭。這，表現了胡風作為傑出的馬克思主義文藝理論家了不起的力挽狂瀾的大智大勇的精神。

二、所謂反對黨的組織領導。

舒蕪拋出的罪證是：「胡風把黨說成『官方』，把黨在文藝方面的工作同志說成『官們』、『欽差』、『權貴』、『老爺們』、『公子們』。」

為了便於評說，且按照這些罪證出現的先後順序來考察。

（一）「官方」。見一九四六年二月十日信：「對於官方，我想，也妥協不來。他們只就左右人士底說話中取平均數，這就難得說通了。」表現了對圍攻他的幾個黨員的不滿情緒。舒蕪卻在注釋中把「官方」解釋為「指中國共產黨」。幾個黨員就等於「中國共產黨」了？純屬栽誣。

（二）「官們」。見一九四五年一月二十八日信，表現了對一月二十五日馮乃超主持召開的批判〈論主觀〉的會的不滿。胡風在給舒蕪的信中說：「看情形，一是想悶死你，一是想悶死你而悶死刊物。哲學家們和官們屬於前者，文學家們屬於後者。」正是對這一情況所作的分析。胡風不是黨員，由於發表了舒蕪的〈論主觀〉，居然召集會議搞面對面的圍攻，這種做法本身就屬荒唐。「官們」，是胡風在發洩不滿情緒的情況下對當時與會的幾個黨員作家的不敬稱呼，根本扯不上什麼反對黨的組織領導上去。〈論主觀〉的問題，胡風當時認為只是學術問題，硬要舒蕪認錯，未免霸道。

（三）「欽差」。見一九四四年七月二十二日信。一九四四年七月，延安派何其芳、劉白羽到重慶貫徹毛澤東〈講話〉的精神。胡風在給舒蕪的信裡稱；「兩位馬褂在此，豪紳們如迎欽差，我也只好奉陪鞠躬。」胡風這裡表現了對延安特使何其芳、劉白羽的大不敬和熱情接待他倆的茅盾等人的瞧不順眼，這是和胡風一貫對他們有看法相聯繫的。何其芳在延安同周揚結宗派，與丁玲、蕭軍等作家對立。周揚一九七八年接見美籍華裔作家趙浩生，在談話中就承認：「當時延安有兩派，一派是以『魯藝』為代表，包括何其芳，當然是以我為首。一派是以『文抗』為代表，以丁玲為首。這兩派本來在上海就鬧宗派主義。」（〈周揚笑談歷史功過〉，《新文學史料》第二輯）這情況，胡風不會不知道。劉白羽，在延安口碑不佳，蕭軍在他日記中有所記敘，風聲未必不會傳到重慶。胡風在給舒蕪的信中表現了對何、劉二人不恭，原因應該就在此。這裡，胡風無視他們目前的身分是黨的特使，是代表黨組織的，還以老眼光看人，以感情代替原則，這是很錯誤的。但胡風對他們雖有看法，還是以文協研究部的名義召開了一個歡迎會，請他們做報告，介紹延安整風的情況和對知識分子改造的要求。胡風還特意到文工會聽他們談邊區文化情況。僅在私人通信中表露了對何其芳們的藐視，就是「抵制黨對文藝工作的領導」，豈非笑話！

（四）「老爺們」。見一九四五年十二月八日信：「弄到這樣，當然有些無聊，但問題不僅在老爺們，而在於老爺們也是一大群讀者底代表。我想，以後得在下筆前先變成老爺們，再來和變成了老爺們的自己作戰。一面防止他們不懂，一面防止他們構成罪案。」這表現了胡風對那些肆意歪曲文章原意對胡風進行

打擊的某些黨員作家的不滿，同樣扯不到反對黨的組織領導上去。

（五）「權貴」。見一九四五年十二月十七日信。當時，從延安到重慶的胡喬木，找舒蕪談〈論主觀〉的問題，舒蕪要胡風陪他去，這就發生了胡風在信中稱喬木為「權貴」的事。實際情況，胡風後來在回憶錄中有翔實的記載：

我遵照胡喬木的意思，去信約舒蕪進城來和他談話。八日下午，胡喬木到我的小屋來與舒蕪長談。M和曉谷（葉按：即胡風夫人和胡風的長子）都到外面去了，我在一旁坐著，並沒參加談話。問題沒談完，約定第二天早晨在胡喬木住地再談。舒蕪懇請我，要我陪他去（解放後，我才懂得他當時是有些膽怯了，因為那裡是鄧穎超同志也住在那裡的黨的機關），而他又是我約來的，我只好陪同前往。實際上，我坐在一旁，一言未發，因為這種哲學方面的專門性問題，我並不感興趣，自己也覺得是惹了麻煩。我昏昏沉沉地聽著，幾乎要睡著。大約談了兩、三個小時，雙方爭論得很激烈，舒蕪簡直是臉紅耳赤了。最後，不歡而散。我和他回到住處時，他憤憤地對我說：「他設了一個個陷阱，要我跳下去！」我也以為真是如此，所以就同情了他。後來在給他的信中將黨的領導人說成是「權貴」，經他一上綱，倒成為我的一條罪狀了。（《胡風全集》第七卷第六三五至六三六頁）

不須再作任何評說，舒蕪栽誣的本相盡顯。

（六）「公子們」。見一九四八年九月二十七日信。「公子們」，指當時在香港《大眾文藝叢刊》上對胡風進行討伐的幾位黨員作家。這稱呼，反映了胡風理所當然的憤慨。

舒蕪意圖用上述「罪證」坐實胡風「對於黨在文藝方面的領導是如何反感與仇視」；舒蕪卻故意向人們隱瞞了一個更重要的事實：「黨在文藝方面的領導」對胡風是「如何反感與仇視」！有一種可怕的現象，只要你反對某個黨員幹部，你就是反黨，而從不分析反對的原因與實質。這種錯誤的指導思想，曾經造成了多少莫須有的冤案。舒蕪在這裡不過是襲用了這一老譜罷了。

舒蕪以為他揭發的都出自胡風給他的「密信」，足以暴露胡風明一套暗一套可怕的兩面派面目；其實，胡風在公開發表的文章裡就有比這些不敬之詞尖銳激烈得多的言詞。

一九四七年一月，他在為《逆流的日子》寫的序文中，談到兩年來的遭遇時，就提及「被士紳們底彼此彼此的秩序所厭惡，被市儈們底打夥求財的『陣線』所暗刺」。——「士紳們」、「市儈們」指的是誰，不是極明白嗎！

一九四八年的《論現實主義的路》中反駁香港《大眾文藝叢刊》對路翎的《卸煤台下》的詆毀時，有這樣的話：「再沒有比這更能說明在饑荒年代倒掉白米飯（即使是沒有舂過九百九十九道，舂到適合貴公子胃口的糙米飯）餵狗的『思想態度』了。」——「貴公子」指的是誰，不也極明白嗎？

把這些公開發表的文字同給舒蕪的「密信」中的措詞相比，不正表現了胡風與兩面派絕緣的鯁直性格嗎！

三、所謂胡風對一些同志批判〈論主觀〉等文的錯誤採取十分頑強的抗拒態度。

事情根本不是這樣。胡風對於「權力派」加於他的批判，確是採取了「十分頑強的抗拒態度」；這是堅持馬克思主義文藝思想所需要，必須「十分頑強」。胡風對「權力派」批判〈論主觀〉，並未採取頑強抗拒態度，只是表示了極大的反感。原因主要在於，「權力派」的批判〈論主觀〉不是主要目的，歸旨在打擊胡風。他們硬把胡風同舒蕪捆綁在一起，一律謚之為「主觀論者」，這自然是胡風不能容忍的。其次，胡風當時對〈論主觀〉中批判教條主義的部分感興趣，因而覺得舒蕪的文章不能完全一筆抹煞，對當時全部否定的批判有反感。正是基於這些原因，胡風在給舒蕪的信裡表現了對「權力派」更多的憤慨，而對舒蕪表現了更多的同情。

經由解剖，扣到胡風頭上的第一項大罪，不攻自破了。

第二類

內容提要：

從這一類的材料當中，可以看出十年來胡風怎樣一貫反對和抵制黨所領導的由黨和非黨進步作家所組成的革命文學隊伍。

小結性評議：

以上材料清楚地表明，胡風表面上虛偽地站在黨所領導的革命文學隊伍中，實際上，對這個文學隊伍卻十分仇視和鄙視。他把所有黨和非黨進步作家，一律罵作「蛆蟲」、「市儈」等等，甚至對聞一多先生加以侮蔑，把他的進步也罵為「投機」。

一、所謂「他把所有黨和非黨進步作家，一律罵作『蛆蟲』」。

拋出的罪證是胡風一九四四年三月二十七日自重慶給他的一封信的片斷：

我後天下鄉，但來月十、三四又得來。這中間得擠出一篇八股文。人生短促，這不曉得是命運開的什麼玩笑。然而，只得「忍受」。要做商人，只得和對手一道嫖賭，要在這圈子裡站著不倒下，也就不得不奉陪一道跳加官。

……即如這幾年的跳加官罷，實際上應該失陪，或者簡直跳它一個魔鬼之舞的，但卻一直混在蛆蟲裡面。

要真正瞭解這段信的內容，便得弄清如下三個問題：一、胡風一九四四年三月二十七日在重慶幹什麼；

二、為什麼說「來月十三、四又得來」；三、為什麼又說「這中間得擠出一篇八股文」。

胡風一家當時住在距重慶市區數十里的鄉下賴家橋，這次進城，是張道藩為籌開中華全國文藝界抗敵協會第六屆年會把他邀去的。張道藩，是代表國民黨參加文協這個文藝界統一戰線組織的，時任文協理事，官方職務是國民黨中央宣傳部副部長，中央圖書雜誌審查委員會主任委員。關於這次進城，胡風在回憶錄中有記載：

進城後方知張道藩為開年會事請吃飯。席間，他忽然提議在年會上宣讀一篇論文。學術團體宣讀論文，是有了研究成果後再由研究者們來宣讀（當然不止一篇）。現在卻是為了宣讀論文而要臨時趕出一篇來，他顯然是別有用心，但又不好反對他。最後決定由四人起草：茅盾、我、王平陵和李辰冬（李辰冬不是文協理事，他完全是代表張道藩的）。

李辰冬在文運會餐廳請吃飯，討論論文內容。他宣稱，今天的討論打破頭都可以，但出門以後意見要一致。討論中，我除了抗戰和民主的內容外，竭力避開政治問題。討論下來，決定了對文藝工作的幾點意見，如，文藝應該堅持反映抗戰內容，應該和人民結合，應該展開文藝批評等等。由誰執筆呢？推茅盾，我極力贊成（我希望他接受下來，再約別人幫他忙也好），但他堅決不幹。推我，茅盾不表態，好像他怕我得了這一份「榮譽」似的。但如果我再推掉，主動權就將落到國民黨手裡了。我是研究部主任，只好用這作口實接受了吧。但有一條，寫成後要給張道藩看過，得到他的同意才行。國民黨人以為只要把住這最後一關，別人執筆也沒什麼關係。（《胡風全集》第七卷第六一一頁）

胡風於三月二十七日前後在重慶就是為了此事。文協六周年紀念會的日期定在四月中旬，論文得在這之前趕出，所以胡風在給舒蕪的信中說：「但來月十三、四又得來。這中間得擠出一篇八股文。」「八股文」，即指年會宣讀的論文。這篇論文後來於四月十三日寫出，題為〈文藝工作的發展及其努力方向〉。文章經中共南方局文委委員馮乃超看過，於四月十五日交張道藩過目，比「來月十三、四又得來」的限期晚了一天。張道藩看了胡風寫的稿子，在不少地方畫上了槓子，表示不滿。但論文的內容和寫法都是首尾相連有機構成的，如要修改，就非全部推倒重來不可。這樣做，是要負破壞年會計畫和團結的責任，引起大多數人的不滿的。張道藩只好讓稿子原封不動，在四月十六日的文協成立六周年紀念會上由胡風宣讀。

不言而喻，胡風當年在給舒蕪的信中說，「要做商人，只得和對手一道嫖賭，要在這圈子裡站著不倒下，也就不得不奉陪一道跳加官」，「即如這幾年的跳加官，實際上應該失陪，或者簡直跳它一個魔鬼之舞的，但卻一直混在蛆蟲裡面」，正是說出了這幾年不得不同張道藩之流打交道的苦衷。為了堅持文藝界的抗日民族統一戰線，要在統一戰線中「站著不倒下」，只好「不得不奉陪一道跳加官」，只好「一直混在蛆蟲裡面」。這裡的「跳加官」，分明指同張道藩之流打交道。「蛆蟲」，分明指國民黨張道藩、王平陵、李辰冬之流。

這一情況，舒蕪顯然是完全清楚的。信中的「跳加官」、「蛆蟲」指的是什麼，舒蕪絕不會糊塗。然而，他卻把這封信作為坐實胡風反對黨所領導的革命文學隊伍的罪證拋將出來，還在信後煞有介事地加了這樣的注釋：

【跳加官】指參加當時進步文藝界的活動。一九四四年六月二十一日信把參加農歷端午節紀念屈原的活動稱為「為詩人們跳加官」，可證。這裡，胡風竟惡毒地把進步文藝界的人們稱為「蛆蟲」。

好一個「惡毒地」！「惡毒地」究竟是誰！究竟是誰「惡毒」！難道國民黨頑固派的文化頭目張道藩和文化走卒王平陵、李辰冬之流竟是「進步文化界的人們」嗎！為了把胡風打進十八層地獄，竟然不惜把張道藩之流美化為「進步文化界的人們」，太不擇手段了！

舒蕪在注文中還引了一九四四年六月二十一日胡風給他的信為旁證，以之說明「跳加官」確實是表現了對「進步文化界」的敵視情緒。對此，也有必要予以評說。

胡風把「參加農歷端午節紀念屈原的活動稱作『為詩人們跳加官』」，並非僅見於一九四四年六月二十一日給舒蕪信，同年同月同日胡風給路翎的信中也有同樣提法：

這樣的雨天，我明天還得進城。就是為了跳那樣的加官。（《胡風全集》第九卷第二二二頁）

那年端午節，作為文協研究部主任，胡風要到重慶主持詩人節紀念會，胡風在給路翎和舒蕪的信中把主持這一活動說成是「跳加官」，完全是一種詼諧的說法，根本不存在什麼敵視進步文藝界、敵視這一活動的意思。「跳加官」，原指過去戲曲演出開場前的一種祝賀性質的單人表演；演員穿袍帶笏，手執寫有「天官賜

福」之類吉慶之詞的條幅，在臺上來回舞蹈，以向觀眾祝賀。「跳加官」，當作比喻的詞語使用時，同一切用作比喻的詞語一樣，都應當根據它所處的語境來確定它的含義。「跳加官」，可以賦予貶意用在對敵的場合，如三月二十七日對張道藩之流，就表示了對反動派的憎惡；但也可以用在友善的場合，「為詩人們跳加官」，「我明天還得進城」「就是為了跳那樣加官」，就是屬於這一情況。舒蕪硬說胡風在這裡表現了對參加詩人節活動的敵視情緒，是只能騙騙天真的讀者的。

總之，舒蕪把胡風用在友善場合的「跳加官」與用在對敵場合下的「跳加官」混為一談，以坐實胡風反黨亦即反革命的罪行，只是暴露了自己用心的歹毒。

二、所謂「他把所有黨和非黨進步作家，一律罵作『市儈』」。

舒蕪拋出的罪證是一九四四年五月二十五日胡風給舒蕪的信。其中有一句：「正如俗語所說的，一根草有一粒露水養，只不過這絕對又絕對地不會從那些各種各樣的市儈們得來。警戒他們，肯定他們，用微笑包著侮蔑和他們握手言歡都可以，但如果對他們發生了一絲的希望，那就是自己污辱了自己。」這裡，正表現了胡風一貫的反市儈主義的立場，而舒蕪卻扯到「他把所有黨和非黨進步作家，一律罵作」「市儈」上去，未免太荒唐了。

舒蕪在注文中還特別提到胡風在另一封信裡稱茅盾為「抬頭的市儈」的事。有必要作些評說。

胡風在抗戰前對茅盾的一些行為就有所不滿，這是左翼文壇的公開秘密。一九四五年一月二十七日給舒蕪信中稱茅盾為「抬頭的市儈」，更有直接起因。胡風在回憶錄中有記載：

一月二十五日下午，搭車進城。下車後即到文工會，正好參加馮乃超召開的文藝座談會的後半截。茅盾、以群帶頭，矛頭集中到〈論主觀〉上面。我認為他批判〈論主觀〉不過是藉口，實際上是不滿意有的文章批評了他所欣賞的姚雪垠，並且以為我批評客觀主義是針對他的。他雖然對〈論主觀〉罵了一通，但又說不出道理，這使我很不滿意。（《胡風全集》第七卷第六二三頁）

正是在這種「很不滿意」的情緒下，胡風兩天後在給舒蕪的信裡談到那天開會的情況時，對茅盾有了這樣的稱呼。

必須指出，人們只從舒蕪的揭發中知道胡風在一九四四年的「密信」中曾稱茅盾為「市儈」，卻不知茅盾早在一九四一年的文章中就把胡風的文章與國民黨文化特務的相提並論。茅盾家屬整理的《我走過的道路（下）》中說，一九四一年皖南事變後，他寫了一篇「對重慶生活的觀感和諷刺」的文章，題為〈「霧重慶」拾零〉，「文中不吝筆墨刺了一下重慶圖書雜誌審查會的老爺們」。後來編入《見聞雜記》在桂林出版時，「被審查老爺砍掉三分之一，其中就包括給他們勾畫臉譜的那一段」。「為了存真，也為了讓讀者瞭解一九四一年初重慶政治逆流中的文化逆流之一二」，特將那段文字抄錄在回憶錄中，開頭就是：

新年前後，盛傳「勝利年」中加強「文化建設」已有具體計劃，單就文化事業費一項而論，將視去年增加數倍，而「重慶市圖書雜誌審查會」之經費則將由每月二萬元增至六萬元，云云。本來審查會諸公，

賢勞過甚，凡屬「免於登載」之件，必附加長批，某詩人歎為「不亞於胡風之理論大文」；（下略）

（《我走過的道路（下）》，第四〇八至四〇九頁）

這確是「不吝筆墨刺了一下重慶圖書雜誌審查會的老爺們」，但也確是「不吝筆墨」同時「刺了一下」胡風，借某詩人之名把胡風的文章「刺」為和國民黨文化特務的「長批」一樣。這與胡風的稱茅盾為「市儈」相比，二者份量孰重？自然，在舒蕪等「左派」人士看來，胡風稱茅盾為「市儈」是反革命分子的惡毒攻擊，茅盾把胡風的文章與文化特務的相類比，則是革命作家對暗藏反革命分子本相的深刻洞察，不可同日而語。

話說回來，胡風稱「權力派」某些人為「市儈」，同樣不須舒蕪揭發。「市儈」的稱呼，在公開發表的文章裡就有。前面提到的《逆流的日子》的序文就是一例，還可以舉出發表在《希望》創刊號的〈置身在為民主的鬥爭裡面〉的例子：

它（葉按：指思想武裝）的搏鬥過程始終不能超脫感性的機能，或者說，它一定得化合為感性的機能。我們把這叫做實踐的生活意志，或者叫做被那些以販賣公式為生的市儈們所不喜的人格力量。（《胡風全集》第三卷第一八九頁）

「以販賣公式為生的市儈們」，指的不正是「權力派」理論家嗎！

自然，舒蕪的揭發不是沒有新東西的，那就是硬把針對「權力派」理論家的稱呼扯成針對「所有黨和非黨進步作家」。這是徹頭徹尾的栽誣！

三、所謂「甚至對聞一多先生加以侮蔑」

作為罪證的是胡風一九四四年十一月二十七日給舒蕪的信中的一段話：

> 聞一多當然是投機，但他投中了，只好奉承他。這裡還有比他更醜的角色。

對於這段話，《胡風全集》九卷四九四頁有編者注：「『聞一多』一段，係由舒蕪十一月二十三日來信中認為聞一多最近的表現為『投機』而引起。」舒蕪首先在信中對聞一多進行了侮蔑，才引出胡風這段話的。聞一多在抗戰期間，由於現實的教育，走出書齋，同過去決裂，成為英勇的民主戰士，這是大好事。但，由於一九四四年當時聞一多還剛剛開始接觸進步思想，對時局問題的認識不可避免地存在一些偏頗。舒蕪因聞一多對某一問題看法不妥，竟在給胡風的信中誣之為「投機」，詆之為「醜」，這是形左實右的惡毒攻擊。可惜的是，胡風當時為感情所蔽，只把這一誣衊理解為一般友人的偏激之言，竟順著舒蕪的調子用開玩笑的方式作答。按說，即使是出之於一般友人之口的這樣的偏激之言，也是應給以嚴肅批評的，胡風這樣作答，是很不嚴肅的。田間在一九五〇年給胡風的信裡批評胡風有時說話不嚴肅，胡風也承認有時「我說話太吊兒郎當了」，

「這還是日常間喜歡說兩句自以為無傷大雅的笑話那個老脾氣」。（《胡風全集》第九卷第五四九頁）他萬萬沒有想到，他的這個「老脾氣」，竟然被舒蕪在一九五五年如此富於獨創性地利用了。

對於舒蕪的這一揭發，胡風在回憶錄有所評說：

關於聞一多，我在給舒蕪的信中提了那麼一句，是因為舒蕪自己在信中對他有不好的看法而引起的，貶詞是他自己早已加上的，我只是附和了一句。我自己，對聞一多還是有好感的。青年時，曾喜愛他的愛國詩《紅燭》。我為田間的詩挨了幾年的罵，他卻肯定了田間，稱他為擂鼓詩人，這使我很欽佩，同時，別人也不再罵我了。由於舒蕪的栽贓問罪，對信件內容截頭去尾、捕風捉影、隨心所欲地運用，使我成了人民公敵，幾乎性命難保。舒蕪的巨大功績，但願勿傳之後世！（《胡風全集》第七卷第六六二頁）

經由上述解剖，所謂十年來胡風「一貫反對和抵制黨所領導的由黨和非黨進步作家所組成的革命文學隊伍」，所謂胡風「對這個文學隊伍卻十分仇視和鄙視」的罪名，究竟有多少真實可信的成分，不言自明了。為了剝露舒蕪製造偽證的離奇手段，有必要再舉一個例子。胡風一九四五年十月十七日給舒蕪信：

後天有紀念會，但這照例對我是災難，與那些諸公合夥紀念死人，無聊之至。

舒蕪注釋：

【紀念會】指魯迅先生逝世九周年紀念會。

這是告訴人們，一貫以魯迅戰友自許的胡風，竟對紀念魯迅抱如此惡劣態度，真是「表面上虛偽地站在黨所領導的革命文學隊伍中」的可怕的兩面派了。

事情難道果真如此？請看胡風的回憶錄：

魯迅先生逝世九周年紀念會，是在白象街西南實業大廈舉行的。這次的政治氣氛最好（沒有國民黨人參加）。周副主席出席講了話，馮玉祥先生也講了話，老舍朗誦魯迅先生一段小品，很精彩。我也講了話。胡喬木、喬冠華都參加了。許壽裳也進城來參加會。兩天前，記起多年來尤其是前一年紀念會上特務搗亂的例子，就在給舒蕪的信中說「但這照例對我是災難」。我以為國民黨甚至特務又要「合夥」搗亂了，這真是「無聊之至」。而「那些諸公」當然也不是指周副主席、黨的領導幹部以及進步作家的。（《胡風全集》第七卷第六三四至六三五頁）

舒蕪當然完全明白胡風信中所說的真實情況；然而為了把胡風打進十八層地獄，不惜瞞心昧己肆意歪曲了。

第三類

內容提要：

從這一類的材料當中，可以看出十年來胡風為了反對黨對文藝運動的領導，為了反對黨所領導的革命文學隊伍，怎樣進行了一系列的宗派主義小集團活動。

小結性評議：

以上材料清楚地表明，胡風在近十年來如何苦心孤詣地培植他的小集團。他主編的《希望》雜誌，是他的小集團作戰的主要陣地。他一再向他的小集團的成員進行鼓動，鼓動他們「衝鋒」，鼓動他們「與陣地共存亡」，並且虛張聲勢，故布疑陣，矛頭則是指向黨對文藝運動的領導，指向黨所領導的進步文學隊伍。他還介紹別人在反動報紙上編副刊，為他建立「配合的小據點」。

舒蕪在一九五二年的《從頭學習〈在延安文藝座談會上的講話〉》中，對於他解放前寫〈論主觀〉等文的動機與目的作了驚人的坦白，聲稱他寫此文的主觀動機就是蓄意反對馬克思主義。如果舒蕪的「坦白」是真實的，那麼，當年把《希望》當作反黨的作戰陣地加以利用的，不是別人，而是舒蕪。胡風和他的友人從來沒有

反對馬克思主義和中國共產黨之心；他們是把《希望》當作一個革命文學流派賴以發展，對國民黨反動逆流作戰的陣地的。

舒蕪拋出的幾個罪證，沒有一個經得起最起碼的推敲。

胡風在一九四四年五月二十五日獲悉他向國民黨當局申請出版《希望》的登記證要批下來，心情十分興奮，當天就在給舒蕪的信裡表示了這種愉悅，同時也表露了面臨艱巨任務的不輕鬆感。他清醒地認識到，以刊物為陣地堅持現實主義的道路，在與反動的文學勢力鬥爭的同時不得不與進步文學領域中種種傳統的觀念鬥，與背離現實主義的傾向鬥，任務十分艱巨，所以在寫給舒蕪的信中說：「好像一個軍人，接受了重大的危險的任務，但卻沒有準備，沒有武器，沒有自信，對於必要的條件沒有認清，而敵人卻是非常強大的。」但是，儘管困難不少，決心不變：「也只有迎上去，而且非抱著與陣地共存亡的決心不可」。——敢問：這又怎麼會扯到「反對黨對文藝運動的領導」、「反對黨所領導的革命文學隊伍」上去？

在《希望》創刊號出來後的一九四五年一月二十四日，胡風在給舒蕪的信中說：「松不得勁，我們要決心打一年衝鋒。」這裡表述的是，胡風對於還得付出巨大努力才能把刊物堅持下去的清醒認識和堅強決心。根本扯不到反黨上去！

一九四四年九月，《希望》創刊前夕，舒蕪給胡風寄來了一批雜文，每篇都署一個化名，胡風於十九日給舒蕪的信中說：「雜文，甚有趣。……更好的是每篇一名，使我布得成疑陣，使他們看來遍山旗幟，不敢輕易來犯，快何如之。」這是對舒蕪的做法的認可。一個作者多用幾個筆名發表短文，這是很普遍的現象。「布得

成疑陣」云云，涉筆成趣之言，根本扯不到什麼反黨上去。胡風認為「甚有趣」的舒蕪的幾篇雜文，都是針對國民黨黑暗統治的，沒有一篇反對中國共產黨的，更足以證明胡風此信是不是在鼓動舒蕪反黨了。——也許，舒蕪那些雜文也是包藏反黨禍心的貨色，那只能怪胡風太糊塗，太麻痺，太瞎眼了。

其實，最雄辯地能夠說明《希望》這塊陣地的性質的，莫過於這個刊物本身了。《希望》自一九四五年一月創刊到一九四六年年底停刊，共出八期。發表的作品，有解放區的，歌頌了中國共產黨領導的新天地裡軍民的生活和鬥爭；有國統區的，揭露了、控訴了國民黨的黑暗統治，反映了人民的痛苦、掙扎、反抗，表現了人民追求解放的迫切願望和堅強意志。發表的評論中，有的表述了堅持現實主義的原則立場，有的撻伐了反動的和落後的文化現象和文學現象，有的討論了當時文學創作的問題，有的探索了文學巨匠的創作經驗。發表的雜文，鋒芒直指國統區種種黑暗落後的社會現象和文化現象。至於舒蕪的〈論主觀〉，胡風是作為引起討論的文章而發表的，目的在於通過討論擴大延安整風的影響。總的看來，刊物的政治大方向完全正確。七月派詩人鄒荻帆說得好：「在國民黨反動派進行瘋狂反民主活動時期，在白區編輯一個期刊發出反抗逆流的聲音，實在需要大智大勇，何況還有經濟上的威脅。我敢斗膽地說，那時的《希望》在白區是很少的碩果之一。」（〈往事瑣記〉，曉風編《我與胡風》，增補本，第二七九至二八〇頁）一切良知未泯的公正的人們，只要讀過《希望》這個刊物的，應該都會認同這一評斷。指斥胡風和他的友人是一個「小集團」，以《希望》為陣地進行反黨亦即反革命活動，未免太傷天害理了。

至於舒蕪所謂「他還介紹別人在反動報紙上編副刊，為他建立（反黨的）『配合的小據點』」，更是血口噴人。

舒蕪拋出第一個罪證是，胡風介紹何劍熏到反動的《新蜀報》編副刊《蜀道》。引的是一九四六年二月十日胡風自重慶致舒蕪的信：

這信剛寫完（早上），他就來了。新蜀報副刊已說妥，——每週三天。要稿子，而且要我非寫不可。一來那個報壞得很，二來不知道他會弄出什麼花頭來，但無法謝絕，只好答應寫一點，但請他允許換一個名字。他說；不行！你看，這如何得了！這又怪我多事，不但不能在戰略上得一配合的小據點，反而弄出了麻煩，弄得不好就要增加攻擊者們底材料。

舒蕪對這一片斷作了這樣的注釋：

【他】指何劍熏同志。當時胡風介紹他編《新蜀報》的副刊《蜀道》。（葉按：「同志」二字在六月份出的小冊子中已不見。）

這告訴人們的是：為了「在戰略上得一（反對中國共產黨的）配合的小據點」，胡風明知《新蜀報》「壞得很」，連自己都不願以常用的筆名在上面發表文章，卻介紹何劍熏去編副刊《蜀道》，可見反黨的狼子野心何等猖狂！

然而，事實能說明的只是，舒蕪意欲置胡風於死地的歹毒用心何等猖狂！

必須指出，重慶《新蜀報》在一九四六年初以前並不是一份壞報。該報創刊於一九二一年春間，社長為當時「少年中國學會」會員陳愚生，主編為劉泗英、穆濟波。第二任主編為陳毅、周欽岳。第三任主編為蕭楚女。第四任主編為漆樹棻。抗戰初，又由周欽岳主持社務。周欽岳和陳毅同為法國里昂大學同學，因參加革命運動同時被迫離法回國，是進步人士。報紙的變質，發生在一九四六年初。一九四一年五月二十七日傍晚，報館的印刷廠不慎失火，不到二十分鐘，廠房全部被大火吞噬。損失慘重，業務遂陷入困境。採訪部主任、軍統特務張駿，利用徵集投資之機把同夥勢力拉進報社。周欽岳被孤立，董事會又不予支持，無奈於一九四五年五月底辭去總經理職。繼任者為該報老同仁王白與。一九四六年初，王白與因參加民主革命運動被國民黨特務抓去（後來被國民黨反動派殺害於白公館），報館大權落到特務張駿手裡，報紙變質。胡風是在王白與擔任總經理之時介紹何劍熏去編《蜀道》的。沒料到當何劍熏去接事之時，王白與已被逮捕，報館面目全非。胡風在二月十日給舒蕪的信裡，表述了對陷入意外劇變中的何劍熏的焦慮。何劍熏接事之後，當即發覺「此報變質」，很快辭職不幹了。關於此事，何劍熏在平反後有一段追敘：

他（葉按：指胡風）約我編《新蜀報》副刊《蜀道》，我根本不知道什麼「建立小據點」。《新蜀報》是重慶一家老的報紙。過去就有幾個我相識的人，如漆魯魚、趙銘彝、蔡衣渠等進步人士都編過這個報紙。不過，我離開重慶到外地教書，已經好久沒有看到這個報紙，並不知道它有什麼變化。而且，胡風給我的信上，又分明說的是協助王白與。此人抗戰前在成都編《華西日報》時，我就和他相識。雖

不深知他的情況，但知道他是一個正派的士大夫。（中略）因此答應了。接事以後，才知道此報已經變質。同時，我還要給它墊支稿費（那時，我在重慶南岸的一個中學教書）。於是，很快就辭職不幹了。（〈從一到〇〉，曉風編《我與胡風》，增補本，第四一四二頁）

這就是胡風介紹何劍熏「在反動的報紙上編副刊，為他建立『配合的小據點』」的真實情況。胡風意圖建立的「配合的小據點」，是配合反對美蔣鬥爭的小據點。舒蕪明知其意，不惜瞞心昧己把它扯成反對中國共產黨的「配合的小據點」，一筆栽誣了一個胡風和一個何劍熏，還把變質前的《新蜀報》誣為「反動報紙」，太可怕了。

舒蕪拋出的第二個罪證：一九四六年十一月二十七日給舒蕪信：

有一個報要出一個週刊，我答應了，用別人的名義去編（報紙立場不好之故），幾百字到二三千字的短文望能繼續寄些來。

有注：

【有一個報】指《時事新報》。【週刊】指《青光》。【別人】指賈植芳。

顯而易見，舒蕪是要告訴人們這樣一個消息：胡風為了建立反黨的「配合的小據點」，明知《時事新報》「立場不好」，卻還要介紹賈植芳去編！——實際情況真是這樣嗎？請看賈植芳的回憶：

這裡是說我在一九四六年編《時事新報》副刊《青光》的事。但《按語》中所有的罪名，都是莫須有的。我是一九四六年夏天從徐州搬到上海定居，先是住在胡風家裡，即雷米路文安坊六號。因剛到上海，閒居在家裡，寫些零碎文章餬口。到十一月份的時候，胡風對我說，《時事新報》的副刊要換編輯，其總經理胡鄂公（南湖）也是湖北人，與胡風是同鄉，想請胡風去編副刊。《時事新報》在五四時期刊行，是當時著名的大報紙，有了幾十年的歷史。四十年代它是屬於孔祥熙系統的報紙。因為一九四六年國共兩黨尚未破裂，南京正在籌備召開政治協商會議，孔祥熙想趁這機會拉攏各方面的政治力量，所以它的各種性質的副刊有各種人來編輯，政治面貌都不一樣。胡鄂公本人是個政客，他公開身分是孔祥熙財團在上海的代理人，但與各種政治力量都有關係，與共產黨也有關係，胡風想利用這個陣地發表一些進步的文章，宣傳進步的思想。這種做法在三十年代左翼文學運動中就有傳統，像《中華日報•動向》、《申報•自由談》、《申報月刊》、《東方雜誌》等都是這樣，根本扯不上「反對共產黨所領導的進步文學隊伍」。胡風只是顧慮這個報紙的背景比較複雜，他去主編會帶來很多不方便，我新到上海，面孔比較陌生，沒有什麼關係，再說，我當時也沒有工作，所以就接下了這份副刊。《青光》是個週刊，在我手裡只編了八期。從一九四七年元旦開始，到二月二十六日。事先胡風

與胡鄂公說定幾個條件：一，稿子不給報館審查，每週五由我編定直接送報館印刷廠，交給工人當場排清樣，我在一旁看校樣，然後就印出。發稿權完全由我們掌握。二，副刊的作者也不跟報館發生任何關係，每期發稿後由我直接向報館領取稿費，然後再分送作者。所以報館不知道這些作者的真實姓名和地址。《青光》基本上是不約外稿，作者的名單是胡風開給我的，（中略）從上面的作者隊伍看，基本傾向都是進步的，他們的作品的主要鋒芒也是針對了國民黨政府。（中略）但隨著政治形勢越來越壞，這個副刊也愈受人注意，到了編第八期的時候，胡鄂公又來電話了，這回他不再繞圈子，直接了當地說：「賈大哥，現在的形勢是這樣，我們就算了吧。」這樣，《青光》出到第八期就無疾而終了。其時國共兩黨已正式破裂。（《獄裡獄外》，上海遠東出版社一九五五年版，第八七至八九頁）

原來，《青光》是反對美蔣的「配合的小據點」！胡風介紹賈植芳到《時事新報》編《青光》，乃是利用了對方提供的難得的機會，如此而已。舒蕪完全知道事實真相，為了置胡風於死地，竟玩弄了這麼一番花招，太陰險了。

對比舒蕪拋出的罪證和評議，讀了何劍熏和賈植芳的回憶和感概，一切良知未泯的人們當會作出自己的評說。

經由解剖，舒蕪扣到胡風和他友人頭上的所謂「宗派主義小集團」的帽子，徹底破產了。

第四類

內容提要：

從這一類的材料當中，可以看出胡風十年來在文藝界所進行的這一切反黨的宗派活動，究意是以怎樣一種思想、怎樣一種世界觀作基礎。

小結性評議：

以上材料清楚地表明，胡風在文藝界所進行的反黨的宗派活動，正是他的資產階級個人主義和資產階級唯心主義思想的具體表現。

胡風把個人力量看得那樣大，所謂「以天下為己任」和「物皆備於我」，簡直以救世主和造物主自命，因而輕蔑世界，輕蔑人民，輕蔑偉大的工人階級政黨，輕蔑黨所領導的文學隊伍的集體力量，妄想要黨和黨所領導的文學隊伍服從他個人和他的小集團的意志，按照他個人和他的小集團的面貌來改造它們。他在文藝界所進行的宗派活動，就是為了實現他這種狂妄的個人野心。

在這些信裡，胡風的唯心主義的思想，是比在他的公開的文章中表現得更加露骨的。他認為意識形態是獨立存在的，還感到什麼「主觀在運行」，什麼「大的意志貫穿了中國」，他在「唯物主義」上面

加上「市儈」兩字，以表示他對唯物主義的輕蔑和反感。在這裡，也表明了胡風對於我當時所發表的許多宣傳唯心主義、個人主義思想的錯誤文章是全力支持的，決不是像他後來所抵賴，說他是不贊成那些文章的。

極端瘋狂的資產階級個人主義和極端頑固的資產階級唯心論——這就是胡風反黨小集團的思想基礎。

讓我們掂掂這最後一則壓卷的評議有多少份量。

一、所謂「胡風把個人力量看得那樣大，所謂『以天下為已任』和『萬物皆備於我』，簡直以救世主和造物主自命」。

罪證是一九四四年三月二十七日給舒蕪的信的片斷：

處此時會，我想，恐怕非得「以天下為己任」不可。這不是那闊氣的英雄主義，而是要自己負責，更強一些，更多一些，連那些最髒最混蛋的東西都算在自己的帳上。在這意義上說，「萬物皆備於我」這句話也許並不是不可以說的。

對於這一罪證，胡風在一九七七年十二月的獄中思想匯報中作了必要的說明：

我信裡的話是鼓勵他寫社會雜文的。一目了然，我的話意和他的判罪詞是完全相反的。「以天下為己任」，我是說在反動派壓迫下面，只有個人獨立作戰（寫社會雜文），這是自己應負的責任，並不是個人主義（闊氣的英雄主義），應寫得多點，深刻一點，把社會上的黑暗反動思想意識和自己聯繫起來，解剖自己，這才能刺到深處（痛處）——就借用「萬物皆備於我」這句成語表示一下，也就是魯迅所說的我解剖社會，便更殘酷的解剖自己的意思。我提醒他自己身上就有許多陳腐的東西。（《胡風全集》第九卷第四七九頁編者注）

胡風的本意，舒蕪完全明白，可是為了把胡風打進十八層地獄，不惜信口開河肆意歪曲，妄圖讓不明真相的廣大讀者以為胡風真是「把個人力量看得那樣大」，「簡直以救世主和造物主自命」。

二、所謂「他認為意識形態是獨立存在的」。

罪證是一九四四年十一月一日致舒蕪信的片斷。胡風在信中對舒蕪的稿子《人的哲學》提出如下意見：

應有一章論精神底高揚或昇華，從這裡理解意識形態底獨立性，由此以見理想底力量和犧牲精神。而且

我覺得這應是全書底最高峰，給市儈底唯物主義一個致命的打擊。

胡風這裡談的是對於上層建築對基礎的反作用、精神對物質的反作用的辯證唯物主義的理解。社會意識是社會存在的反映，意識形態當然不能獨立存在；但是，當社會意識形態一經在社會存在的基礎上產生，它就會反過來影響社會存在，這就是社會意識形態有相對獨立性的表現。革命的階級，在革命的實踐中掌握了客觀規律，在這基礎上，人的主觀作用就有可能起決定作用；充分發揮革命人民的理想力量和犧牲精神，就有可能爭取勝利的到來。胡風在信裡表述的就是這個思想，完全正確。舒蕪卻故意把胡風所說的「意識形態的獨立性」來個掉包，改為「意識形態是獨立存在的」，硬把胡風歪曲成一個可笑的唯心主義者。至於胡風在信中批評的「市儈底唯物主義」，分明是指作為辯證唯物主義的對立物的機械唯物論或庸俗唯物論而說的，舒蕪卻污衊說這表示了胡風「對唯物主義的輕視和反感」。舒蕪的非「市儈」的「唯物主義」就是這樣！太可欽佩了！

三、所謂「還感到什麼『主觀在運行』，什麼『大的意志貫穿了中國』」。

罪證是一九四五年五月三十一日給舒蕪的信的片斷：

感到了真的主觀在運行，一個大的意志貫穿了中國，這只能說你把認識（？）化成了實感。

胡風這段話的真意，在四十一年後舒蕪在他本人的自敘中無意洩漏：

中國共產黨第七次全國代表大會上，毛澤東作了《論聯合政府》的政治報告。「聯合政府」這個口號立刻響遍了全國，國民黨統治區內立刻掀起了一個要求實現聯合政府的頗有聲勢的群眾性民主運動，包括相當廣泛的文教界知名人士簽名發表公開宣言。這是新四軍事件以來國民黨統治區內長期的低潮形勢之後，第一次抗日民主運動的高潮。我為此高潮興奮，寫信給胡風，說我「感到了真的主觀在運行，一個大的意志貫穿了中國」，意思是：提出一個政治口號，立刻在全國範圍把這麼多人動員起來，把這麼多人的主觀努力集中起來，成為變革世界的實踐，這才是真正的主觀作用的大發揚；（中略）當時，胡風回我的信——

（稱呼和第一、二兩段均略）

感到了真的主觀在運行，一個大的意志貫穿了中國，這只能說你已把認識（？）化成了實感。（下略）（〈《回歸「五四」》後序〉，《新文學史料》一九九七年第二期）

原來：一、所謂「感到什麼『主觀在運行』，什麼『大的意志貫穿了中國』」，並不是胡風「感到」，而是舒蕪感到，胡風只是引了舒蕪的原文而已。二、「感到了真的主觀在運行，一個大的意志貫穿了中國」，這是舒蕪對中國共產黨決策威力的肯定。胡風對舒蕪的這一認識表示讚賞，根本扯不到什麼「唯心主義」上去，

更扯不到什麼「極端瘋狂的資產階級個人主義和極端頑固的資產階級唯心論」上去。如果「感到了真的主觀在運行」等語表現了的是「極端瘋狂的資產階級個人主義和極端頑固的資產階級唯心論」，那麼，「極端瘋狂」和「極端頑固」的也不是胡風，而是舒蕪本人。

舒蕪的自敘並非為了檢討當年對胡風的誣陷，客觀上卻暴露出當年他為了把胡風置於死地，居然匪夷所思地玩弄了如此荒唐的移花接木的花招。真是令人怵目驚心！

四、所謂「表明了胡風對於我當時所發表的許多宣傳唯心主義、個人主義思想的錯誤文章是全力支持的，決不像他後來所抵賴，說他是不贊成那些文章的」。

事情真是這樣嗎？就在上面引的信中，胡風緊接著就指出：

> 主觀、中庸二文沒有被這實感所充溢，恐怕這才是缺點。

「主觀、中庸二文」，即〈論主觀〉與〈論中庸〉。胡風明確指出，這兩篇文章沒有寫出偉大的力量是黨的政治領導，這才是文章的重大缺點。憑這一條，就足以表明胡風並沒有「全力支持」舒蕪的文章。如果真的是「全力支持」，為什麼把〈論主觀〉、〈論中庸〉只作為引起討論的文章發表呢？關於〈論主觀〉作為引起討論的文章發表，在胡風當年寫的〈編後記〉就明白表示。胡風說：「希望讀者也不要輕易放過，要無情地參

加討論」。又說：「附錄裡面所記下的意見，太簡單了，幾乎像是電報碼子，但如果能有多少的啟示，使讀者從這些以及正文引出討論的端緒，我想，受賜的當不只作者一人而已」（《胡風全集》第三卷第二九二頁）。從這裡能夠得出胡風「全力支持」的結論嗎？關於〈論中庸〉，則從胡風一九四四年十一月二十七日給舒蕪的信中可以見到最有力的證明。胡風告訴舒蕪，他和路翎對該稿改了兩處，刪了兩三處，「其餘的，只好付之討論了」。（《胡風全集》第九卷第四九三頁）難道舒蕪竟會看不到這幾個字嗎？「抵賴」云云，到底是誰「抵賴」！「抵賴」的究竟是誰！舒蕪為了坐實胡風宣傳唯心主義與個人主義的罪狀，不惜把自己發表在《希望》上的「許多文章」一律醜化為「宣揚唯心主義、個人主義思想」的大毒草，並硬說胡風發表它們不是為了引起討論，而是對文章的「全力支持」。遇到這樣的下決心用胡風的血洗自己的手的無賴戰術，胡風活該倒大楣了。

舒蕪企圖歪曲引用胡風的幾封信的片斷以坐實胡風的思想基礎是「極端瘋狂的資產階級個人主義和極端頑固的資產階級唯心論」，事實能夠證明的倒是，舒蕪本人是從資產階級個人主義和資產階級唯心論出發來整理這份材料的。至於是否「極端瘋狂」，明眼的讀者自會作出結論，無須我來饒舌了。

〈材料〉最後，舒蕪作了這樣的總結：

整理胡風給我的信中這許多材料之後，不禁觸目驚心。這些材料，現在擺在面前，反黨反馬克思主義的氣息，卑鄙的個人野心的氣味，是這樣地強烈。可是當時，卻把這些信當作經常指導自己整個生活、工作和思想的寶貴文獻，從來沒有看出什麼不對的地方。這就是一個鏡子，可以照見自己當時思想的面貌

是何等的醜惡！（下略）

這是說，過去，他舒蕪一直是以胡風的這些「反黨反馬列主義的氣息，卑鄙的個人野心的氣味，是這樣地強烈」的信件，「當作經常指導自己整個生活、工作和思想」的指路明燈的；而他卻「從來沒有看出有什麼不對的地方」。——胡風對舒蕪這位本來是十分純潔可愛的青年的引誘、拉攏、腐蝕、毒害，手段實在太陰險太可怕了。胡風給他的信裡充滿了如此強烈的反黨反馬列主義氣息和卑鄙的個人主義氣味，他竟被迷惑得一點也嗅不出來。這些年來，他的整個的生活、整個的工作、整個的思想，都被胡風所俘虜，被胡風這個老奸巨滑的反革命拖進了罪惡的反黨集團。他當時的覺悟實在太低，而胡風又實在太陰險太狡猾了，致使自己錯上賊船這麼多年而無法覺察。只是到了現在，他才徹頭徹尾徹裡徹外地覺悟了，徹頭徹尾徹裡徹外地看穿了胡風的反動的真面目了，也認識到了自己當年思想面貌「何等醜惡」了。因此，他交出胡風給他的全部信件，而且給以最不留情的批判，來一個徹底劃清界限了。

《人民日報》在舒蕪的這篇文章前加的〈編者按〉中，對舒蕪的政治身分作出明確定位：「被欺騙而不願永遠跟著胡風跑的人」。這是說，舒蕪是由於他的覺悟太低而胡風又太陰險太狡猾而「被欺騙」進入反革命集團的；而他的拋出胡風給他的私信正表明他是「不願永遠跟著胡風跑」的。這同舒蕪在總結性評議中為自己所作的政治定位完全一致，是對舒蕪的自我定位的全部認可。

解放後舒蕪一直背著的最沉重的包袱，一舉徹底解除了。

舒蕪，用胡風的血乃至胡風友人的血，洗淨了自己的雙手。

正是舒蕪的這個〈材料〉，把胡風問題從「思想上的敵人」上升為「政治上的敵人」。已經被推到邊緣的邊緣的胡風和他的友人，一下子被推入敵我矛盾的滅頂深淵。

「非常之功，必待非常之人」，舒蕪「檢舉」出一個暗藏得極深的「反黨集團」，大大有功，功不可沒！

奇怪的是，到了「胡風反革命集團」案推倒之後的一九八九年，舒蕪在接見記者的時候竟說，這篇材料僅僅是他「署名」而已。他不厭其煩地敘述了事情經過：

> 大約在一九五五年四月底或五月初，正是康濯同志在文章中所談的《人民日報》和《文藝報》的記者編輯們到各處向有關人士組織批判胡風的稿件的熱潮中，《人民日報》編輯葉遙同志，就是康濯同志文章中提到的與我愛人是同學的女編輯，（聽說她後來不在《人民日報》，現在何處，我不知道。）她來向我組稿。我說，關於理論方面的批判文章，已經有許多同志寫了，我就寫一篇關於胡風的宗派主義吧。過了一兩天葉遙同志又來了，帶來了一份已經打印好的批判胡風的選題計畫給我看，說我的文章已經被列入了計劃。我看選題計畫上前面都是別人的文章。最後的一篇是我的文章，記得很清楚，上面最末一行印著「關於胡風的宗派主義（舒蕪）」。她臨走時希望我儘快把文章寫出來。不久我寫成了〈關於胡風的宗派主義〉一文，文章中引用了不少胡風給我信中的話。文章送到《人民日報》編輯部，過了

兩三天，葉遙同志又來找我，說可否把胡風的原信「借給我們看一看」。我當時想，可能是編輯部要核實一下我那篇文章中引用的胡風的信，就把已經裝訂在一起的胡風歷年來給我的全部信件交給了葉遙同志。但我的文章還沒有發表，又過了三四天，葉遙同志又來通知我，說林默涵同志想找我談一談我那篇文章的事，並約定了時間叫我到中宣部去找他，這日期大約是離五月十三日《人民日報》發表第一批材料前一個星期左右。我去中宣部林默涵同志辦公室找林默涵同志，我坐下以後，林默涵同志拿出他已經看完了的我寫的〈關於胡風的宗派主義〉的文章，和我交給葉遙的訂成一本的一百多封信，（這些信由誰交給林默涵同志我不清楚，當時也未問，從當時情況分析，很可能由袁水拍一級的幹部送的，似乎葉遙同志不是與林默涵同志直接聯繫。）對我說：「你的文章和胡風的信，都看了。你的文章可以不必發了。現在大家不是要看舒蕪怎麼說，而是要看胡風怎麼說了。」他把已經在原信上畫了許多記號，打了許多槓槓的信還給我說：「可否把這些重要的摘抄出來，按內容分成四類：一，胡風十多年來怎樣一貫反對和抵制我們黨對文藝運動的領導；二，胡風十多年來怎樣一貫反對和抵制我們黨所領導的由黨和非黨進步作家所組成的革命文藝隊伍；三，胡風十多年來為了反對我們黨對文藝運動的領導，為了反對我們黨所領導的革命文學隊伍，怎樣進行了一系列的宗派活動；四，胡風十多年來在文藝界所進行的這一切反黨的宗派活動，究竟是以怎樣一種思想、怎樣一種世界觀作基礎的。」林默涵同志又說：「現在胡風的問題，已不僅僅是一般的宗派主義的問題了，當然不是說胡風是反革命，但是，是對黨、對黨所領導的革命文藝運動，對黨的文藝政策，對黨的文藝界的領導人的態度問題了。」最後林默涵同志要我對

胡風原信中一些不容易懂的詞句如「兩個馬褂」、「豪紳們」、「跳加官」、「抬頭的市儈」等作些注解。當時我簡略地記下了林默涵的指示要點，就取回我的稿子和胡風的信件。回來大約化了兩天兩夜的時間，按林默涵同志給擬定的四個小標題，進行摘錄、分類、注釋。在這兩天中，我接到林默涵同志兩三次電話，催我趕快把〈材料〉寫出來。第三天我就把〈材料〉寫完，題目叫《關於胡風小集團的一些材料》，送《人民日報》交給葉遙同志。雖然他們催得這樣急，但稿件送去五六天一直未見發表，現在從林默涵同志的答問和康濯的文章，才知道這期間林默涵同志和周揚同志等研究了〈材料〉又送給毛主席，毛主席又重改大標題，重寫編者按，所以才耽擱了那麼幾天。我正在納悶，在五月十一日下午，就接到《人民日報》葉遙的電話，說〈材料〉馬上要發表了，但裡面有幾個字看不清楚，要我去看一下清樣。我到《人民日報》一看清樣，〈材料〉的大標題，已由原來的《關於胡風小集團的一些材料》，改為《關於胡風反黨集團的一些材料》，前面還加了一篇大一號字的編者按。我匆匆看了一遍，捏了一把冷汗。我問葉遙是誰寫的編者按，葉遙只對我說，反正是上面寫的，我也不便深究了。這就是署名舒蕪的第一批〈材料〉發表前後的經過。（《第一批胡風材料發表前後》，《新文學史料》一九九〇年第一期）

這是說：一、舒蕪他本來壓根兒沒想到要把胡風給他的私信交出去，是《人民日報》編輯葉遙向他要去的；二、他本來壓根兒沒想到胡風的信會轉到林默涵手裡，他只是以為葉遙要核實一下文章中的引文才把信交給這位「不是與林默涵同志直接聯繫」的編輯的；三、他本來壓根兒沒想到要把胡風的信拋出去，是林默涵指

示他這麼幹的，而且應該摘那些，應該分幾類，乃至每類的小標題，都是林默涵一手確定的；四、〈材料〉標題中「反黨集團」這一關鍵詞語也不是他寫的，是毛主席改定的；他看到標題和〈編者按〉後還「捏了一把冷汗」，更證明了這對他是何等的意外。——總而言之，把胡風的私信拋出去，把胡風等人打成反革命，主要責任不在他。他只是奉命行事而已。

舒蕪如此功成不居，未免恭謙禮讓得太過份了。

舒蕪在《反馬克思主義的胡風文藝思想》（《中國青年》一九五五年第四期）一文中就明白宣告：「關於胡風在解放前文藝界的反黨宗派活動，我將在別處根據我所掌握的材料作一些說明。」所謂「我所掌握的材料」，就是指胡風給他的信，這是任何人一看都明白的。舒蕪在他主動請纓寫的〈關於胡風的宗派主義〉一文裡，就「引用了不少」胡風給他信中的話，實踐了「關於胡風在解放前文藝界的反黨的宗派活動，我將在別處根據我所掌握的材料作一些說明」的諾言——舒蕪已經通過特殊的方式表示了把胡風的信交出來的積極性，何必羞於承認！

必須指出，舒蕪交信先後共兩次，而不是只在寫出〈關於胡風的宗派主義〉之後交過一次。據《人民日報》文藝組編輯葉遙回憶，她到舒蕪的家裡約稿，談到胡風的信，問舒蕪當年胡風的信是否還在，舒蕪的母親從床下拉出一個小皮箱，亮出胡風給他的全部信件。舒蕪說，他很想根據這些信寫胡風的宗派主義。葉遙要借去看看，舒蕪答曰：「可以。」據葉遙說，她回家後即抓緊時間看。次日，交文藝組組長袁水拍看，後又交林淡秋看，然後歸還舒蕪。這是舒蕪第一次交信。舒蕪把〈關於胡風的宗派主義〉寫出來交給《人民日報》

之後，葉遙又到舒蕪家再要原信，以便核對引用的文字，於是舒蕪第二次交信。（參見葉遙《從「宗派主義」到「反革命集團」——我所記得的有關胡風冤案「第一批材料」及其他》，《文藝報》第一四一期，一九九七年十一月二十九日出版）情況表明，葉遙所以對胡風的信發生興趣，顯然是看了舒蕪發表在《中國青年》上的《反馬克思主義的胡風文藝思想》而萌生的。舒蕪在那篇文章中就明白預告：「關於胡風在解放前文藝界的反黨的宗派活動，我將在別處根據我所掌握的材料作一些說明。」沒有舒蕪這個預告，葉遙是決不會對胡風的信發生興趣的。事情就是這麼清楚，舒蕪既然如此積極主動地公開宣佈要寫用胡風的信打擊胡風的文章，必然會如此積極主動自覺自願地把信交出去，或美其名曰「借」出去。有了第一次的自覺自願的交信，第二次的交信更是自覺自願，其樂融融了。舒蕪第一次交信給葉遙，她回去看後只交給袁水拍、林淡秋過目，袁、林沒有上交中宣部，這是他們工作的嚴重失誤，是袁、林二人組織性不強、黨性不強的表現。如果說，葉遙第一次向舒蕪要信看，是出於個人自發的興趣，那麼，第二次向舒蕪要信核對引文，就不是出於她個人的需要，這是十分清楚的事。《人民日報》是中共中央的機關報，葉遙個人和林默涵沒有直接聯繫，編輯部卻必須和當時身為中共中央宣傳部文藝處處長的林默涵有直接聯繫。在經歷了前一次嚴重失職的教訓之後，編輯部負責人理所當然地要把如此重要的信件轉到中宣部文藝處，轉到林默涵的手裡。——這是人所共知的一點常識，何必故裝糊塗！

對於林默涵的指示，舒蕪未表示任何不同意見，不但出色地貫徹了指示的精神，還在注釋、小結性評議和總結性評議中發揮了不同凡響的創造奇才，精彩之處迭出。——這點罕有的積極性與創造性，何必輕易抹煞！

〈材料〉中整系列顛倒是非、混淆黑白、憑空捏造、信口雌黃、含血噴人的羅織構陷，整系列恨不能讓

當局把胡風槍斃一百次一千次一萬次的注釋和評議，是舒蕪個人獨立寫出的。那種恨不能食其肉寢其皮的咬牙切齒之聲，是舒蕪個人獨立發出的。人們從那一口一個「惡毒地」、「最惡毒地」、「狂妄的」、「極端狂妄的」、「極端頑固的」一系列嚇死人的罪狀裡，實在無法導出胡風和他的友人不是反黨集團的結論。而況舒蕪本人在引言中就開宗明義指出：「多年來胡風在文藝界所進行的活動，是從個人野心出發的宗派主義小集團的活動」，是「他的反馬克思主義的文藝思想和反黨文藝小集團爭奪領導地位的活動」。而在第四類信件的評議中，舒蕪進一步指出：胡風「妄想要黨和黨所領導的文學隊伍服從他個人和他小集團的意志，按照他個人和他的小集團的面貌來改造它們。他在文藝界所進行的宗派活動，就是為了實現他這種狂妄的個人野心」。並以最明確的語言宣稱，存在一個「胡風反黨集團」。這些政治定性的文字，完全是舒蕪獨立寫出的。林默涵在《胡風事件的前前後後》（《新文學史料》一九八九年第三期）中特別指出：「除了（編者）按語經毛主席改寫了之外，舒蕪提供的材料並未因主席的按語而作任何改動」。「有人說舒蕪在主席為胡風問題定性後，根據要求將材料重新分類並寫上小標題等，是不符合事實的」。由此可知，毛澤東在審閱了清樣之後把題目中的「小集團」改為「反黨集團」，並不出人意料，如前所述，他只是把舒蕪寫在文中的「反黨」二字也在標題中標出，以使主題更顯豁而已。舒蕪說，他看了改過的標題和〈編者按〉「捏了一把冷汗」，好像頗出他的意料似的。這就過分矯情了。他在這之前一個月發表的《胡風文藝思想反黨反人民的本質》中，那一系列加到胡風身上的罪名，什麼「阻礙和破壞當前的社會主義建設和社會主義改造，按照反動資產階級的願望來改造我們的社會和我們的國家」，什麼「胡風就是這樣『鮮血淋漓』地污衊了中國人民，污衊了中國人民在中國共產黨領導之下

進行革命鬥爭的光輝歷史，那種咬牙切齒的聲音，充分表現出反動資產階級對革命人民『火一樣的仇恨』」，等等等等，不是比一切都有力地證明，他在炮製出《關於胡風小集團的一些材料》之前，就已明確無誤地向公眾宣告胡風是反革命分子而且是現行反革命分子了嗎！怎麼會在看到〈材料〉題目中的「小集團」被改為「反黨集團」竟「捏了一把冷汗」，似乎頗出意外似的呢？——如此曠世奇勳，何必故意推讓！

舒蕪的這份材料，是作為胡風和他的友人據以定罪的極其重要的證據而交給當局的，因此，它是一份極其典型的偽證。有關偽證的性質和偽證製造者的人品，德國論理學家弗里德里希・包爾生有過十分精闢的論述：

> 使謊言獲得了最高權力的是偽證。這是帶有對其真實性的正式的莊嚴的保證的謊言。偽證始終被看作是最嚴重的罪行之一，被看作是極端的邪惡和卑劣的一個標誌。（中略）《伊利亞特》認為偽證者應受比死亡更重的懲罰，忠於誓言被希臘人普遍地視為正義的最主要的在某種程度上也是最根本的部分，而偽證則被他們視為最可恥的罪行。（弗里德里希・包爾生：《論理學體系》，中譯本，中國社會科學出版社一九八八年年版，第五八一頁）

舒蕪這篇稀世傑作，肯定要作為中國三千年文禍史上「極端的邪惡和卑劣的一個標誌」和「最可恥的罪行」載入史冊，這是任何人的意志改變不了的。墨寫下的，斧頭砍不掉！

盡瘁型

「盡瘁」，諸葛亮《後出師表》的完整表述是：「臣鞠躬盡瘁，死而後已。」批胡運動中權力中心倚為得力幫手的黨外頭面人物的發言與文章，就以竭誠效忠為特色。

郭沫若

郭沫若，建國後成為文化班頭。他在一九五五年初外事活動頻繁，他的批胡文章寫得較晚。四月一日才在《人民日報》刊出一文《反社會主義的胡風綱領》，批判「三十萬言書」。他把「三十萬言書」上綱為「反社會主義綱領」，不減當年把魯迅上綱為「封建餘孽」、「二重的反革命」、「不得志的Fascist」的雄風。五月二十五日中國文聯主席團和中國作協主席團聯席擴大會議上，他有一個總結發言，更不可輕易放過。發言稿的題目為《嚴厲鎮壓胡風反革命集團》（《文藝報》一九五五年第十一號）。其中最關鍵的一段文章是：

在今天，依然還有反革命分子來進行破壞活動，這是我們斷斷不能容忍的。幾年前，我們曾經進行過鎮壓反革命的工作，好些反革命分子經過鎮壓之後，幾年來，有的已經得到了改造。可是，像胡風這樣的人，他二十

年來，一貫地在革命的內部進行反革命的破壞工作，這是明知故犯，怙惡不悛的最頑惡的反革命分子。在今天對這樣的反革命分子，我個人認為，應該嚴厲地鎮壓，比幾年前鎮壓反革命的時候要更加嚴厲地鎮壓！

那時第三批〈材料〉還沒有發表，那次大會的任務是作出開除胡風會籍的決議，發言的大多是按照這個口徑發言的。只有那麼幾個極左分子如周立波等，提出給胡風懲辦的要求。但是也沒有一個把調子拔到郭沫若如此高度的。「比幾年前鎮壓反革命的時候要更加嚴厲地鎮壓」，說穿了，就是要求政府處胡風以極刑。這是一個令人毛骨悚然的血淋淋的建議。郭沫若著重聲稱，這是他「個人」的意見，其實，處處看最高權威顏色講話的郭沫若，還不具備這樣的獨立意識。原來，就在這年春節後不久，最高權威就對楊樹達老先生說過，胡風是反革命，手下有三千人，要鎮壓。郭沫若的「我個人認為」，顯然是在為最高權威鎮壓胡風承擔千古罵名。歷來聰明的統治者，都不願意擔當殘殺名士的惡名，往往設法假手別人把人殺掉。如曹操，他要殺禰衡，他自己不殺，把禰衡推薦給了荊州刺史劉表，欲借劉表之手殺之。劉表也覺得禰衡可惡，欲殺之，但他不願受害賢之名，把禰衡推薦給江夏太守黃祖。黃祖這個頭腦簡單的傢伙，受不了禰衡的狂傲之氣，把他殺掉，千古罵名落到了他的頭上。連曹操、劉表都知道名士屍體的沉重，郭沫若卻甘願替最高權威承擔千古罵名，以「我個人認為」的名義建議最高權威殺害胡風，真是愚忠愚到走火入魔的邪道了。

最高權威倒是很善於利用郭沫若的這個「我個人認為」做文章的。一九五六年四月二十五日，最高權威在《論十大關係》的報告中，談到了處理胡風的問題時說：「什麼樣的人不殺呢？胡風、潘漢年、饒漱石這樣的

人不殺」，「不是沒有可殺之罪，而是殺了不利」。這，應該是對一年前郭沫若「我個人認為」的答復，表示了作為最高權威的寬仁大度。郭沫若為最高權威作了一次墊背，堪稱無上光榮。

茅盾

茅盾，早在一九四九年七月的文代會上所做的報告《國統區文學運動》中，代表權力中心把胡風宣佈為國統區進步文藝運動中最大的異己分子，對胡風進行了毀滅性的打擊。一九五五年批胡運動中發表了三篇文章。前兩篇殺氣有餘，特色無多。八月十二日寫的《把鬥爭進行到底並在鬥爭中獲得鍛煉》（《人民文學》一九五五年第九期）終於顯出精彩。僅對開頭部分和結尾部分略加掃描。開頭部分：

胡風反革命集團的揭露以及全國各地反革命案件的不斷破獲，都說明了這一真理：在我國社會主義建設和社會主義改造事業日益進展的過程中，階級鬥爭是愈來愈尖銳而複雜的。

請看下列的統計數字：「從破壞經濟建設的刑事案件的數量看，如河北省一九五四年受理的破壞經濟建設案件較一九五三年上升一六〇%，其中反革命的破壞較一九五三年上升一六五%，不法資本家及其他犯罪分子的破壞案件上升一〇六%。山西省今年第一季度受理的反革命破壞經濟案件，比一九五

三年同時期增加兩倍，破壞農業生產合作社的案件也增加兩倍以上。貴州省一九五五年第一季度發生的各種破壞案件較一九五四年第四季度上升一三%。其中兇殺案上升二七・四%；縱火案上升九〇%。」（引自司法部史良部長在第一屆全國人民代表大會第二次會議上的發言）

胡風反革命集團的危害性和破壞作用，比這些破壞經濟建設的、殺人放火的罪犯，卻要大得多。胡風反革命集團是在思想戰線上進行反黨、反人民、反革命的活動，他們自己把這稱之為什麼「挖心戰」，是比殺人放火規模更大更陰險毒辣的罪行。（葉按：這是對「挖心戰」一語的惡毒歪曲。此語見第二批材料公佈的一九五二年二月八日胡風致綠原信片段。胡風的意思是，要從「權力派」的文章中找出他們理論錯誤的根子來，以捍衛馬克思主義的文藝理論。茅盾卻聲稱這是「胡風反革命集團」「在思想戰線上進行反黨、反人民、反革命的活動」的自招，太不擇手段了。）

從近來報紙上所披露的材料來看，所有暗藏的反革命分子都用的是：偽裝積極、玩弄兩面派的手法，鑽進國家機關、企業、農業生產合作社等等，伺機進行各種各樣的破壞活動。

胡風反革命集團卻更為陰險狡猾。他們偽裝得很巧妙，他們擺著一副「進步作家」的面孔，長期欺騙青年。他們有反革命的理論、綱領和組織；有情報網，有派在各機關、團體的甚至派在共產黨內的坐探。他們的兩面派的手法十分巧妙；他們無孔不入地窺伺別人的弱點、錯誤，施展他們的「爭取、聯絡」的手腕。他們遇事生風，挑撥離間，無中生有地造謠、歪曲；他們到了哪裡，哪裡就有古怪事情發生。他們十足是一批訓練得很到家的特務。

郭沫若在五月二十五日大會上，提出要對胡風「嚴厲地鎮壓，比幾年前鎮壓反革命的時候要更加嚴厲地鎮壓」，人們普遍感到不可理解，胡風究竟犯了什麼彌天大罪，竟然「比幾年前鎮壓反革命的時候要更加嚴厲地鎮壓」。茅盾的這段文章為郭沫若的發言作出詮釋了：原來「他們十足是一批訓練得很到家的特務」，原來胡風犯下的是「比殺人放火規模更大更陰險毒辣的罪行」。罪行如此重大，自然該給以「比幾年前鎮壓反革命的時候要更加嚴厲地鎮壓」了。一唱一和，可謂配合默契。

結尾部分：

> 肅清胡風反革命集團和一切暗藏的反革命分子的運動，是要達到作一次徹底清理的目的。依靠領導機關的正確指導和廣大群眾的高度覺悟性相結合，是能夠辦到不使反革命一人漏網，也不冤枉一個好人的。對於參加運動的廣大群眾說來，這是一次十分有益的階級鬥爭的教育，將使我們學會怎樣「辨別在特殊情況下從事活動的某些人們」，能從兩面派的表像中看出他的真象來。對於我們知識分子和文藝界，這一運動的教育意義就特別大了；因為在這一運動中，我們的思想改造得如何，將是一個考驗，同時，運動本身也提供我們一個進行思想改造的最好最有效的實踐場合。

最高權威在五月十二日的最高國務會議的講話中指出：「提高警惕，肅清一切反革命分子；防止偏差，不要冤枉一個好人。」第二天的《人民日報》，就發表了舒蕪的《關於胡風反黨集團的一些材料》，在最高權威

親自寫的按語中，把胡風一干人定性為「反黨集團」，駭人聽聞地冤枉了一大群好人。在這樣的局面下，竟然還要求人們不要冤枉一個好人，這不是給下面出大難題嗎？現在，茅盾出來提供妙方了：「依靠領導機關的正確指導和廣大群眾的高度覺悟性相結合，是能夠辦到不使反革命一人漏網，也不冤枉一個好人的。」茅盾此文是八月十二日寫的。那時反胡風鬥爭已經在「依靠領導機關的正確指導和廣大群眾的高度覺悟性相結合」中進行得空前邪火，已經造成一個不可收拾的大瘋狂大株連大逮捕大恐怖的局面。在這種情況下，茅盾還向決策中樞獻策，要把「相結合」方針推行下去，則除了進一步造成「特務」滿地、反革命遍野的局面還能是什麼呢？「臣鞠躬盡瘁，死而後已」，「鞠躬盡瘁」到如此荒謬的地步，太可怕了。

「運動本身也提供我們一個進行思想改造的最好最有效的實踐場合」：如此「思想改造」，能把知識分子「改造」成什麼模樣，難道還需要點破嗎？

掃描了兩段文章，茅盾在一九五五年批胡舞臺上的角色定位，明若觀火了。

綜評

郭、茅二位的文章，已經遠離「批胡」的主題，分明是在為最高權威血腥鎮壓胡風直接製造輿論了。兩段文章都不長，卻已照出了「領頭羊」的可怕的本相。

解放前，兩位都曾經是反封建的勇士，曾幾何時，竟自我感覺異常良好地走向自己的反面。時光老人太會捉弄人了。

布道型

一九五五年初，決策中樞拋出胡風的「三十萬言書」號召全民群起而批之。為了讓參加者知道胡風思想是怎麼回事，由中國文聯出面，主辦了所謂「辯證唯物主義與歷史唯物主義」講座。請來主講的佈道師，都是當時國內大名鼎鼎的馬克思主義哲學家。他們的佈道情況如何，請看典型例子。

楊獻珍

楊獻珍，中共中央直屬高級黨校校長。他是講座的一號主講。他的講稿全文無法見到，這裡只從發表在一九五五年第八號《文藝報》上僅為講稿中的一段的《從哲學的根本問題看胡風小集團的思想本質》，作若干掃描。前面說過，這個講座是在胡風還是「思想上的敵人」階段做出的，因此文中只稱「胡風小集團」。楊獻珍在文章前一部分先介紹了哲學史上唯物論和唯心論的鬥爭過程，指出馬克思主義創立了辯證唯物主義的世界觀，才解決了哲學上的最重大的根本問題。然後轉向批判胡風——

根據以上所說，我們來檢驗一下胡風小集團的哲學思想本質到底是什麼東西。

很遺憾，我對於胡風的大作看不懂。可是舒蕪，當他還在胡風小集團的時候，是那個集團的理論家，最足以代表那個集團的思想本質的綱領性的〈論主觀〉的文章，就是舒蕪執筆寫的，這篇文章曾經被胡風譽之為是「提出了一個使中華民族求新生的鬥爭會受到影響的問題」的，胡風還號召讀者不要輕易放過這篇文章，「要無情地參加討論」。舒蕪當然是懂得那篇文章的思想本質是什麼的。舒蕪脫離了胡風小集團，轉變了自己的立場、觀點以後，曾揭露過他們的思想本質。舒蕪寫的《致路翎的公開信》，是研究胡風小集團思想本質的很好的參考材料。在這封信中，舒蕪指出：「首先，客觀世界對於我們簡直是不存在的，至少是毫無意義的，如果它不曾『融入』我們的『主觀精神』裡面。這是貫穿一切的基本觀點。」這裡揭露得非常好，把他們的思想本質擺得明明白白。客觀世界不能離開他們的主觀精神而獨立存在。這就是他們的世界觀，他們對於哲學上最根本問題的最根本的態度。

這是一段奇文。

他聲稱，他的任務是要來「檢驗一下胡風小集團的哲學思想本質到底是什麼東西」。按說這個檢驗應該首先從被當作「小集團」頭目的胡風的文章著手，這才符合實事求是這個唯物論的基本原則。然而他卻毫無愧色地坦然說，他「對於胡風的大作看不懂」。連「小集團」頭目的文章都看不懂，居然要來「檢驗一下胡風小集團的哲學思想本質到底是什麼東西」，豈不是拿聽眾開心！

他有他的妙法，用舒蕪〈論主觀〉中的主觀唯心論的東西來代替整個「小集團」的哲學思想，說什麼「最足以代表那個集團的思想本質的綱領性的」文章，就是舒蕪的〈論主觀〉。根據是：「這篇文章曾被胡風譽之為『提出了一個使中華民族求新生的鬥爭會受到影響的問題』」。楊獻珍的這番話，不是什麼新鮮論調，不過是撿拾了「權力派」理論家早在解放前就宣揚過不知多少遍的謬論的唾餘而已。

從《希望》的有關〈編後記〉可以看出，胡風對於〈論主觀〉一文，並沒有無保留地給以肯定，更沒有把它作為「一個使中華民族求新生的鬥爭會受到影響」的文章加以肯定並向讀者推薦。從〈論主觀〉一文後面的「附錄」所摘引的胡風對該文的意見，就可以明白看出，胡風對該文論述教條主義的部分是感興趣的，但對於文章宣揚主觀唯心主義的部分是有所保留的。胡風的意見中有一條是：「深入生活這一論題，還把握得不豐富，或分析得不深：這是由於實踐精神不夠強的緣故。」這條意見措詞雖然十分婉轉，但顯然已經觸及〈論主觀〉的致命要害。憑這條意見，就不能說胡風在總體上肯定這篇文章，更不能說是把它作為「一個使中華民族求新生的鬥爭會受到影響」的文章加以肯定並向讀者推薦的。至於〈編後記〉中那句話，「再提出了一個問題（葉按：是「再提出了一個問題」，而不是「提出了一個問題」），一個使中華民族求新生的鬥爭會受到影響的問題」，「這個問題」是指延安整風運動提出的反對教條主義。說『再提出』，是指《中原》、《群眾》已提過說的。對「再提出」這句話來個串講，便是：〈論主觀〉這篇文章是繼《中原》《群眾》的文章之後，再一次提出延安整風運動提出的使中華民族求新生的鬥爭會受到影響的反對教條主義的問題。由於國統區環境的限制，原話是寫得比較隱晦的，但是，只要同下一句要求「讀者無情地參加討論」的話聯繫起來理解，特別是

同〈論主觀〉一文後面的「附錄」所摘引的胡風對該文的意見聯繫起來理解，就不致冒然作出「權力派」那樣的論斷，認為胡風是在總體上肯定這篇文章，而且是把它作為「一個使中華民族求新生的鬥爭會受到影響」的文章加以肯定並向讀者推薦的。楊獻珍襲用「權力派」批判家們的故伎證明舒蕪的〈論主觀〉是「最足以代表那個集團的思想本質的綱領性的」，純屬荒誕鬧劇一出。

楊獻珍還亮出舒蕪《致路翎的公開信》中的一句話來證明胡風「小集團」的主觀唯心主義哲學思想。那句話是：「首先，客觀世界對於我們簡直是不存在的，至少是毫無意義的，如果它不曾『融入』我們的『主觀精神』裡面。這是貫穿一切的基本觀點。」楊獻珍聲稱：「這裡揭露得非常好，把他們的思想本質擺得明明白白。客觀世界不能離開他們的主觀精神而獨立存在。這就是他們的世界觀，他們對於哲學上最根本問題的最根本的態度。」可惜的是，路翎壓根沒有說過這樣的昏話。舒蕪意圖以唯一的知情者的身分對路翎進行醜化，是徒勞的。路翎整系列真實反映生活的作品，宣告了舒蕪的栽誣的徹底破產。

一個自己「對於胡風的大作看不懂」的人，居然可以教導同樣看不懂胡風文章的人看懂胡風的文章，只能是一場鬧劇。

楊獻珍的報告，是在所謂「辯證唯物主義與歷史唯物主義」講座的講壇上做出的。聽講的大多是知名的知識分子，影響是不容小覷的。許多知名人士都是聽了楊獻珍等佈道師的報告，才「懂得」胡風思想的反動所在的。

如葉聖陶，他在批胡文章一開頭就說：「我看不懂胡風的文章。曾經試看過，一個個字全認得，說的什麼意思可不明白，只好放下不看。文章既然看不懂，他的哲學和文藝理論也就完全不瞭解。幾個月來聽了幾次報

告，讀了報刊上批判胡風的文章。報告和文章裡都引了許多胡風的語句。我看不懂的語句。經報告人和文章作者一分析，我才懂得胡風的哲學和文藝理論原來是這麼一回事。」（《看了五月十三日〈人民日報〉關於胡風的材料》，《文藝報》一九五五年第九、十號合刊）所謂的「報告人」，就是自命為馬克思主義哲學家的楊獻珍和他的一夥人。

老舍，更專門寫了文章《好好學習》（《學習》一九五五年第六期）進行歌頌：

從三月初起，中國文學藝術家界聯合會在北京舉辦了「辯證唯物主義與歷史唯物主義」講座，發動文藝各部門的工作者參加聽講。

第一講是在北京劇場舉行的。樓上樓下在開講以前已經「客滿」。後到的只好坐在休息室去——事前已擺滿了椅子。北京市人民藝術劇院的同志們有的坐在後臺，有的坐在化裝室——他們下午聽講，聽完就化裝，準備晚場演出。

因此，後來就改用天橋劇場，以便多容納一些人。

聽講的真踴躍，不但文藝界的人爭取參加，連文藝界以外的許多人也要求發給聽講證。聽講的有很年輕的，也有老人；有文藝界各協會的負責人，也有青年演員、音樂、美術和舞蹈工作者。大家都如饑如渴地要求在思想上充實自己。這個現象，據我看，是只有在全國解放五年後才會有的，應當有的。它不是偶然的。

在過去的五年裡，文藝工作者聽到了，看到了，並且參加了祖國的偉大建設，他們不能不因聽到的，看到的，與親身參加的事情而歡欣鼓舞，更愛祖國，更想能更好更多地為人民服務。從這偉大建設的具體事實中，大家體會到什麼是共產主義思想，而且相信這個偉大的思想千真萬確能夠引導著大家走向建設與光明。因此，要更多更好地為人民服務，就必須更深入地學習那個偉大的思想，它是我們行動的指南針。所以我說，只有在今天，大家才會這麼熱情，應當這麼熱情，參加思想學習，而不是偶然的。

這些知名人士都是老實人，他們認為「辯正唯物主義與歷史唯物主義」講座的佈道師都是中國當時頂級的馬克思主義專家，帶著求知若渴的心情去聽報告，卻不知道所謂「辯正唯物主義與歷史唯物主義」講座，其實是徹頭徹尾的「主觀唯心主義」講座。這個講座不過是服從於整個大騙局的戰略部署的一個小騙局而已。中國的多數知識分子太天真太善良了。

糾察型

在群眾活動中出來擔任維持秩序的，謂之糾察。這裡指的是在批胡運動中出來維持內部秩序的文章。這是批胡運動進入六月下旬漸漸出現的新品種。這些文章把批判重點轉向內部的一些「不正之風」，以維持隊伍內部思想上的秩序和言論上的秩序。有資格寫這類文章的自然都是一些文藝界重量級領導人物。

張光年

張光年，中國戲劇家協會黨組書記，中國戲劇家協會秘書長兼創作室主任，《劇本》月刊主編。批胡運動中，中共中央宣傳部和公安部組成專案組，他是負責文字材料的五人小組成員。在一九五五年五月二十四日聲討胡風的大會上演出一場全武行，把在臺上喊出「胡風不是反革命」的呂熒揪下臺去的勇士，就是這位張光年。六月，他在中國文聯和劇協、音協、美協幹部大會做了《百倍地提高警惕》的報告，從五個方面對到會幹部進行了思想糾察和言論糾察。這裡選擇最妙的一個片段略加評說。

胡風欺侮我們文藝界馬克思主義水平不高，容易受欺騙；看到我們文藝界，唯心主義還很有市場；他就從柏格森、廚川白村等人那裡販來一些最反動的唯心論思想，又從馬克思列寧主義經典著作中胡亂抄錄一些革命的詞句，加以歪曲和改制，使最醜惡的思想有了最漂亮的外衣，用來迷惑一些頭腦簡單的人們。馬克思列寧主義的著作，書店裡多的是，任何人可以買；胡風集團的人們不幹正經事，有的是時間；他們懷著反動的目的來「研究」馬克思主義經典著作，為的是用假的馬克思主義來反對真正的馬克思主義，從思想上造成混亂。嚴重的是，我們文藝界有不少人長期間不肯認真學習馬克思列寧主義，就被胡風文章裡的旁徵博引和胡編亂湊的哲學術語驚呆了，糊裡糊塗做了反動思想的俘虜！這也是一條嚴重的教訓：沒有馬克思列寧主義武裝的人，是最容易受人欺騙的；滿腦子唯心思想的人，是最容易與反動思想引起共鳴的。我們如果不覺悟，不學習，不努力改造自己的思想，以後還會不斷地吃虧上當的。

（《百倍地提高警惕》，《劇本》一九五五年七月號）

這段文章的主旨很顯豁：訓斥文藝界不少人長期不肯認真學習馬克思列寧主義，以致做了胡風的俘虜。張光年如是訓斥：「我們文藝界有不少人長期間不肯認真學習馬克思列寧主義，就被胡風文章裡的旁徵博引和胡編亂湊的哲學術語驚呆了，糊裡糊塗做了反動思想的俘虜！」胡風文章裡的幾個「哲學術語」，它們居然具有「驚呆」不少人的奇異力量，使他們「糊裡糊塗做了反動思想的俘虜」，真是太可怕了。但是，訓斥這些人「長期間不肯認真學習馬克思列寧主義」，卻是大大地冤枉了他們的。他們中間大部分人，可能沒有直

接閱讀馬克思列寧主義的著作，但在對胡風文藝思想的鬥爭上，卻是接受了不少馬克思列寧主義乃至毛澤東思想的教育的。早在建國前，「權力派」就不斷向公眾灌輸，胡風的文藝思想是唯心主義的，是從柏格森、廚川白村等人那裡販來的最反動的唯心論思想，是假馬克思主義。建國前夕的文代會上，茅盾在報告中代表「權力派」對胡風的文藝思想進行了毀滅性的撻伐，指為反對毛澤東文藝路線的大毒草，更是向廣大文藝界宣告了胡風的文藝思想是唯心主義的，是假馬克思主義。一九五二年，決策中樞又把舒蕪請出來，讓他以最大知情者的身分證明胡風的文藝思想是唯心主義的，是假馬克思主義。同時，「權力派」還組織了對胡風進行面對面圍攻的會議。作為圍攻總結的林默涵的文章，題目就是《胡風的反馬克思主義的文藝思想》。經過這樣反反覆覆針對胡風思想進行的馬克思主義教育，居然文藝界還有「不少人」「糊裡糊塗做了反動思想的俘虜」，這倒是昭告了，文藝界「不少人」並不「糊裡糊塗」，他們倒是很有明辨是非的能力的。不管你暴跳如雷扣上多少「做了反動思想的俘虜」的帽子，不管你氣急敗壞罵上多少遍「不覺悟，不學習，不努力改造自己的思想」，全是枉然的，只是顯出色厲內荏的本相而已。究竟誰是真正的真馬克思主義，誰是真正的假馬克思主義，究竟誰是「從馬克思列寧主義經典著作中胡亂抄錄一些革命的詞句，加以歪曲和改制，使最醜惡的思想有了最漂亮的外衣，用來迷惑一些頭腦簡單的人們」，決不是張光年和他那一群人說了算的。

無須具體比較在批胡運動中批判胡風的文章與被批判的胡風的文章哪一方是唯物主義哪一方面是唯心主義，哪一方面是真馬克思主義哪一方是假馬克思主義，只要看看張光年在五月二十四日大會上把呂熒揪下臺去的全武行演出便夠了。真正的唯物主義是不怕直面客觀事實的，只有唯心主義才對客觀事實怕得要死。真正的

馬克思主義是經得起反對力量的考驗的；只有假馬克思主義才對反對的力量怕得發抖。張光年和他那一群如果相信把胡風打成反革命是正確的，合乎正義的，就完全沒有必要害怕在臺上發表與大會基調不合轍的意見。你有真理在手，可以等他講完了再行批駁。張光年和他那一群卻怕得要死，不惜全武行出手。還有比這個更暴露了「權力派」的假唯物主義和假馬克思主義嘴臉的嗎？

對於呂熒在大會上石破天驚地喊出「胡風不是反革命」的抗議之聲的悲壯行動，有識之士都認為是一八九八年左拉為德萊福斯冤案抗辯的英雄行為的再現；把呂熒視為二十世紀中國的左拉。記得張光年一九四一年曾寫過一篇題為《從左拉的〈控訴〉想起的》的文章，對於為德萊福斯冤案提出嚴正控訴的左拉表示了由衷的敬意，對於那些助惡為虐瘋狂打擊左拉的「被御用的所謂『民眾』」，表示了極大的鄙夷。（見《張光年文集》，人民文學出版社二〇〇二年版，第四卷第三五至三六頁）然而，在一九五五年的「中國左拉」事件中，這個當年譴責了法國的「被御用的所謂『民眾』」的張光年，卻扮演了一個極不光彩的角色，成為瘋狂打擊「中國左拉」的「被御用的所謂『民眾』」的急先鋒。歷史的諷嘲就是這樣無情！

尤為可笑的是，張光年居然對馬列著作公開發行憂心忡忡：「馬克思列寧主義的著作，書店裡多的是，任何人可以買；胡風集團的人們不幹正經事，有的是時間；他們懷著反動的目的來『研究』馬克思主義經典著作，為的是用假的馬克思主義來反對真正的馬克思主義，從思想上造成混亂。」既然馬克思列寧主義的著作任何人可以買會產生如許不測流弊，會造成如許可怕後果，那麼書店裡的馬克思列寧主義著作，最好不允許「任何人可以買」，應該對馬克思列寧主義著作採取封閉式的內部發行制，沒有單位黨組織證明信一律不賣。這樣才

能夠避免為可惡的反動分子所利用，才能有效防止「從思想上造成混亂」，保證「輿論一律」的天下永遠太平。

然而，歷史告訴我們，馬克思主義不僅是在同工人運動外部的敵對思想鬥爭中獲得發展，更是在同工人運動內部從拉薩爾主義、巴枯寧主義直到伯恩施坦、考茨基「第二國際修正主義」的不調和鬥爭中獲得輝煌發展的。一部馬克思主義發展的歷史表明，真正的馬克思主義者是決不害怕有人「懷著反動的目的來『研究』」馬克思主義的。害怕有人「懷著反動的目的來『研究』」的，決不是真正的馬克思主義者！

張光年自以為是已經學好馬克思列寧主義的響噹噹的馬克思主義者。無情的事實證明，站在極左的實用主義立場去「學習」馬克思列寧主義著作，只能使馬克思列寧主義淪為整人的工具，只能是對馬克思列寧主義的踐踏和褻瀆——張光年的訓斥，只能是荒誕鬧劇一齣。

劉白羽

劉白羽，中國作協黨組書記。批胡運動中，中共中央宣傳部和公安部組成專案組，他是負責文字材料的五人小組成員；同時，他又是中國作協「五人小組」的總負責人。他的《必須清除自由主義》（《文藝報》一九五五年第十三號）是一篇針對「自由主義」這一「不正之風」的很有特色的妙文。現將最精彩的部分摘錄如下：

胡風在《和新人物一起》中，還起著一種腐蝕人的作用。他不是曾經毫不吝惜讚美的字眼，用什麼「笑起來是很天真的」，什麼「一對笑得出神了的眼睛」，來形容一個廠長嗎？於是這個廠長同時是個作家的人經不住這種「微笑」和「招手」了，他就不經組織批准，就把他請到他無權參加的廠務會議上去了。而後，這個「笑起來是很天真的」廠長，慢慢地被胡風吸引著了，吸引去了，胡風給他妻子梅志寫信：「……到廣州去了，說回來過上海，如找你，好好招待。此人甚好。」於是這個被胡風認為「甚好」的共產黨員也談起什麼「時代的苦悶」來了。是什麼使一個長期受過黨和人民關懷、培養的作家，在敵人招手之下，一下子就屈服了呢？不是那藏在自己靈魂中的個人主義和自由主義嗎？只有這次這樣的鬥爭，才使這個同志驚醒過來，堅決地從思想上割斷了那種聯繫。我想再講另一個關於自由主義的事：有一個同志，他的作品受了黨的嚴正的批評——我們都知道，黨曾經不止一次地批評過黨員的作品，而這正是黨對於文學事業的深切關懷和幫助——可是，這位同志，在批評面前，變得情緒不正常起來了。恰恰在這時，他收到一封信，誰呢？就是那個阿壠，他寄來稱讚、同情、安慰、支持。同時，在北京的胡風集團也立刻集議策劃，由路翎也寫一封同樣的信，寄與溫暖同情，不知路翎這封信寄出沒有，但策劃確實是策劃過的。想一想，這是什麼樣的手法呀？可是，當自由主義在一個人身上占上風時，他就失去了警覺。這個同志寫了回信給阿壠，在信中流露了自己的不健康的心情。不過，這事情也就過去了。這個同志又積極工作起來。不久，他在自己工作崗位上，為了執行黨的文藝政策，不能不與阿壠等反革命分子針鋒相對地展開鬥爭，這時，阿壠就威脅地把他那封信拿出來了。這是多麼陰險的手

段啊！當然，在這裡我要負責地聲明，這個同志這一次堅持了鬥爭，但是，自由主義曾經給他自己招致了怎樣沉重的打擊啊。這就是暗藏反革命分子的特務手段，而這種手段是依託於我們中間的濃厚的自由主義的。（中略）在檢查這個問題的時候，我們不能不警惕地看到、聽到從我們中間對胡風發出過何等讚美的言詞，什麼「民族最偉大的理論家」呀，什麼「我的引路人」呀；假如我們反問一下：「你的引路者，不是馬克思主義，不是中國共產黨嗎？」那麼，講這種話的人該如何回答呢？這說明，講這樣話的人的原則性，已經稀薄到了什麼程度，憑著個人主義的自私自利的思想，一個人，這樣容易地忘了原則。

現在，我們可以問：在我們文藝隊伍中間，這是什麼樣的自由主義？

黨中央早敲過警鐘，這種自由主義是向資產階級投降，對無產階級戰士說來，有比投降這兩個字再可恥的嗎？

這裡，劉白羽一口氣曝了三個「自由主義」者的光，而且給以極尖銳的批評：向資產階級可恥的投降。雖然沒有直接亮出三個挨批者的姓名，但暗示得已經非常明白。

第一個，只要讀過胡風的報告文學集《和新人物在一起》中的《在工業戰線上》的，都會知道那個「廠長同時是個作家的人」，指的是雷加。

「他就不經組織批准，就把他請到他無權參加的廠務會議上去了。」——這純屬亂扣帽子。一九四九年初，是黨把胡風請到東北解放區的。胡風要求到雷加所在的造紙廠訪問又是經過有關領導批准的。為了讓胡風

更多地瞭解一些情況以便把訪問記寫得更生動更深刻一些，作為廠長的雷加讓他參加廠務會議，有何不可？那次廠務會議討論的是怎樣改變所屬第一廠勞動紀律鬆懈生產嚴重落後的問題。胡風在後來寫出的《在工業戰線上》中，有著如實的反映。劉白羽故意把問題說得那麼嚴重，好像這一來洩露了國家機密，給生產造成重大損失了。卑鄙！

「胡風給他妻子梅志寫信：『……到廣州去了，說回來過上海，如找你，好好招待。此人甚好。』於是這個被胡風認為『甚好』的共產黨員也談起什麼『時代的苦悶』來了。」——這裡，劉白羽利用職務之便，拋出兩封私信的片段。一個是胡風給梅志的，一個是雷加給胡風的。胡風與梅志都已經被定為「反革命」，公佈他們的私人通信，是揭露敵人，不算違反當時的「法」。雷加卻沒有被打成反革命，是革命作家，劉白羽竟然把他給胡風信裡的片言隻語「時代的苦悶」之類的話也公開出來，這是駭人聽聞的。從發表的三批材料看，從批胡運動以來發表的批胡文章看，只有被定為「胡風分子」的，他們給胡風的私信才會被摘引出來；從來沒有見到哪一個材料哪一篇文章把不是「胡風分子」的人寫給胡風的信摘錄出來加以曝光的。劉白羽利用他作為「五人小組」成員的職務之便，把革命同志給胡風的信抖落出來，加以醜化，這是嚴重違犯黨紀與國法的行為。雖然劉白羽最後來了一句「只有這樣的鬥爭，才使這個同志驚醒過來，堅決地從思想上割斷了那種聯繫」，好像還很講政策似的，其實改變不了不擇手段把雷加臭一通的事實。

第二個，只要讀了與劉白羽的文章發表在同期《文藝報》上的方紀的《阿壠的嘴臉》，便可知道指的就是方紀。

一九五〇年三月十二日，《人民日報》副刊在發表文章批評阿壠的《論傾向性》的同時，發表了批評方紀小說《讓生活變得更美麗吧》的「讀者來信」，編者加了「編者回信」加以肯定。這一來，對方紀小說的批評，就成為「黨」的批評，成為「黨對於文學事業的深切關懷和幫助」的樣板。批評文章教條氣十足，根本不能說服人。方紀的錯誤在於，他在接到阿壠給他的表同情的信之後，竟然在回信中不僅對阿壠的挨批評表示同情，而且教阿壠不要理睬《人民日報》對阿壠的批評。教阿壠不要理睬《人民日報》對阿壠的批評，對於一個黨員來說，確實是犯了嚴重錯誤的。然而，方紀對於當年的錯誤，早已在黨內作了檢查，劉白羽還扭住不放，大算舊帳，除了存心臭他一通之外，人們很難找到別的理由了。

第三個，只要人們讀過一九五五年五月二十一日《人民日報》發表的《胡風——陰謀家》一文，就都會知道，指的是田間。那時人們還看不到田間給胡風的信，可是「引路人」這樣的話在《胡風——陰謀家》一文中已經露出一點端倪，人們都會猜到指的是誰的。對於胡風，田間已經在一九五二年第二次文代會的小組會上，以批判阿壠為由頭同胡風公開決裂，這是有目共睹的。劉白羽卻還扭住不放，甚至把田間過去給胡風的私信中的片言隻語「民族最偉大的理論家」、「我的引路人」等等拋出來，再一次利用職權公開私信搞臭同志。田間當年給胡風的那封信已經在《新文學史料》一九九五年第三期發表；看了原信，更可以見出劉白羽手段之卑鄙。那是田間一九四九年五月六日寫給胡風的，有關文字如下：

讀來示，看樣子你是不願久住北方的，但我深望你能較久地住下去，和黨的領導機關相距近些，可

以免去不必要的隔膜（世界上有些隔膜是由廣義上的隔膜造成的）。這對於我的民族的理論家，我的引路人——風兄來說，我有此希望和要求。我也常想：作家站在大的地方固然好，站的地方小，也不能說不好。我這幾年的生活雖在小地方，但我們卻似乎進了「另一世界」。這當然不是因為有了一個官（歐陽山兄和我開玩笑的話）。而是因為有了一個改造充實自己的機會。按我半生生活說，上海的生活是我的第一良機，能到臨汾和延安是我的第二良機，下鄉工作是我的第三良機。如此半生，良機有三，今後的路，大概不會恰恰有一惡運以終局。雖然，我也不願把理想寄託於良機，而要以良機測驗自己。

這封信上，我仍然說「語不盡意」，餘意再告。祝你和郭沫若先生，茅盾先生，周揚同志等人民文藝的思想戰線領導團結起來，有原則的團結起來。

只要理解力正常的人，讀了上面這段文字都會看出，田間分明是極其明顯地站在「權力派」的同一立場上，規勸胡風改變立場，靠攏周揚。說得露骨些，這其實是一封勸降信，希望胡風向「權力派」投降的信。稱胡風為「我的民族的理論家，我的引路人」，無非是為了表示自己規勸的懇切。然而，劉白羽竟然掐頭去尾地把「我的民族的理論家」和「我的引路人」兩個詞語作為田間喪失立場的「黑話」拋出來。而且不惜誇大其詞地把「我的民族的理論家」篡改為「民族最偉大的理論家」；把顯然是指詩歌創作上的「引路人」歪曲為否定馬克思主義和中國共產黨是他的引路人。假借職權匪夷所思地把一個同志的私信拋出來，人品就大成問題，掐頭去尾歪曲原意地拋出私信，更是雙重的卑鄙無恥。十足一副「整人狂」的醜惡嘴臉。

這種出奇離譜的行動是出於劉白羽個人的一時衝動嗎？自然不是。據瞭解內情的人士透露，批胡運動中的重要文章，都要經過周揚把關，才能見報。劉白羽這樣重要的文章，涉及公開同志給胡風的私信這樣重大問題的文章，顯然是經過審查批准的。我們有理由認為，劉白羽對雷加、方紀、田間三人如此離譜的攻擊，是得到周揚的同意和支持的。這裡，反映出周揚的心計了。他慣於躲在幕後出謀劃策，讓他刻意培養的幹將出頭露面去當炮手。劉白羽這位「整人狂」本來就十分願意一顯身手，一篇極其離譜的文章就這樣出籠了。

夏衍

夏衍，周揚的老搭檔，當時任文化部副部長。《對敵人仁慈就是對人民殘酷》（《人民文學》一九五五年九月號），是對一些「怪話」進行糾察的文章中最為精彩的。讓我們共賞妙文中之尤妙者：

在今日中國，在人人口中經常在說的階級鬥爭比以前更加尖銳的社會主義革命時期，能擔保我們身邊沒有變了形、化了裝的敵人麼？能把一切的人都當作「君子」麼？按道理，按常識，應該說「不能」吧。那麼，眼前的事實是怎樣呢？我們不是把一個有二十多年歷史的老牌特務當作了「朋友」麼？二十年不算是一個很短的時期，難道我們竟連旗杆擺錯了位置這一類破綻都沒有看出麼？（葉按：這是夏衍用孫

悟空變成一座土地廟，尾巴變成旗杆卻擺錯了位置的故事，對胡風進行惡毒誣衊。）難道從他的一切言論行徑中，竟連觸鼻的「猴尿臊氣」都不曾嗅到麼？應該說迷迷糊糊、隱隱約約地看到嗅到過的。對於二十年前就曾看到過破綻、嗅到過氣味的這個兩面人，在解放後，在整風後，特別是在四中全會後，在黨中央再三要求我們提高警惕後，我們之中的某些人，不是「書生氣十足」地堅持把他的問題看成一個「思想問題」麼？不是一談到有政治問題就說不應該「硬戴大帽子」麼？在《人民日報》發表了兩批材料之後，不是還有人說「證據不充分」麼？甚至不是還有人說什麼「牆倒眾人推」、「一面倒」、「不民主」麼？不是還有人認為應該讓胡風分子也在人民的報紙上發發言才過癮麼？對於這一類人，我不知道怎麼說才恰當？說是「政治上嗅覺不靈，把事實看得太天真」，未免「不靈」和「天真」得太過分了。我覺得，挖得深一些，把這些人歸入六月十日《人民日報》編者按語所說的「因為在階級本能上衷心地同情他們」，比較恰當些吧。

第一批材料發表之後，有人說怪話；第二批材料發表之後，還是有人說怪話。據夏衍在此文後一段所述，第三批材料發表之後還是怪話源源不斷。最高權威的話語霸權竟遭如此嚴重挑戰，「輿論一律」美好局面竟被如此猖狂破壞，作為一名忠誠衛士，自然要挺身而出，來維持秩序了。

「我們不是把一個有二十多年歷史的老牌特務當作了『朋友』麼？」這裡的「我們」，是不包括夏衍自己在內的，因為，他在左聯時期就同周揚等人一起「就曾看到過破綻、嗅到過氣味」，而且向魯迅通報了。無如

魯迅受蒙蔽過深，不相信他們的通報，竟讓胡風滑了過去。現在，他是以「二十年前就曾看到過破綻、嗅到過氣味」的先覺者的身分，向那些「書生氣十足」的人大肆訓斥了。他先擺出了這些人的「怪論」，以便展開批判。在批判之前還給這些人扣上「在階級本能上衷心同情他們」的帽子，先耍一下糾察大員的威風。

不民主麼？我們認為太民主了，再民主就會喪失立場了。胡風反黨反人民反了二十多年，罵黨的作家和進步作家罵了二十多年，我們對他的批判不才只半年麼？他和他的反革命集團用種種下流骯髒話罵人，我們不是一直在和他講理麼？就拿五月十三日的《人民日報》來說，不是用整兩版的地位讓胡風一個人講話麼？第二版的《我的自我批判》是他的話，第三版的密信——即「私房話」難道不是他的話麼？正面反面都讓他一個人講，都公開發表出來，還不算民主麼？

這是對「不民主」這一怪話的批駁。這是一段極富黑色幽默的妙文，不可輕易放過。

「胡風反黨反人民反了二十多年，罵黨的作家和進步作家罵了二十多年，我們對他的批判不才只半年麼？」此話極不老實。所謂「胡風反黨反人民反了二十多年，罵黨的作家和進步作家罵了二十多年」，純屬顛倒是非的讕言。事實是，罵了二十年的不是胡風，而是「權力派」。三十年代，誣衊胡風是「內奸」的，不是「權力派」裡的周揚、夏衍等「四條漢子」嗎？一九四五年，污衊胡風文藝思想的哲學基礎是舒蕪的唯心主義思想的，不是「權力派」嗎？一九四九年在文代會上把胡風作為國統區進步文藝運動中最大異己批的，不是

「權力派」嗎？一九五二年五月在舒蕪的賣友文章前面加上編者按定胡風為小集團頭目的，不是「權力派」嗎？一九五二年召開所謂「討論會」大肆圍攻胡風的，不是「權力派」嗎？一九五四年發出「我們必須戰鬥」號召的，不是「權力派」嗎？說什麼「我們對他的批判才只半年」，而且「我們不是一直和他講理麼」，未免太過於謙虛了。這麼多年來「權力派」對胡風無所不用其極的圍攻，難道夏衍不知道嗎？僅就夏衍承認的「才只半年」的「批判」看，那連篇累牘歇斯底里的造謠、誹謗、污衊，「用種種下流骯髒話罵人」的，不正是你們嗎？哪有半點「講理」的影子？天下的「理」都在你們手裡了！

夏衍還以五月十三日《人民日報》用兩整版發表胡風的《我的自我批判》和舒蕪的賣友傑作為例，說明當局是給了胡風以最大的民主的。照此說法，則當時中國應該是地球上最民主最自由的國家了。詭辯術要到這個水平，堪稱一大奇才！

> 「牆倒眾人推」麼？誰在推牆呀？不是這個胡風自己，口口聲聲在說要「動搖機械論統治」的「鐵牆」麼？他不是已經推得很久了麼？革命的牆沒有被推倒，反革命的牆要頹倒了，難道還不應該大家動手來推一下麼？

這段文章做得彎彎曲曲，似乎很俏皮，其實油腔滑調。要義無非是，這垛「反革命的牆」「要頹倒了」，「大家動手來推一下」是「應該」的。這是偷換論題。「牆倒眾人推」這個「怪話」，是批評運動中盲目跟著

投井下石的現象的。夏衍理應針對這個要點加以批駁，說明盲目跟著投井下石的行為是值得肯定的，這是為製造聲勢所需要，為鞏固「輿論一律」所需要。夏衍的文章偏不這麼做，顯出低能。

證據不充分麼？第三批材料發表了，這些材料還不是鐵證麼，看了這批材料還能說這批人只是「文壇上的野心家」，還能說他們是「好人」、不是特務麼？

什麼叫「證據」？只有經過查證屬實的事實，才能稱為證據。第三批材料根本不能成為證據，原因很簡單：第三批材料「揭發」的東西，並沒有經過查證屬實。把這樣的主觀妄斷的東西稱之為「鐵證」，是跟法律開玩笑。

看了這些材料還說這批人是「好人」，不是「特務」，正表明企圖一手掩蓋天下人耳目，只能是癡心夢想而已。

最使人奇怪的，據說竟還有人提到發表「密信」的問題，說，這違反了憲法第九十條「通信秘密受法律的保護」的規定。憲法是保護什麼人的？是保護人民，還是保護危害人民的反革命？看到了第九十條，為什麼就沒有看到第十九條呢？一條是九十，一條是十九，真是巧得很。我們政權的性質是人民民主專政，民主是對人民的，可是，親愛的「天真」先生，「善良」女士，為什麼在人民民主下面，就忘記了

還有專政這兩個字呢？對反革命不該專政麼？讓反革命、特務、殺人犯……也來享受和我們一樣的民主權利麼？連罪證確鑿的反革命分子也不能動他們一根毫毛麼？這是什麼立場？這是什麼本能？

這段妙文用憲法第十九條來為發表「密信」辯護。這是在首先肯定胡風是反革命的前提下作出的辯護。然而，夏衍應該記得憲法還有個第七十八條。條文是：「各級人民法院獨立進行審判，只服從法律。」根據這條規定，任何屬於法院許可權內的案件，自始至終都必須在審判系統中審理。根據這條規定，法律至上，一切政黨團體和個人都要在法律的範圍內活動。而胡風的被定為反革命，又是經過哪一級人民法院獨立進行審判的呢？根本沒有經過任何人民法院，完全是最高權威一手包辦，以《人民日報》編者的名義做出終審判決的。這是明目張膽違背憲法第七十八條。違背了憲法第七十八條，非法地把胡風定為「反革命」，在這個基礎上聲稱發表「反革命」的「密信」是符合憲法第十九條的，戲弄權威竟到了如此荒謬的地步！

當然，對說這些話的人，應該有區別。有些的確是「太天真」、「太善良」、「書生氣十足」，沒有魯迅所主張的「打落水狗」的精神，有的是由於沒有鬥爭經驗，「怕搞亂」，「老成持重」，還要再看一看。但也應該指出，除出「階級本能上衷心地同情他們」的人之外，一定也還有「別有用心」的、為了配合胡風分子的「裝死」戰術而故意放出這種議論的壞人在內。

「對說這些話的人，應該有區別。」「除出『階級本能上衷心地同情他們』的人之外，一定也還有『別有用心』的，為了配合胡風分子的『裝死』戰術而故意放出這種議論的壞人在內」：一言露出猙獰面目。在那個大膽懷疑、大膽株連、杯弓蛇影、草木皆兵的日子，居然會有「區別」，那是自欺欺人之談。顯然，他是要把所有說「怪話」的人，都打成「配合胡風分子」的「壞人」，才能顯出糾察大員的威風的。

然而，「防民之口，甚於防川」，古人的這一經驗之談，即使在二十世紀五十年代，也不見得就過時的。

綜評

「無材可去補蒼天」。賈寶玉要「補天」，補沒落賈府的「天」。結果如何？——「好一似食盡鳥投林，落了片白茫茫大地真乾淨」！

張、劉、夏三位要「補天」，補「輿論一律」的「天」。結果如何？——大家已經看到，無須我來喋喋了。

總管型

最高權威一九五五年領導運動的得力助手。

周揚

周揚應該是毛澤東的一號助手，他在五月二十五日中國文聯主席團和中國作協主席團召開的聯席擴大會上，有個發言，我們無法見到。據當年參加大會的杜高透露，周揚在發言中有這樣兩句話：

蘇聯揭露了一個暗藏在克里姆林宮裡的醫生反革命集團，現在我們也揭露出一個暗藏在文藝隊伍裡的胡風反革命集團。

毛主席對我講，我們編的這個胡風集團的材料和寫的按語，應當送到蘇聯去得斯大林文學獎。（轉自李輝編著《一紙蒼涼》，中國文聯出版社二〇〇四年版，第二一一頁）

且對這兩句話作一評說。

第一句話裡提到的「蘇聯揭露了一個暗藏在克里姆林宮裡的醫生反革命集團」，情況是這樣的：一九五二年十二月，克里姆林宮一名女醫生給斯大林寫信，指稱克里姆林宮裡的醫生對日丹諾夫採取了錯誤的治療手段，以至死亡。一九五三年一月十三日，蘇聯《真理報》宣佈國家安全機關破獲了一個醫生暗殺集團，一批醫生被捕。他們被指控害死了日丹諾夫和謝爾巴克夫等國家領導人，並企圖使一大批蘇聯陸海空軍元帥喪失工作能力。據報導，所有醫生全部認罪。事實是，他們是在嚴刑拷打的情況下認罪的。周揚洋洋得意地拿它來和「胡風反革命集團」的揭露並舉，顯出了勝利者不可一世的傲氣。他比較的雙方倒很有相似之處。蘇方是最高一人斯大林發動並領導，中方是最高一人毛澤東發動並領導；蘇方挖出的是暗藏在克里姆林宮裡的反革命集團，中方挖出的是暗藏在文藝隊伍裡的反革命集團；蘇方的集團大部分成員均與美國諜報機關建立的國際猶太資產階級民族主義組織「焦因特」有聯繫，其他成員則是英國諜報機關的老牌特工；中方「胡風和胡風集團中的許多骨幹分子很早以來就是蔣介石的忠實走狗，他們和帝國主義國民黨特務機關有密切聯繫」；蘇方是塔斯社消息一發佈，全國掀起了一場揭露「白衣殺手」、「醫生惡魔」的運動；中方是第一批材料和按語一發表，全國掀起了一場揭露「胡風分子」的運動，而且隨著二批三批材料的發表，運動進入狂熱高潮。周揚的這個對比確實很有水平。

可惜的是，蘇聯的「反革命集團案」發生後的三個月，也就是斯大林逝世後一個月，一九五三年四月四日，蘇聯內務部宣佈此案的所有指控都是偽造的，都是在嚴刑逼供下屈打成招的東西，被捕醫生全部釋放並恢

復名譽。其中兩人已在獄中死去。而周揚，在蘇聯的冤案已經徹底推倒之後的兩年，還在會上大肆宣揚「蘇聯揭露了一個暗藏在克里姆林宮裡的醫生反革命集團」。糊塗到這個地步，簡直是荒誕鬧劇一齣！他還拿這個冤案來與「胡風反革命集團」並舉，沾沾自喜地說什麼「現在我們也揭露出一個暗藏在文藝隊伍裡的胡風反革命集團」，豈不令人笑掉大牙！可是，他倒是無意中說出了一個真理：胡風冤案早晚也必平反。

第二句：「毛主席對我講，我們編的這個胡風集團的材料和寫的按語，應當送到蘇聯去得斯大林文學獎」。一個「我們」，透露出毛澤東對周揚的欣賞。「我們編的」：三批材料確實是「我們編的」，主編是毛澤東，周揚是第一副主編。這個第一副主編功勞不小：

一九五五年四月底，舒蕪把胡風歷年來給他的信上交《人民日報》編輯部，編輯部又把信上交周揚、林默涵。幾天後，林默涵把舒蕪請去，要他把信件分類摘編加上注解整理出來，作為攻胡的超重型炮彈拋出。林的這一指示，顯然是同周揚研究過的，很可能就是周揚出的主意。

一九五五年五月，舒蕪精心炮製的《關於胡風小集團的一些材料》上交中宣部。這是一份徹頭徹尾以污血噴人的大偽證；周揚卻如獲至寶，喜不自勝地把它送請毛澤東審閱。一場駭人聽聞的大冤案由此促成。周揚的第一副主編的作用不可等閒視之。

「送到蘇聯去得斯大林文學獎」，從周揚傳達毛澤東這句話裡也可以看出作為第一副主編的他得意非凡的美滋滋的心態。三批駭人聽聞的文字獄材料和按語，居然可以「送到蘇聯去得斯大林文學獎」，意圖用斯大林文學獎掩蓋沾滿血污的雙手，未免想得太美了。

餘論

一九五五年六月三日，國務院發佈命令，公佈了中國科學院學部委員（後改稱院士）的名單。哲學社會科學部的名單中赫然出現周揚的大名。周揚，建國前的文章大多是應景之作和整人之作，拿不出一篇有分量的科學論著，建國後的情況更是問不得。知情者透露：「建國後以周揚署名發表的演說、文章，多是別人替他起草的。甚至文代會上他的大報告品評作家們的作品，有的他只聽過下屬的匯報，其實他自己並沒有讀過。」（涂光群：《胡喬木和周揚》，《五十年文壇親歷記（上）》，遼寧教育出版社二〇〇五年版，第三五頁）周揚，就是憑著幾篇應景文章和整人文章，當上了中國科學院的院士。憑幾篇應景文章和整人文章就能撈個院士當當，已是天大奇聞；應景文章和整人文章多是別人替他起草的，更是奇而又奇的奇聞。有誰要寫《新儒林外史》的，可以到周揚那裡找現成笑料。

林默涵

這位反胡風急先鋒，在一九五四年圍攻胡風的行動中有不凡表現，一九五五年的批胡高潮中，他躲在「魏璧佳」的假名後面拋出一篇長文：《胡風反革命理論的前前後後》（《文藝報》一九五五年第十三號、十四

號）。文章後面附有「作者附志」：「此文是根據一個長篇發言增補而成，因為參加會的人大多數要求知道種種事實，故該發言只著重從在政治的角度來揭發胡風的反革命理論的全部歷史，沒有更多地從理論本身進行分析和批判。」據知情者透露，此文發表前曾經周揚親自校閱。文章的重要性可以想見。限於篇幅，這裡只選一段最精彩的略加掃描。

胡風這時期（葉按：指第三次國內革命戰爭時期）一再強調自發鬥爭的重要，其目的是在蠱惑受到他的影響的人們，使他們在當時國民黨統治區內敵我力量對比不利於我的情況下，作零星的、沒有組織、沒有領導的、冒險的發動。在當時的情況下，蔣介石的鎮壓是極端瘋狂的，事實上，在國民黨統治區的民主鬥爭，必須是有組織、有領導、有策略的鬥爭，才能存在，而典型的自發鬥爭，則必然會受到殘酷的打擊，遭受慘重的犧牲。胡風在解放大軍即將來臨的時候，在蔣匪幫的血腥鎮壓那樣嚴重的時候，卻起來不斷號召在國民黨統治區作「自發的鬥爭」，這不是一種極端陰險的挑撥群眾去作無謂犧牲的內奸政策是什麼呢？事實上也是如此，在國民黨那樣嚴密的、大規模的、血腥的鎮壓政策下，為什麼胡風偏偏可以安坐在上海，用領來的「戡亂紙」一面痛罵共產黨，一面天天號召國民黨統治區的人民起來對國民黨反動統治進行「自發的鬥爭」，而且一直坐到一九四八年末淮海戰役都開始了的時候才離開上海呢？難道胡風所號召的所謂反對國民黨的「自發的鬥爭」，不是為國民黨所特許的嗎？

林默涵的意思是，國民黨反動派對於國統區人民的自發的鬥爭，是歡迎的。因為可以比較方便地取得血腥屠殺的效果。而胡風當時是在「不斷號召」甚至「天天號召」「自發的鬥爭」，以之「極其陰險的挑撥群眾無作無謂犧牲」，他的行為「是為國民黨所特許的」——這真是曠世未見的奇聞。

在中國共產黨誕生以前，幾千年來人民群眾反抗反動統治者的鬥爭，都是「自發的鬥爭」，可是，從來沒有見過一個統治者是歡迎人民群眾的「自發的鬥爭」的，他們歡迎的是奴隸們的永遠馴服。依照林默涵的見解，自從有了共產黨領導的人民群眾的「自覺的鬥爭」，反動統治者的反動本性改變了，變成歡迎「自發的鬥爭」了。這是林默涵獨創的「階級鬥爭」學說。人所共知，國民黨反動派對反抗他們的任何人民力量，從來沒有採取過歡迎的態度。而且，在他們眼中，根本就不存在什麼「自發的鬥爭」，只要是人民的反抗鬥爭，他們一律認作是共產黨在幕後領導的。他們從來沒有認為哪一次反對他們的鬥爭是自發的。國民黨反動派居然會「特許」胡風「號召」「自發的鬥爭」，林默涵的造謠伎倆未免太拙劣了。

而且，胡風從來沒有「號召」過「自發的鬥爭」，更沒有「不斷號召」、「天天號召」。胡風只是在他寫的某些文章中認為，在文藝創作中，可以而且應該反映人民群眾的自發的鬥爭。「權力派」早在解放前夕就給以荒唐推斷，指斥胡風這樣說就是反對黨領導的自覺鬥爭。這是欲加之罪何患無詞的栽誣。林默涵在這裡變本加厲，把胡風有關文藝創作的正確見解，扯成向廣大人民群眾號召「自發的鬥爭」，是「極端陰險的挑撥群眾去作無謂犧牲的內奸政策」。太惡毒，也太卑劣了。

林默涵還對胡風一九四八年末才離開上海的原因作了匪夷所思的發揮：「在國民黨那樣嚴密的、大規模

的、血腥的鎮壓政策下，為什麼胡風偏偏可以安坐在上海，用領來的『戡亂紙』一面痛罵共產黨，一面天天號召國民黨統治區的人民起來對國民黨反動統治進行『自發的鬥爭』，而且一直坐到一九四八年末淮海戰役都開始了的時候才離開上海呢？」——這是告訴人們，胡風是蔣介石的走狗。然而，不爭的事實是，胡風是蔣介石集團的眼中釘。他所以沒有更早離開上海，是因為有一些工作需要在上海完成。把反駁《大眾文藝叢刊》的論文趕出來，就是一項重要工作。當時形勢是緊張的，他從義務任教的在職補習學校的進步學生那裡獲知一些消息，就不得不離家躲幾天。林默涵稱胡風「安坐在上海」，這是十足的捏造。

至於所謂「戡亂紙」，那是一九四七年七月蔣介石悍然發佈《戡平共匪叛亂總動員令》之後搞出來的名堂。當時國民黨當局控制印刷用紙，對那些出版反動書籍報刊的出版商配給以平價的印刷用紙，把它叫做「戡亂紙」。由於黑市紙價狂漲，一些並不出版反動書刊的書店，為了降低出書的成本，通過關係，也向國民黨當局申請到一些「戡亂紙」，用它來印與戡亂無關的書刊甚至是革命的書刊。用被敵人控制的紙印革命書刊，紙本身就已變成革命紙了，怎麼還能叫「戡亂紙」？至於胡風的書，沒有一本是用「戡亂紙」印的。他自己寫文章，從來不用印書用的白報紙，更談不上用「戡亂紙」了。所謂「用領來的『戡亂紙』一面痛罵共產黨，一面天天號召國民黨統治區的人民起來對國民黨反動統治進行『自發的鬥爭』」，純屬含污血噴人的讕言。

經由如上掃描，林默涵極不光彩的面目暴露於光天化日之下了。

林默涵對胡風在第三次國內革命戰爭時期的「反動」言行下了這樣的結論：

在政治上，是集中在「反反蔣介石」、「反反國民黨」上。這條路線，不是與抗日戰爭以前和抗日戰爭前期一脈相承，打入進步陣營裡來，抓緊了最要害的問題，再陰險毒狠也沒有地執行了蔣介石的內奸、特務政策麼？

林默涵不是一般人物，當時是中宣部文藝處處長，他這個報告，實際上是代表中宣部向公眾宣佈三批材料之外的胡風新罪狀。

林默涵做這個報告的時候，正是嚴厲鎮壓胡風之聲充塞報刊之時，他加給胡風這些嚇死人的罪名，用意太明顯了，就是代表決策中樞向公眾透露，胡風該殺，不殺不足以平民憤——殺氣騰騰，十足一副兇神惡煞嘴臉！

一點題外的話。

一九八九年，林默涵在《胡風事件的前前後後》（《新文學史料》一九八九年第三期）中談到當年的反胡風運動時，這樣介紹了當時作為中宣部文藝處處長的他實事求是的好作風：

在這樣一場群眾性的大批判運動中，必然會產生一些不科學的、不實事求是的東西，有的甚至斷章取義，無限誇大，不能服人，但被批判者卻沒有反駁的可能。中宣部針對這種情況向各地宣傳部門發出了一個通知，要求各地的批判文章要實事求是，以理服人，並列舉了一些斷章取義的例子，請各地注意。

我記得，其中最典型的一篇是在《新觀察》上發表的批評綠原的詩的署名戈揚的文章。它從綠原的一首長詩中，東摘一句，西摘一句，湊合起來，就作出了十分嚴重的斷語。這個通知是由中宣部文藝處起草，經我看過，由部簽發的，但可能作用不大。

原來，批胡運動中出現「不科學、不實事求是的東西」，僅僅「一些」，那是「群眾性的大批判運動」中某些群眾沒有很好領會上級精神的越軌行為。於是他要求「各地的批判文章要實事求是，以理服人」，並對一篇「最典型的」「署名戈揚的文章」給以通報批評了。林默涵如此嚴格要求「各地的批判文章要實事求是，以理服人」，真是了不起的馬克思主義的立場！他還設身處地為胡風這些罪大惡極的反革命分子著想，考慮到「被批判者卻沒有反駁的可能」的處境，更是了不起的大慈大悲的菩薩心腸！可惜胡風一干人當時無緣得知林默涵這一善舉，不然，他們將如何感激涕，高呼「王恩浩蕩」啊！

時間已經到了一九八九年，林默涵還在千方百計為三批材料文過飾非。他這番話的意思說穿了無非是，批胡文章絕大多數是實事求是的，「不科學的、不實事求是的東西，有的甚至斷章取義、無限誇大、不能服人」，是部分群眾的部分現象。這裡，不能不為挨批的部分群眾喊一聲「冤枉」——尤其要為被當作「最典型的」「斷章取義的例子」提出來通報批評的「署名戈揚的文章」喊一聲「冤枉」。誠然，「署名戈揚的文章」確是「從綠原的一首長詩中，東摘一句，西摘一句，湊合起來，就作出了十分嚴重的斷語」的；然而，《人民日報》第三批材料就是採取了從綠原的信中「東摘一句，西摘一句，湊合起來，就作出了十分嚴重的斷語」，

把綠原定為「特務」的，則戈揚的批判文章自然要遵從第三批材料定的調子來挖掘綠原長詩反革命的內容。綠原不是特務，綠原的詩也不是特務詩，現在硬要按第三批材料定的調子挖出長詩的反革命內容來，則不採取「東摘一句，西摘一句」「斷章取義」「湊合起來」的辦法，做出「十分嚴重的斷語」，又如何能寫出符合第三批材料口徑的文章呢？「十分嚴重的斷語」，不正是第三批材料定下來並向全民公佈的嗎？則戈揚在她的批判文章中做出「十分嚴重的斷語」，正是緊跟偉大戰略部署，又何錯之有？綜觀當年報刊上發表的批胡文章，哪有一篇不是「斷章取義」「就做出十分嚴重的斷語」的？真要批判，那就應該批判率先垂範開一代風氣之先的《人民日報》的三批材料，那才真正符合實事求是精神。

必須指出，當年報刊上發表的文章比「署名戈揚的文章」更荒唐的例子不知多少，「署名戈揚的文章」無論如何夠不上「最典型」的資格的。要找「最典型」的例子，署名魏璧佳的《胡風反革命理論的前前後後》倒最有資格入選。不知道為什麼中宣部文藝處起草的通報中對這樣一篇真正具有「最典型」意義的文章避而不談，卻拿「署名戈揚的文章」作為「最典型」的例子開刀。然而，這是不能苛求於中宣部文藝處處長林默涵的。因為，你總不好意思讓林默涵在「經他看過」的文件裡去批署名魏璧佳的文章的。找替死鬼墊背，這原是古今不易的常理。

何其芳

何其芳，當時是中國科學院文學研究所所長。早在一九四六年二月十三日，他就在重慶《新華日報》發表了《關於現實主義》一文，以批判王戎為由頭，用了「自以為是站在無產階級立場上的革命作家」「僅僅憑著主觀戰鬥精神的燃燒與搏鬥，曾經發展到與人民大眾對立起來」的歷史先例，暗示胡風的政治立場大有問題，並預示了胡風大有「發展到與人民大眾對立起來」的下場。一九四九年十一月，同文代會上發動對胡風的攻擊相呼應，何其芳在為他的論文集《關於現實主義》寫的長篇序言中，更咬牙切齒地把胡風和他的友人諡之為「這些先生們」，「小集團」的帽子呼之欲出了。一九五二年十二月十一日，在「權力派」一手組織的對胡風進行面對面圍攻中做出總結性發言《現實主義的路，還是反現實主義的路？》的，也就是這個何其芳。由於胡風的「三十萬言書」針對的對象之一就是何其芳，他在一九五五年批胡的運動中自然積極性十足了。他在五月二十九日《光明日報》發表的《大快人心的事》一文，表示他已經是笑最後的勝利者，趾高氣揚之態，躍然紙上。在《學習》這年第七期，更發表了長文《從胡風事件學會辨別一切蒙著羊皮的豺狼》。此文絕大部分都是對三批材料進行詮釋，缺乏林默涵那種獨創的精神，但也不乏他本人獨有的特色。請看下面兩個片段：

斯大林在《論黨工作底缺點和消滅托洛茨基兩面分子及其他兩面分子的辦法》中曾經說過：「兩面手法和偽裝是季諾維也夫分子和托洛茨基分子滲入我們組織的唯一手段。」①（葉按：這是一個註腳標

誌。注文為：「斯大林：《論黨工作底缺點和消滅托洛茨基兩面分子及其他兩面分子的辦法》，一九五三年人民出版社版，第四頁。」）一切暗藏的反革命分子都是如此。

胡風和他的黨羽就是依靠兩面手法和偽裝在革命隊伍裡面隱藏了很久很久，欺騙了許多人，做了許多壞事。一直到最近《人民日報》上三批材料的陸續公佈，他們的偽裝才被剝掉了，才在全國人民面前現出了他們的猙獰的面目。

在我們各種工作部門裡，絕大多數都是好人，暗藏的反革命分子是絕對少數，這是沒有問題的。然而我們絕不可以因為這樣的人是絕對少數而就忽視他們的危害性。斯大林曾經在《論黨工作底缺點和消滅托洛茨基兩面分子及其他兩面分子的辦法》裡面，駁斥了多種多樣的忽視暗藏的反革命分子的危害性的糊塗想法，也就講到了這個問題。他說：

要實行搗亂和暗害，並不需要大批的人。要建築德涅泊爾工程，就需要成萬的工人。但要炸毀這一工程，也許至多需要幾十個人。要在戰爭期間打勝仗，可能需要幾個兵團的紅軍戰士。但要在前線上破壞這一勝利，卻只要在某個軍部、甚至只要在某個師部內有幾個能偷出作戰計畫來交給敵軍的間諜就夠了。要建築一座大的鐵路橋梁，就需要幾千人。但要炸毀這座橋樑，卻只需要幾個人就夠了。像這樣的例子可以舉出幾十和幾百個來。③（葉按：這是一個註腳標誌。注文為：「斯大林：《論黨工作底缺點

和消滅托洛茨基兩面分子及其他兩面分子的辦法》，一九五三年人民出版社版，第三五頁。」）

這是講得最透闢不過了。有些事情本來是很清楚明白的，然而由於我們不大動腦筋去認真思索一下，往往就會發生一些糊塗的錯誤的想法。斯大林還駁斥了一種糊塗的想法，那對我們辨別暗藏的反革命分子也是很有幫助的。斯大林說：

必須粉碎和拋棄另一種腐朽的理論，它說：凡不經常作暗害勾當而且有時還在工作中表現出一些成績的人，似乎就不可能是暗害分子。

這種怪論揭露出它的製造者底幼稚。任何一個暗害分子，如果不想在最短期內被揭破，是不會時時刻刻都作暗害勾當的。相反地，真正的暗害分子，正應當在工作中時而也表現出成績來，因為這是能保存他這種暗害分子，使他騙得信任並繼續其暗害勾當的唯一方法。①（葉按：這是一個註腳標誌。注文為：「斯大林：《論黨工作底缺點和消滅托洛茨基兩面分子及其他兩面分子的辦法》，一九五三年人民出版社版，第三〇頁。」）

斯大林所駁斥的這種想法的確是極其幼稚的。但是，我們不能說現在就沒有人抱有這種可笑的想法了。對於胡風集團就曾經有人，甚至現在還可能有人提出這樣的問題：他們既然是反革命分子，為什麼

還參加了某些革命文藝界的活動，好像也多少做了一些工作呢？這就是這種幼稚的想法。

這兩個片段文章的特點何在？在於，毫無必要地引了那麼幾段斯大林的語錄。在一九五五年的批胡文章中，如此大量引用斯大林語錄來裝點自己文章的，堪稱獨一無二。如果認為這僅僅暴露了何其芳的教條主義的學風，那就小看了何其芳了。原來，六月三日同周揚一起不勝光榮之至地當上中國科學院院士的，還有何其芳。他的這篇文章寫於六月十日第三批材料發表後幾天，是他榮獲院士桂冠後第一次的文字亮相。一種惟恐自己有限的那點學識底子與院士桂冠不相稱的實際暴露於眾的潛意識，使他不由自主地在引文上玩起了花樣。他企圖借助於革命偉人的聲勢來唬住讀者，掩蓋自己的淺薄。然而，這種做法的本身只能更加暴露出自己的淺薄，暴露了他的學部委員即院士的桂冠同他的學識實際差距之巨大。

再看何文的最後一段：

基洛夫被暗殺後，蘇聯共產黨中央委員會曾經在告全黨各級組織的信上指示黨員研究黨史中一切反黨集團，研究他們反對黨的路線的鬥爭手段，研究他們的策略，同時要特別努力研究黨同一切反黨集團作鬥爭的策略和手段，研究那些保證黨克服並徹底粉碎了那些反黨集團的策略和手段。②（葉按：這是一個註腳標誌。注文為：「參看《蘇聯共產黨（布）歷史簡明教程》，一九五四年人民出版社版，第435頁。」）對於胡風事件，我們也應該如此。我們應該很好地研究《人民日報》公佈的三批揭露胡風集團

的材料，從其中研究他們的反革命的鬥爭手段，反革命的策略。我們應該特別認真地研究《人民日報》上關於胡風事件的歷次的編者按語和六月十日的社論，從其中研究我們黨對於如何揭露和粉碎胡風集團以及一切暗藏的反革命分子的指示。這樣，我們就一定能夠提高我們的警惕性，一定能夠提高我們辨別暗藏的反革命分子的能力。

前一段引用斯大林語錄來唬讀者，這一段又引用《蘇聯共產黨（布）歷史簡明教程》來唬讀者，意圖為學部委員即院士桂冠再加上一道驕人光彩。然而，這種離開了現成本本自己就不會說話的可憐狀態，倒是更加暴露了他的淺薄。

造化也真會開玩笑。一年之後，赫魯雪夫在蘇共二十大作秘密報告，揭露出斯大林的真面目。原來這位被蘇聯人民稱頌為「英明領袖、親愛的父親」的偉大人物，竟是一個雙手沾滿廣大幹部鮮血的大暴君。所謂「季諾維也夫分子和托洛茨基分子」，都是斯大林消滅異己精心製造的大冤案的犧牲者。而《蘇聯共產黨（布）歷史簡明教程》則是斯大林一手策劃專為美化和神化他本人集謊言之大成的東西。這對於何其芳來說，真是天大的不幸。皮之不存，毛將焉附，他的這篇皇皇大文，在一九五六年就不能不遭遇存在危機了。在赫魯雪夫秘密報告的光照下，斯大林的著作和《蘇聯共產黨（布）歷史簡明教程》只有從反面讀才有意義；而何其芳的皇皇大文，不也是只有從反面讀才有意義嗎！只有從反面讀，才能從滿紙的惡趣中讀出妙不可言的妙趣來——不用說，這一讀法對於一九五五年的批胡文章都有指導意義。

何其芳和周揚居然當上院士，這是中國科學院院士評選宗派化荒誕化的一個無情大暴露。事件本身就是一場黑色幽默，一個對中國科學院的諷刺，對其他當選的院士的侮辱，對科學本身的褻瀆。一言以蔽之：醜！

綜評

總管型人物，他們在一九五五年反胡風運動中的主要表現，不在批胡文章，而在批胡文章的後面。他們的批胡文章顯露的僅僅是他們全部活動的冰山之一角。他們的真正的面目，是必須從批胡文章之外尋找的。我見聞不廣，無法瞭解幕後情況，只好暫付闕如。

正是這幾位大員非同一般的表現，運動後期和運動過後，他們都受到了非同一般的獎勵。

周揚，第三批材料發表前夕，被授予中國科學院學部委員即院士的桂冠。第二年召開的中共八大上，當選為候補中央委員。

林默涵，運動過後不久，由中宣部文藝處處長提升為中宣部副部長。（中宣部文藝處處長的位子由《人民日報》文藝部主任袁水拍接替。）

何其芳，第三批材料發表前夕，也被授予中國科學院學部委員即院士的桂冠。

這些大員彈冠相慶之日，也是胡風和他的友人在監獄裡遭受非人折磨之時。

結束語

一九五五年的「胡風反革命集團」大冤案，是最高權威戲弄威權的一大荒誕演出；冤案造成後出現的批胡狂潮，則是最高權威玩弄知識群體於股掌之中的一大惡趣操作。廣大知識群體所以盲目跟從，從根本是說，那是最高權威製造個人迷信造成的惡果。在參與批胡運動的知識群體中，只有極少數是迫於壓力不得不跟隨的，絕大多數都是陷於個人迷信而盲目跟從的。

盲從者中秉性善良的，非自覺地幹了投井下石的勾當，一旦真相大白，無不悔痛。他們是受蒙蔽者，他們心靈遭受扭曲的慘重，僅次於那些迫於壓力不得不跟隨的清醒者。

盲從者中秉性邪惡的，或一時心術不正的，則聞風而動，構陷羅織，無所不用其極。這些人如「告密型」、「惡棍型」、「變色型」、「無賴型」、「小丑型」乃至「佈道型」、「盡瘁型」、「糾察型」、「總管型」的，都是狂熱的助惡之徒。他們以能夠成為這場運動最有特色的積極分子而感到莫大幸福。他們最大的不幸是，他們做夢也沒有想到，最高權威欽定的「胡風反革命集團」案，絕對而又絕對鐵板釘釘的反革命案件，竟會被徹底推倒。他們做夢也沒有想到，等在他們面前的竟是大大小小的歷史恥辱柱。

至於舒蕪，這位把胡風一干人推上血腥的權力祭壇的英雄，這位出賣友人、出賣人格、出賣良知、出賣靈魂的英雄，胡風的平反，對他來說更是一場地坼天崩世界末日的大災變。他絕對而又絕對地沒有料到，胡風的

案子居然有一天會翻過來，而且這一天到來的時候那個他恨不能讓公安部門槍斃一百次一千次一萬次的胡風，竟然還活在世上！

最高權威，本應置身幕後，運籌帷幄，按語之類的文章可以讓周揚諸總管去寫。將來萬一出了問題，也可以把責任推到總管們的身上。他卻偏要躬自操觚，以為三批材料的按語，可以得斯大林文學獎，可以為文集增添無限異彩。不意歷史無情，未到世紀末，宏文即成反面教材。

笑最後的是人民，是歷史，是真理，是正義，是理性和良知。

但是，為了保證「胡風集團」冤案以及冤案發生後的批胡荒誕劇不致重演，重提往事絕非多此一舉，是完全必要的。

個人的恩恩怨怨都可忘卻，民族的血淚創傷不可忘卻，必須永志不忘。

忘卻，意味著背叛。

忘卻，就是背叛！

「不忘於不當忘的民族，才是有望於未來的民族。」這是五年前我寫在一個小冊子裡的最後一句話。我願意再用這句話來為這個小冊子作結。

【附錄】關於《人民日報》編者按語

《人民日報》「編者按語」的作者，實為這場運動至高無上的總策劃、總領導。沒有這位至高無上的權威的策劃和領導，就不會發生震驚中外的「胡風反革命集團」冤案。換言之，即，沒有這位至高無上的權威的策劃和領導，就不會有舒蕪越來越猖狂的跳踉，直至最後炮製出《關於胡風反黨集團的一些材料》，也不會有第二批第三批材料的炮製出籠，更不會湧現如我們見到的令人眼花繚亂形形色色的批胡文章。

《人民日報》編者按語的作者即毛澤東，早就不是什麼秘密。毛澤東對於三批材料，尤其是他親筆寫的編者按語，是極為得意的。毛澤東在胡風事件中至高無上的權威，對廣大群眾來說，正是通過這三批材料、特別是毛澤東親筆寫的編者按語乃至注釋表現出來的。讀了這些編者按語和注釋，可以明白，運動中湧現的那些惡劣的批胡文章，除了起開路先鋒作用的舒蕪《關於胡風反黨集團的一些材料》之外，都是三批材料尤其是它們的編者按語乃至注釋所孳生的孽種。

從毛澤東寫的編者按語和注釋中，我們可以窺見許多極有歷史——心理意義的內容。這裡只談一點：極度畸形的草木皆兵心態。

毛澤東為舒蕪《關於胡風反黨集團的一些材料》寫的編者按語，就明顯地表現出畸形的草木皆兵的心態。他居然被舒蕪牽著鼻子，走進了認識的死胡同，驚呼舒蕪替人民政權挖出了一個反黨集團。等到他看到專案組

在他的影響下精心搞出來的第三批材料，更不可避免地陷入無以復加的極度畸形的草木皆兵的大驚慌中。一切正常的事物在他眼中都顯得很不正常了。阿壠給胡風的那封信，明明是向胡風傳遞蔣介石積極調兵遣將準備打內戰的軍事訊息的，他卻認作是為蔣匪吹噓。阿壠，早就是我方地下軍事情報人員，他卻認作挖出了一個暗藏的特務。綠原，明明是一個被特務迫害不得不流亡異地的革命詩人，他卻憑那麼一封信裡一句話，認作又挖出了一個暗藏的特務。胡風的經歷明明是一個革命者的經歷，他卻相信專案組按照他的意向整出來的材料，認作挖出了一個特大的歷史反革命。這些認識的嚴重背離事實，本來是極容易搞清楚的，然而，對自己抱有絕對自信的毛澤東，是想也沒有想過需要傾聽各方面的意見的。這就使他在自己心造的草木皆兵恐懼中愈陷愈深，在第三批材料開頭的編者按語中竟然宣佈：「胡風和胡風集團中的許多骨幹分子很早以來就是蔣介石國民黨的忠實走狗，他們和帝國主義特務機關有密切聯繫，長期地偽裝革命，潛藏在革命人民內部，幹著反革命勾當」。毛澤東寫在第三批材料中間的十七則按語，無比尖銳地暴露了他是怎樣深深地陷在自己心造的草木皆兵的恐懼中的。限於篇幅，不進行掃描。

毛澤東在寫出第三批材料的編者按語之後，又回過頭來給已經發表了半個月的第二批材料增補了幾條注釋。這幾條注釋，比那十七則按語更有意思，特選出，加以掃描。

一一、一九四九年五月三十日胡風自北平給路翎信

文藝這領域，籠罩著絕大的苦悶。許多人等於帶上了枷，但健康的願望普遍存在。小媳婦一樣，經常怕挨打地存在著。……

毛澤東增補的注釋：

【健康的願望普遍存在】健康的願望，指反革命的願望。普遍存在，指反革命分子各處都有。當時全國還沒有完全解放，已解放的地方還沒有進行大規模的鎮壓反革命的鬥爭。但反革命分子已感到很不自由，故說像「小媳婦一樣，經常怕挨打的存在著」。

胡風，是出於對新中國文藝事業的無限關懷，才在給路翎的信中表示了他的深切憂慮。「健康的願望」，顯然指衝決「左」的束縛的願望；「普遍存在」，顯然指這種願望普遍存在於文藝界，是「權力派」摧不毀壓不垮的；「小媳婦一樣，經常怕挨打的存在著」，分明指文藝領域中的健康力量處境艱難。毛澤東卻認作「反革命願望」和「反革命分子各處都有」，認作「反革命分子感到很不自由」。這是把胡風等人認作潛伏在大陸的蔣匪特務的。這樣畸形的神經過敏，太駭人聽聞了。

二、一九五〇年一月十二日胡風給路翎信片斷

……我們會勝利，但那過程並不簡單罷，我想，還得更沈著，更用力，以五年為期並不算悲觀的。小刊，要弄得好點才是。並不能把它當作什麼陣地，但我們是，咳一聲都有人來錄音檢查的。——稿子寄天津去。

增補注釋如下：

【五年為期】這時中國大陸已接近全部解放，故胡風認為反革命雖然「會勝利」，但須要五年時間。

【咳一聲都有人來錄音檢查的】只有像胡風這樣做賊心虛的人，才會有這種神經衰弱的感覺。

胡風說的是如何在文藝領域衝破「權力派」獨霸文壇的局面的想法。補注者卻把胡風和他的友人當成一夥蓄意顛覆人民政權的窮兇極惡的匪幫。據權威人士透露，這條注釋實際上是把「我們會勝利……以五年為期」一語理解成五年之內蔣介石反攻大陸必勝的。補注者極端畸形的的草木皆兵心態，令人毛骨悚然。

「咳一聲都有人來錄音檢查的」：這是胡風對「權力派」無所不用其極找他岔的憤慨之言。補注者指稱這是反革命分子「做賊心虛」、「神經衰弱」，事實上倒是反映了補注者本人的「神經衰弱」。

三、一九五〇年五月二十日胡風給賈植芳信片斷

你回答得好。要這樣對付那種無恥的招降手段。再來信，可以王顧左右而言他。這是一個鬥爭底前哨，大概一兩年之內要大爆發的。那封信，希望給我看看，千萬。可以研究出東西來的。

補注：

【大概一兩年之內要大爆發】這年一月胡風給路翎信中說，勝利要有五年時間，這裡又說，一兩年內要大爆發，這表示胡風對時局估計沒有定準；同時他很怕賈植芳因受他哥哥影響發生動搖，故意在這裡對時局說得有希望些。

一九五〇年春，賈植芳接到他哥哥賈芝從北京給他的信，告以當局對胡風問題十分重視，勸他少與胡風接觸。賈植芳不以為然，回信告以他過去與胡風共患難的經過，表示對胡風的信任。事後賈植芳把這事告知胡風。胡風誤以為賈芝給賈植芳信是一種「招降手段」，故在給賈植芳的信中有「再來信，可以王顧左右而言他」的話。胡風認為賈芝的信可能是對胡風圍攻大升級的前哨戰，由此估計一兩年內這個圍攻就要大爆發。「一兩年之內要大爆發」一語，指的是「權力派」對胡風的大圍攻大概一兩年之內就要爆發。後來的事實證

明，胡風的估計雖出於對賈芝的信的誤解，但卻是不幸而言中了。一九五二年下半年，「權力派」就對胡風發動了其勢洶洶的圍攻。奇怪的是，補注者卻把胡風這句話理解成胡風估計反革命勢力要在一兩年內大爆發，亦即一兩年內蔣介石反攻大陸必成，並取得顛覆人民政權的勝利。不僅如此，補注者還通過與前信的對比，說這年一月胡風給路翎的信中稱勝利需要五年，現在變成一兩年，這是怕賈植芳因受他哥哥影響而發生動搖，故意在這裡把時局說得有希望些。風聲鶴唳，草木皆兵，一至於此！

四、一九五二年五月九日胡風致路翎信片斷

鬥爭未有不用血可以得到的。血流得不少了，但以後就可以學得戰術一些，儘量少流，寧願在空氣壞的洞中多待，「保存力量」。

補注：

【血流得不少了】這是一九五二年的信。這時，不但國內革命局勢日益鞏固，抗美援朝的勝利局面也已確定，反革命已經失敗，所以胡風做出了這樣的結論，想要「學得戰術一些」，「保存力量」，以待時機。

事實是，這是胡風有鑑於他和友人解放以來不斷遭到極粗暴打擊，認為不如退避下來韜光養晦為上策。這

是極沉痛之談，居然被認作顛覆新中國的反革命破壞活動！

增補的注文最後說，胡風「想要『學得戰術一些』，『保存力量』，以待時機」。「以待時機」四字的豐富內涵，讀讀最後的總結性按語，便知分曉：「反革命的胡風分子同其他公開的或暗藏的反革命分子一樣，他們是把希望寄託在反革命政權的復辟和人民革命政權的倒臺的。他們認為，這就是他們要等待的時機。」畸形的草木皆兵的心態居然發展到如此地步！

這裡，有必要把與增寫這些補注同時增寫的一條按語聯繫起來讀。一九五〇年八月十三日胡風給張中曉的信裡有這麼一句：「目前到處有反抗的情緒，到處有進一步的要求」。顯然是說文藝界反抗「權力派」教條主義統治的情緒到處存在，進一步衝破教條主義統治的要求到處存在。最高權威在增寫的按語中卻如是評論：

世界上只有唯心論和形而上學最省力，因為它可以由人們瞎說一氣，不要根據客觀實際，也不受客觀實際檢驗的。唯物論和辯證法則要用氣力，它要根據客觀實際，並受客觀實際檢查，不用氣力就會滑到唯心論和形而上學方面去。（中略）胡風在這封信裡還說到：「目前到處有反抗的情緒，到處有進一步的要求」，他是在一九五〇年說的。那時，在大陸上剛剛消滅了蔣介石的主要軍事力量，還有許多化為土匪的反革命武裝正待肅清，大規模的土地改革和鎮壓反革命的運動還沒有開始，文化教育界也還沒有進行整頓工作，胡風的話確實反映了那時的情況，不過他沒有說完全。說完全應當是這樣：目前到處有反革命反抗革命的情緒，到處有反革命對於革命的各種搗亂性的進一步要求。

把胡風「目前到處有反抗的情緒，到處有進一步的要求」一語，放到一九五〇年「反革命武裝正待肅清」、「鎮壓反革命的運動還沒有開始」的背景下來解釋，解釋為「目前到處有反革命反抗革命的情緒，到處有反革命對於革命的各種搗亂性的進一步要求」，可作為前面的幾個補注的詮釋來讀，更顯出最高權威令人震悚的草木皆兵的心態。

最高權威，為了維護和鞏固一己至高無上的威權，竟然不顧一切把一個解放前為中國革命文學作出傑出貢獻的文學群體，打成反革命集團。他靈魂中的絕對的個人權力意志，在一九五五年的暴露，是令人震悚的。在他一手策劃的大批判的狂潮中，一些人性未泯的知識分子的人性遭到可悲的扭曲，而一些品質惡劣的知識分子醜惡和兇殘本性得到極度放肆的發洩。最高權威熱中於在沒有階級敵人的地方發現階級敵人，熱中於在沒有階級鬥爭的場合製造階級鬥爭，似乎非如此不足以顯示個人權力意志的威權，非如此不足以抬高個人權力意志的權威。階級鬥爭的弦越繃越緊，運動也越搞越邪乎，越搞越走火入魔，最後竟連自己也不由自主地陷入自己心造的風聲鶴唳草木皆兵的莫大恐怖之中。莫名的恐怖鋒芒所向，不但胡風和「胡風分子」一個個都成為美帝國主義和蔣介石派遣在大陸潛伏下來陰謀顛覆人民政權的特務匪幫，而且連讀過胡風及其友人的作品的讀者，也成了可怕的暗藏敵人。

夏衍在《對敵人仁慈就是對人民殘酷》（《人民文學》一九五五年七月號）中，告訴人們如何從三批材料尤其是編者按語中獲取教育時，如是說：

大家說，要從這次驚心動魄的事件中吸取教訓，怎樣來吸取呢？我以為，首先是仔仔細細、反反覆覆地研究一下《人民日報》所發表的三批材料，特別重要的，是一遍兩遍、五遍十遍地精讀在這三批材料前後和中間的編者按語，仔細地讀，認真地想，從這些材料中認識敵人，研究敵人；從這些編者按語中學會識破敵人行藏、提高自己政治覺悟的方法。《人民日報》的編者按語字數不多，但是每一句話每一個字，都是我們的「金玉良言」，都是教育我們識破妖魔、制服妖魔的法寶。熟讀和謹記這些話，我們就能夠劃清界限，堅定立場，懂得提防敵人、戰勝敵人的方法。

正是各級的掌權人物「一遍兩遍、五遍十遍精讀在這三篇材料前後和中間的編者按語」，正是各級的掌權人物「從這些編者按語中學會識破敵人行藏、提高自己政治覺悟的方法」，正是各級的掌權人物認為這些按語「每一句話每一個字，都是我們的『金玉良言』，都是教育我們識破妖魔、制服妖魔的法寶」，因此不但反胡風運動搞得風聲鶴唳草木皆兵，似乎漫山遍野都是「胡風分子」，而且以後歷次運動搞得更加風聲鶴唳草木皆兵，越搞越走火入魔：

——在接著而來的肅反中，幹部和知識分子被打成「反革命分子」的，達八萬多人；後來復查打對了的寥寥；

——在後來的反右鬥爭中，一口氣把五十五萬二千八百七十七名知識分子打成「右派」；後來復查被認為打對了不予改正的，不足百人（一說不足十人）；

——在所謂「史無前例」的日子，更是成千上萬成千上萬的人被打成叛徒、特務、走資派、反動學術權威、現行反革命。後來復查打對了多少，不詳。

三批材料特別是編者按語，可謂功德無量！

區區斯大林文學獎焉能表彰其偉大功績於萬一！

【篇外】一九五五最強音

從公開發表的文章看批胡眾生相，已經結束。從這些文章可看到的，是一個絕對的一邊倒的局勢，一個絕對的「輿論一律」大獲全勝的局勢。然而，這個「輿論一律」的大好局勢，卻在一個異樣的呼聲中徹底破產了。五月二十五日，中國文聯主席團和中國作協主席團召開的聯席擴大會上，在眾口一詞向胡風進行聲討的大會上，呂熒跑上講臺，發出了「胡風不是反革命」的抗辯之聲。他的發言剛剛開始，就被暴力所中斷。但是，他的這一呼聲卻成為一九五五年的最強音，成為反胡風運動中人們可以聽到的唯一清醒的「人」的呼聲。人們從這個震撼人心的最強音裡，看到了人性和良知的不滅的光芒，看到了人民不可欺歷史不可欺的真理力量的光芒。

呂熒的悲壯的呼聲，將永遠迴響在歷史的長空，成為人性和良知最美好最英勇的象徵，照亮我們這個多災多難的民族的未來。

我們在回顧一九五五年批胡眾生相的時候，永遠不會忘卻在那個絕對的「輿論一律」的大恐怖大荒誕大喑啞局勢下甘冒天下之大不韙起而抗爭的英雄：呂熒。

二〇〇五年四月初稿，二〇〇六年二月增訂，

二〇一二年二月定稿，時年九十有二。

繼承與創新 一九九五

血歷史　PC0246

新銳文創
INDEPENDENT & UNIQUE

難忘的一九五五
——批「胡風」眾生相

作　　者　葉德浴
主　　編　蔡登山
責任編輯　蔡曉雯
圖文排版　郭雅雯
封面設計　蔡瑋中

出版策劃　新銳文創
發 行 人　宋政坤
法律顧問　毛國樑　律師
製作發行　秀威資訊科技股份有限公司
114 台北市內湖區瑞光路76巷65號1樓
電話：+886-2-2796-3638　傳真：+886-2-2796-1377
服務信箱：service@showwe.com.tw
http://www.showwe.com.tw
郵政劃撥　19563868　戶名：秀威資訊科技股份有限公司
展售門市　國家書店【松江門市】
104 台北市中山區松江路209號1樓
電話：+886-2-2518-0207　傳真：+886-2-2518-0778
網路訂購　秀威網路書店：http://www.bodbooks.com.tw
國家網路書店：http://www.govbooks.com.tw

出版日期　2012年9月　初版
定　　價　390元

國家圖書館出版品預行編目

難忘的一九五五：批「胡風」眾生相 / 葉德浴著. -- 一版. -- 臺北市：新銳文創, 2012.09
面； 公分. --（血歷史；PC0246）
ISBN 978-986-5915-04-9（平裝）

1. 政治鬥爭 2. 文集

628.7307 101014746

讀者回函卡

感謝您購買本書，為提升服務品質，請填妥以下資料，將讀者回函卡直接寄回或傳真本公司，收到您的寶貴意見後，我們會收藏記錄及檢討，謝謝！

如您需要了解本公司最新出版書目、購書優惠或企劃活動，歡迎您上網查詢或下載相關資料：http:// www.showwe.com.tw

您購買的書名：____________________

出生日期：________年________月________日

學歷：□高中（含）以下　□大專　□研究所（含）以上

職業：□製造業　□金融業　□資訊業　□軍警　□傳播業　□自由業

□服務業　□公務員　□教職　□學生　□家管　□其它_____

購書地點：□網路書店　□實體書店　□書展　□郵購　□贈閱　□其他

您從何得知本書的消息？

□網路書店　□實體書店　□網路搜尋　□電子報　□書訊　□雜誌

□傳播媒體　□親友推薦　□網站推薦　□部落格　□其他__________

您對本書的評價：（請填代號　1.非常滿意　2.滿意　3.尚可　4.再改進）

封面設計____　版面編排____　內容____　文／譯筆____　價格____

讀完書後您覺得：

□很有收穫　□有收穫　□收穫不多　□沒收穫

對我們的建議：____________________

請貼
郵票

11466
台北市內湖區瑞光路 76 巷 65 號 1 樓
秀威資訊科技股份有限公司 收
BOD 數位出版事業部

....

（請沿線對折寄回，謝謝！）

姓　　名：＿＿＿＿＿＿＿＿　年齡：＿＿＿＿　性別：□女　□男

郵遞區號：□□□□□

地　　址：＿＿＿＿＿＿＿＿＿＿＿＿＿＿＿＿

聯絡電話：（日）＿＿＿＿＿＿＿＿（夜）＿＿＿＿＿＿＿＿

E-mail：＿＿＿＿＿＿＿＿＿＿＿＿＿＿＿＿